◆ 本书由扬州大学出版基金资助

公民服从的逻辑

唐慧玲◎著

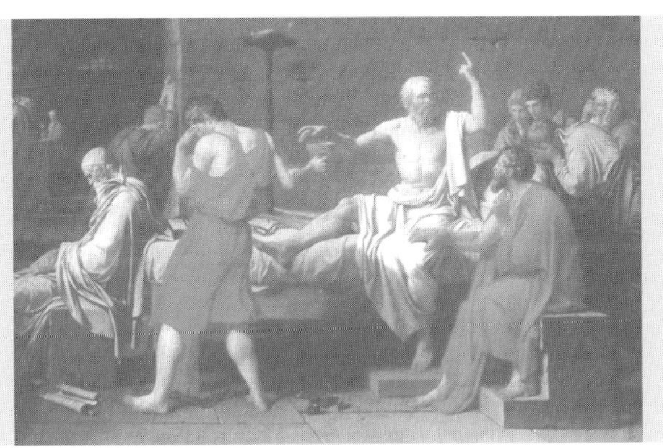

中国社会科学出版社

图书在版编目(CIP)数据

公民服从的逻辑 / 唐慧玲著 . —北京：中国社会科学出版社，2016.12

ISBN 978-7-5161-9788-2

Ⅰ.①公… Ⅱ.①唐… Ⅲ.①公民—服从行为—研究 Ⅳ.①C912.68

中国版本图书馆 CIP 数据核字(2017)第 013073 号

出 版 人　赵剑英
责任编辑　凌金良
责任校对　张爱华
责任印制　张雪娇

出　　版　中国社会科学出版社
社　　址　北京鼓楼西大街甲 158 号
邮　　编　100720
网　　址　http：//www.csspw.cn
发 行 部　010－84083685
门 市 部　010－84029450
经　　销　新华书店及其他书店

印　　刷　北京君升印刷有限公司
装　　订　廊坊市广阳区广增装订厂
版　　次　2016 年 12 月第 1 版
印　　次　2016 年 12 月第 1 次印刷

开　　本　710×1000　1/16
印　　张　16.5
插　　页　2
字　　数　267 千字
定　　价　59.00 元

凡购买中国社会科学出版社图书，如有质量问题请与本社营销中心联系调换
电话：010－84083683

目　录

绪　论

16 世纪一位年轻的法国文人埃蒂安·德·拉博埃蒂提出了一个耐人寻味的问题：为什么众多社会成员都要服从一个人？那个人可能是国王、僭主、独裁者，也可能是位总统，或是某一阶级的政治领袖。众人为什么要忍气吞声，听从他的号令？即使他是个危险的疯子或无能的蠢材，为什么大家还要尊重他、服从他？这种统治者历史上存在过，现在还有，将来也不会少，他们还会端坐在领袖们中间指挥调遣其他人。①

这些问题想来让人觉得不解。可是，如果百万人口居住在一起，没有任何形式的政治权威，也不存在任何强制措施，即使发现可怕的破坏分子和好战分子，也不去限制他们的自由，试想一下，这样的社会群体能够自发自愿地维护和谐和平的生活方式吗？如若果真如此，那可真称得上奇迹了。这样的奇迹与我们的历史、现状和真实可信的未来状况都是不相容的。②

事实上，现实社会生活中许多人都会感觉到自己以某种特殊的方式与其政府存在着关联，不仅仅只是因为"感情的纽带"，而且还有"道德的纽带"。尽管我们经常抱怨（有时并非没有道理）政府的种种缺点，不过我们感觉自己无论如何还是有义务支持本国的而不是其他国家的政治权威，服从本国的法律。③ 也就是说，理性上我们大多数人都相信支持政府和遵守法律的一般义务，可是即使大多数人以这种方式获得义务感，如果

---

① ［西］费尔南多·萨瓦特尔：《政治学的邀请》，魏然译，北京大学出版社 2009 年版，第 26 页。

② 同上书，第 21 页。

③ ［美］A. 约翰·西蒙斯：《道德原则与政治义务》，郭为桂、李艳丽译，江苏人民出版社 2009 年版，第 2 页。

我们不能通过参考某种可理解的道德推理线索来支持这些感情，那么也不应该认为它们是合理的。毕竟，许多人感到有义务去做的未必代表了他们的真实义务。①

这些理论和现实困惑所隐含的是政治哲学史上古老而持久的公民服从问题。统治与服从的关系是政治问题的核心，不管统治者是一个人、一群人还是所有人，人们通常认为，拥护政府、遵守法律是公民的应尽义务。但是，如果要对正当行为提供有力支持，对错误行为进行合理批判，仅仅依靠非理性的直觉或意识是不够的，而必须依赖于对政治义务和政治权威的证成。因为非理性的直觉和意识所确立的有可能是不合理的义务和不合法的权利，任何有说服力的解释都要诉诸对国家的历史、现实等更明显地具有道德意义的特征进行理性论证。在政治思想史上，由苏格拉底之死所引发的关于公民服从的思考一直延续到今天。公民为何要放弃一部分个人自由，服从于一个人或一个组织？公民应该服从什么？服从到什么程度？与此相应的另一组问题是：什么时候公民可以不服从？怎样不服从？这些问题贯穿了整个西方政治哲学发展的历史，两千多年来一直深受关注，占据了许多天才理论家的思想和精力。然而，在这个问题上迄今为止既没有达成一致的共识，亦没有形成统一的结论。尽管如此，对此问题的不停追问形成了各具特色的解释理论，如同意理论、公平理论、自然责任理论等。在这些理论的相互争鸣中，公民服从这一基本问题得到了较充分的呈现，也吸引着当代理论工作者在此基础上更进一步的思考。

为什么这个问题如此难以把握呢？就它的复杂性而言，大概有两个主要原因。

理论上，现有的政治义务论无法为现实生活的各种公民服从行为提供充分说明。对公民服从这个问题的任何尝试性解决，首先要求我们解决国家、政府和法的起源等一系列复杂问题，同时它还以一种错综复杂的方式涉及我们对自由、权利、责任、义务等形而上学复杂问题的思考。政治义务论对公民服从的义务进行了多方论证，虽有一定的说服力，但无法使公民完全认可确有这样的强义务。也就是说，政治义务论无论如何都无法给

---

① ［美］A. 约翰·西蒙斯：《政治义务和政治权威》，载于［美］罗伯特·L. 西蒙主编《社会政治哲学》，陈喜贵译，中国人民大学出版社2009年版，第25页。

出一个充分理由，使所有人都相信，所有公民对政府、对政府所制定的法律具有服从的义务。或者说，仅仅从政治义务论的角度去论证公民服从是不充分的。在不同的历史时期，公民服从的理据是不同的，对不同的服从内容，公民服从的出发点也是不同的，对这一问题的更有意义的探讨应将其置于特定的历史环境中，进行全景式透视，把公民服从的相关因素尽可能多地揭示出来，进而分析在当代实现公民服从的重要条件。换句话说，与其在无休止的理论争论中不知所措，不如从现实出发，具体关注影响当代公民服从的主客观因素，从而为当前社会发展提供有益参考。

在实践上，公民服从是一个社会现实问题。虽然人们对公民为何要服从的理由解释多种多样，但是可以肯定的是，任何一国的良性政治运转都离不开公民的服从，当公民的不服从行为超过一定限度时便会产生政治统治的合法性危机。因而，公民服从不仅是一个理论上的基本问题，更是一个现实政治问题。试想，如果每个公民都按照自己的意愿来决定是否履行义务，完全按照自我标准来选择是否服从，那么政治系统的运行必将危机四伏；如果每个公民都不加思考地盲目服从国家和政府，在国家行不义时，也完全没有自己的道德判断，甚至完全放弃自己的道德思考而一味顺从，那么利维坦的恶行将畅行无阻，最终必将带来覆灭性的灾害。也就是说，基于私利的选择性服从和不加思考的绝对服从，其最终结果都将是毁灭性的。那么，如何既能使公民自觉服从国家的正义安排、同时当国家偏离正义轨道时能及时通过不服从加以纠正，便成为每一个社会健康成长的现实需要。

就当前中国社会现实的发展需要而言，加强对公民服从理论的研究显得更为迫切。当前中国正处于改革发展的关键期和社会矛盾多发期，伴随着体制转轨和结构转型的双重进程，中国在政治稳定、经济发展、文化繁荣、社会和谐的同时，也出现了一些突发性、群体性的社会不和谐事件，各种形式的不服从行为时有发生。特别是 20 世纪 90 年代以来，不服从事件爆发的频度和影响力不断增长，引起了各级政府的高度关注，也吸引了越来越多社会科学工作者的研究兴趣，海内外关于这一领域的研究也日渐兴起。如何更好地实现公民服从，准确把握不服从的合法限度，有效应对现实社会中各种形式的不服从，缓解社会冲突和矛盾，稳定社会秩序，建立和谐正义的社会，对当前中国政治发展和社会治理都具有重要意义。

一 公民服从问题的源起

那么，一个国家有何正当理由要求其公民服从这个国家及其法律？公民有服从的义务吗？一个自然人基于何种理由承担起国家的权利义务关系才是正当的？这些问题的源起得从苏格拉底之死说起。

在西方文明史上，除耶稣外没有任何其他审判和处死像苏格拉底之死一样给人留下如此深刻的印象。苏格拉底出生于希腊雅典一个普通公民家庭，父亲是雕刻匠，母亲是助产妇。他相貌平平，凸出的眼睛、扁平的鼻子、肥厚的嘴唇、笨拙而矮小的身体，但却具有神圣的思想。苏格拉底年轻时正值伟大的伯里克利时代，晚年则在伯罗奔尼撒战争的纷乱中度过。苏格拉底与孔子、释迦牟尼和耶稣等人并称人类的导师，虽然他一生没留下任何著作，但他的影响却是巨大的，在欧洲文化史上他一直被看作为追求真理而死的圣人。①

依据柏拉图《申辩篇》里所记载的审判记载，苏格拉底的"罪行"始于德尔斐神谕。这个神谕表明没有人比苏格拉底更聪明，这个结论使苏格拉底本人深感不安。为了弄清神谕的真意，他开始到处察访他认为有智慧的人，如政治家、诗人、工匠等等。结果发现，这些人虽知之甚少却常常以智者自居，而他比这些人聪明的地方仅只在于他知道自己的无知。苏格拉底的考察使自己四面树敌，引来极为恶毒和固执的诽谤，最终被人告上法庭。他被起诉的罪行有：腐蚀青年人的心灵，相信自己发明的神灵，不相信国家认可的诸神。

---

① 关于苏格拉底的学说，由于从古代以来就有各种不同的记载和说法，一直是学术界讨论最多的一个问题。就资料来源而言，主要有四种：一是阿里斯托芬（Aristophanes），苏格拉底是他的喜剧《云》中的主要角色；二是色诺芬，他写过不少关于苏格拉底的著作，其中最重要的也许是《回忆录》，据称记载了苏格拉底的许多谈话；三是柏拉图，在他的 20 部对话录中，苏格拉底都是主要的发言者；四是亚里士多德，他的著作中有 40 多处提到苏格拉底。前三个来源的材料中所描述的苏格拉底形象相去甚远。根据阿里斯托芬的描绘，苏格拉底是一位智者派的自然哲学家，只要有人付费，就教人如何把无力的论证变得有力，而且还否认诸神存在这一公认的观点。根据色诺芬的记载，苏格拉底是一位冷静的导师，在最普通的事情上也诲人不倦，而且还是一位日常道德和宗教实践的楷模。而根据柏拉图的对话，苏格拉底是一位反对教条、甚或有些怀疑论倾向的道德哲学家，他检省并揭露别人对智慧的矜夸，又否认自己在做某种教导，还主张一些非传统的、甚或悖论式的观点。参阅［英］泰勒主编《从开端到柏拉图》，韩东晖、聂敏里等译，中国人民大学出版社 2003 年版，第 370 页。

出席雅典法庭受审时苏格拉底向他的同胞公民辩白自己。初次发言申辩后，五百人议会进行投票表决，以 281 票对 220 票判决苏格拉底有罪；再次发言后，法官们再次议决判他死刑。面对不公正的判决苏格拉底没有卑躬屈膝，为了心中的神灵所指给他的正义和道德理性原则而毫不低头，他激愤地对那些投票赞成判决他死刑的陪审官声称："我离开这个法庭的时候将去受死，因为你们已经判我死刑，而他们离开这个法庭的时候，事实本身判明他们是堕落的、邪恶的。他们接受他们的判决，就像我接受我的判决。事情必然如此，我认为这个结果相当公正。"①

从判处苏格拉底死刑到执行有将近一个月的间隙，这么长时间的间隙是由于雅典的特殊社会习俗造成的。在审判苏格拉底的前一天，一年一度由城邦派遣的朝圣大船出发了，按照习俗，在这艘船返回之前不能处死犯人。碰巧这次朝圣花的时间比平时长，于是苏格拉底的朋友们纷纷出谋划策，想方设法营救苏格拉底。克里托是苏格拉底忠诚的老朋友，他拥有充足的资金可以贿赂狱卒，在精心策划好了营救方案并取得朋友们的大力支持后，他去监狱把营救计划告诉了苏格拉底，劝说苏格拉底接受他的计划逃离雅典，去别处寻生。②

面对克里托的劝告，苏格拉底婉言谢绝了。苏格拉底认为，人在任何情况下都必须服从国家法令，如果他以错还错、以恶报恶，逃离城邦以躲避法律的制裁，那就违背了订立于自己与城邦之间的协议和合约，同时也伤害了最不应该伤害的人、国家和法律。因此，最终苏格拉底放弃了一切逃跑的念头，坦然地喝下了毒药，平静地死去了。

至此，苏格拉底的死留给法律界、思想界一个著名的苏格拉底悖论。以思想有罪、言论有罪剥夺一个爱国者生命的权利显然已经严重丧失了法律的正义。但是服从法律的判决，维护政治法律秩序也是公民的基本义务之一。对苏格拉底的判决是否公正？苏格拉底是否应该服从？这些问题留给后人的思考远远甚于事件本身。

苏格拉底之死确立了公民遵守法律、信仰法律的典范，其舍身求法的

---

① ［古希腊］柏拉图：《申辩篇》，载于《柏拉图全集》第一卷，王晓朝译，人民出版社 2002 年版，第 29 页。

② 同上书，第 33 页。

服从行为在思想史上留下了重重一笔，也引发后人无尽的思考。公民到底应该以怎样的态度对待国家法律？对于那些违反正义原则的法律判决，公民是否还应承担遵守的义务？什么样的理由和信念支撑了苏格拉底的选择？这一行为背后隐含的又是怎样的政治义务论思想？

《克里托篇》中苏格拉底与克里托就此进行了对话。这些对话的内容成为公民服从义务最早和最系统的论证，为后来相关理论的发展奠定了方向。深入分析对话内容，可以发现其中隐含了公民服从的多重观念原则，具体而言，这些观念原则包括：

第一，公民服从遵循的是理性原则。一般来说，普通公民服从国家法律的理由，要么基于道德的考虑，要么出于理性的考量，显然，苏格拉底的服从遵循的是理性原则。对话中当克里托指出："我不仅因此失去一位无可替代的朋友，而且有许多不认识我们的人肯定认为是我让你去死的，因为如果愿意花钱，我可以救你出狱。重钱财而轻朋友，有什么恶名比这更可耻？大多数人决不会相信，尽管我们尽力劝你离开此地，但你还是拒绝了。"① 苏格拉底则指出，不要顾忌大多数人的想法，真正具有理性的人的想法更值得考虑。② 当克里托说："你是否认为如果你逃走了，会有人告发我们帮你逃跑，这样我们就会惹来麻烦，我们会因此破产或是付巨额罚金，甚至受到更严厉的惩罚？如果有这种想法使你担心，那么你可以把它完全打消。我们完全有权利冒这个险来救你，如果必要的话，我们可以冒更大的危险。"③ 苏格拉底则明确指出："我决不从任何朋友那里随便接受建议，除非经过思考表明它是理性提供的最佳办法。这并非我的新想法，而是我的一贯做法。我不能仅仅因为现在的遭遇而放弃过去一直坚持的原则。"④ 由此可见，在苏格拉底看来，公民服从绝不是个人一时的情感冲动，也不是对他人意见的轻信，而是公民个人的理性选择。

第二，公民服从蕴含同意原则和契约精神。苏格拉底认为，长期居住在希腊表示你已同意这个国家的法律，并与国家之间达成了遵守法律的协

---

① ［古希腊］柏拉图：《克里托篇》，载于《柏拉图全集》第一卷，王晓朝译，人民出版社2002年版，第36页。

② 同上。

③ 同上书，第36—37页。

④ 同上书，第38页。

议，这实际上成为同意理论或契约理论的源头。他认为，凡是亲眼见到国家如何行政、立法依然居留在国内的人，事实上就是和国家订立合同，情愿服从国家的法令。订约时国家对公民个人不强迫、不欺诈，也不逼其在短时间内仓促决定。在这个法律下公民有移民出去的自由，如果仍选择留下来，在他意识到因留下而产生义务的年龄，那么他就是以“留下”这一行为与国家订立了一个履行相应义务的协定，表示他承认那些义务，同意接受法律的统治而成为守法公民。只要协议是正确的，当事人就必须完成他的所有协议。如果我们在没有首先说服国家让我们离开这个地方的情况下离开此地，这样做会带来伤害的。假定我们正准备逃离此地，无论我们采取了什么行为，实际上都表明我们想在自己的能力范围内摧毁法律和整个国家。如果每个人可以轻易地取消或摧毁国家公开宣布了的法律，城邦将难以存在下去。[①] 如果因为国家错误地对待我们，我们就打算摧毁法律，这样也是不对的。因为我们与国家之间有某种协议的条款，无论国家对我们做出何种判决，我们都会执行或遵守。[②] 如果我们蔑视法律或妄自违法，那就等于自我与国家毁约，那样的行为性质是恶劣的。简单地说，任何已经选择终其一生为居民和公民，而且已经在议事会服务并履行军役义务的人，也因此已经同意服从合法权威的法律和决定，所以不服从的行为，即使不服从的是不公正的决定，在道德上也是错误的。[③]

第三，公民服从蕴含感恩理念。苏格拉底以尊敬父母比喻遵守国法，他认为，公民与城邦的关系，就如同子女与父母的关系。城邦养育了公民，公民就如同子女有义务尊敬和服从父母一样，也有义务报答城邦的恩典，而报答的方式就是服从城邦的法律和统治。公民对国家的满意最主要体现在接受它的法律，城邦的法律调整规范着每一个公民的婚姻家庭财产关系以及孩子的抚养和教育，所以它是公民真正意义上的父母。通过法律公民获得了合法公民身份，并被教育成合格公民，也就是说，由于法律的

---

① ［古希腊］柏拉图：《克里托篇》，载于《柏拉图全集》第一卷，王晓朝译，人民出版社2002年版，第44页。

② 同上书，第44—45页。

③ 这里存在难以超越的困境，因为这个观点与柏拉图让苏格拉底在《申辩篇》（37E—38A）中表达的相矛盾，与柏拉图本人的所有信仰也无法调和。参阅［英］M. I. 芬利《古代世界政治》，晏绍祥、黄洋译，商务印书馆2013年版，第171页。

恩惠他才是他所是。因此正如孩子应当服从父母一样，公民也应当服从法律。同时，国家的存在早于父母和世世代代祖先，国家不但养育了当下的公民，也曾如此养育了一代又一代的公民。从这个角度来说，国家的高贵、庄严、神圣要胜于父母和世世代代祖先，对国家及其法律的尊重、敬畏和服从也要胜于对父母的尊重、敬畏和服从。他明确指出，国家首先给了我们生命，通过国家我们的父母才结婚生下了我们，我们对这些涉及婚姻的法律没有任何怨言，还应怀感恩之心。当我们长大成人接受了教育后，我们得承认我们及我们的祖先都是国家的孩子和仆人，我们并不拥有与父亲一样的权力去进行报复，受到责备不能回嘴，受到鞭打不能回手，不能以牙还牙，以眼还眼。国家比父母和其他祖先更加珍贵、可敬和神圣，我们应当比敬重父亲更加敬重国家，比消除对父亲的怨恨更加快捷地消除对国家的怨恨。如果我们不能说服国家，那就必须服从它的命令，耐心地接受它加诸我们的任何处罚。无论在战场上、法庭上，或其他任何地方，我们必须做城邦和国家命令我们做的事，否则就得按普遍的正义去说服他们，对父母使用暴力是一种罪恶，反对国家是更大的罪。①

第四，公民服从遵循自愿原则。苏格拉底提出，任何雅典人，只要达到成年，自己能够认识国家的政体和法律，如果他对国家或法律不满，都允许他带着自己的财产去他喜欢去的地方。如果我们亲眼看到国家的统治是公正的，其他国家机构的统治也是公正的，那么我们就应当执行国家要我们做的任何事情，在这种情况下，不服从是一种罪恶。尽管国家的指令全都是以建议的形式出现的，而不是野蛮的命令，国家给我们选择，要么说服国家，要么按国家说的去做，两者都不做，就应该受罚。② 与此同时，苏格拉底还指出，有重要的证据表明你对我们和这个国家是满意的。你从来没有像其他人那样出国旅行，没有感到有必要去熟悉其他国家或它们的体制，你在这个国家生儿育女，你也承诺过要做一个守法公民。尽管你是在没有压力和误解的情况下与国家订立协议的，也不是在有限时间内被迫做出承诺，如果你不想守约，这种背离信仰和玷污良心的事会给你带

① ［古希腊］柏拉图：《克里托篇》，载于《柏拉图全集》第一卷，王晓朝译，人民出版社 2002 年版，第 45—46 页。

② 同上书，第 46—47 页。

来麻烦，还会给你的朋友带来放逐、剥夺公民权、没收财产的危险。①

第五，公民服从中体现了公平原则。苏格拉底指出，不要考虑你的子女、生命或其他东西胜过考虑什么是公正。如果用可耻的方式逃跑，以错还错，以恶报恶，践踏自己与国家订立的协议和合约，那么你就伤害了最不应该伤害的，包括自己、朋友、国家，还有法律。到那时，你活着要面对法律的愤怒，死后冥府里的法律也不会热情欢迎你。② 换句话说，不服从法律将是对其同胞的一种亏欠，这实际上是今天所谓公平原则或公平游戏理论的源头。

第六，公民服从中还体现了自然责任观念。苏格拉底认为，如果有人亲眼看到我们的统治是公正的，我们其他国家机构的统治是公正的，那么我们认为他实际上就应该执行我们要他做的任何事情。这实际上就是自然责任理论的源头。

对话中所论述的服从理由被视为西方政治义务理论的思想来源，《克里托篇》是当时现存唯一的尝试证明政治义务合理性的论说文。可以说，自柏拉图之后几乎所有的政治义务理论仅仅只是柏拉图政治义务论的“注脚”，它们都很难摆脱柏拉图思想的影响。正如卡尔·波普尔评价的那样：“人们可以说，西方的思想，或者是柏拉图的（Platonic），或者是反柏拉图的（anti - Platonic），但是从来都不是非柏拉图的（non - Platonic）。”③

二　公民服从概念的相关说明

1.“公民服从”的含义

公民服从，简单而言指的是公民基于内在意愿或外在约束而表现出的与某种政治权威要求相符的行为。公民服从的主体是公民，这里的“公民”是一个宽泛的概念，它不仅仅指现代国家中作为权利义务统一体的现代公民，而且包括古代、中世纪及近代社会中夹杂着各种色彩的公民。

① ［古希腊］柏拉图：《克里托篇》，载于《柏拉图全集》第一卷，王晓朝译，人民出版社2002年版，第47—48页。

② 同上书，第49页。

③ Karl R. Popper, *Plato*, in David L. Sills (ed.), International Encyclopedia of the Social Sciences, Vol. 12, New York: The Macmillan Company & The Free Press, 1968, p. 163.

也就是说，诸如人民、臣民、居民、自由民、市民等社会历史现实中的社会成员都是公民服从的主体。公民服从的客体或对象是某种政治权威，这里所言的“政治权威”也是一个宽泛的概念，它包括政治共同体、国家法律、政治制度、领袖人物、社会政策等，这些政治权威常常代表本国的主流价值要求，是经由政治领导层认可的、带有普遍性的对社会成员的要求。

“服从”是理解“公民服从”这一概念的核心。根据现代汉语词典的解释，服从指的是“遵照；听从”。英语中“obey”等词表示了“服从”的含义，也主要指屈从、顺从或认同于某种意志的意思。简单而言，服从是个体或群体基于他人意愿或社会要求而实施的与之相符的行为。服从的主体（即服从者）和服从的客体（即服从的对象）构成了服从关系的两个基本方面。服从的表现形式多种多样，就服从的对象而言，可分为对人的服从和对物的服从。前者如对父母、老师、领袖等个人以及对班级、组织、团体、政党等群体的服从；后者如对法律、规则、公约、纪律、规定、章程等各种社会制度和社会规范的服从。就服从的方式而言，有基于自愿基础上的主动服从和迫于外在强制的被动服从，前者如对德高望重者、学识渊博者、品德高尚者的服从以及对自由意志的服从等，后者如暴力威胁下的服从、因惧怕不服从将受到惩罚而服从等。就服从的程度而言，有完全服从、部分服从及不服从之分。一般来说，公民服从具有明确的对象性，人们常常把代表社会中某一主导力量的政治权威作为具体服从对象。当然，公民服从的对象具有明显的时空性，不同历史时期公民服从的对象不尽相同，同一服从对象在不同时期也具有不同性质。

2. “公民服从”概念的意义

首先，在西方政治思想史上“公民”概念本身具有很大的包容性。“公民”是当今世界日常政治的核心话语之一。“公民”的概念并不是现代国家才产生的，它具有悠久的历史传统，最早产生于古希腊城邦，后经中世纪和近代社会发展，到现代社会已成为一个普遍性的日常政治概念。作为一个分析性概念，“公民”随着时空的转换而不断变化，虽具有普遍性意义，但不完全具有普世性的内涵与外延，在不同的历史时期，“公民”概念的具体内涵是不同的。①

① 郭台辉、余慧元编译：《历史中的公民概念》，天津人民出版社2013年版，封底。

古希腊语中的“公民”是“城邦”的衍生词，城邦就是一个公民集团。“不管是在斯巴达、雅典还是在其他城邦，公民身份都是一种享有特权的地位。一个公民的周围都是市民社会中那些没有他那么幸运的人们，比如外国人和奴隶。”① 古罗马人将共和国的公民特权扩展到帝国疆域内绝大多数男性平民，致使与臣民和市民相混合但权利大大贬值的“公民”概念更为发达，并形成了完整、系统的法律体系。从古希腊强调公民的选民特权到罗马帝国侧重臣民和市民服从法律，构成了古典公民角色的基本雏形。② 中世纪时古典公民角色的意蕴被封存起来，“公民”一词主要是指城市聚居地中的成员，因此很多时候与市民、本地人、居民、自由民、臣民相混用。③ 文艺复兴以后，“公民”变得不仅仅是地位和权利之集合的担当者，而且是一个在复杂的环境中能够做出复杂选择，并且具有复杂心理结构的存在物。公民政治行动逐渐被视为一种与他的内在本性有着复杂交织的关联性。④ 法国18世纪中期以前，“公民—臣民”（citoyen - sujet）这一对概念有机地结合在温和的君主政体中；大革命前40年，知识分子更多地通过主权、祖国、权利等观念来界定公民概念，并且与臣民概念拉开距离；大革命前期，“公民”成为所有阶层运用频率最高、最有感召力的词语，并且由此衍生出许多相关语汇；随着革命的激进化，“公

---

① ［美］彼得·雷森伯格：《西方公民身份传统：从柏拉图至卢梭》，郭台辉译，吉林出版集团有限责任公司2009年版，第56—57页。

② ［英］巴特·范·斯廷博根：《公民身份的条件》，郭台辉译，吉林出版集团有限责任公司2007年版，译者序第2页。

③ 但是，中世纪的公民身份与古代世界的公民身份一样仍然是非民主的、有差别的。公民身份兼容于等级结构的封建制度和君主政体，因为它很少受困于革命的威胁，能够不断地给那些希望在新的王权政治下履行成功之要求的人承诺好处，因此，这种形式一直延续至16世纪。理解这一点并不困难。一个要求无非就是财产的占有；另一个就是公民服从。在宗教统一体开始消解的时代，再一个要求则是服从于既定国家教会的信仰及其实践。人们效忠于共同体的要求一直持续，只是大约从1500年开始，这样的共同体是由国王来代表。对于托马斯·莫尔在《乌托邦》中提出的公民（civis）概念，我们也必须在这种连续不断的背景下来理解。参阅［美］彼得·雷森伯格《西方公民身份传统：从柏拉图至卢梭》，郭台辉译，吉林出版集团有限责任公司2009年版，第277—278页。

④ ［美］彼得·雷森伯格：《西方公民身份传统：从柏拉图至卢梭》，郭台辉译，吉林出版集团有限责任公司2009年版，第273—274页。就其关联性而言，霍布斯的《论公民》、洛克的《人类理解论》和《教育漫话》中都有所体现。

民”概念逐渐通过美德、责任和义务来界定。[①] 现代社会“公民”概念历史性地保留了古代“公民”概念中所包含的平等、对国家的认同、积极参与、集体自治等内容，摒弃了“臣民”概念中所蕴含的奴性色彩，承继了民族国家形成前的“市民”概念中的独立、自由、平等等内核。现代社会中作为主人的公民，它超出单纯个体，是现实政治、经济关系中自主自由活动的主体，拥有与现代社会相适应的基本品质素养、情操德性，具备一定的改造自然与社会的知识技能，并具有相应的客观物质基础，是现代社会真实的人。

“公民”概念本身的包容性，使得“公民服从”这个概念可以对从古至今所有国家中社会成员的服从行为进行概括和描述，并由此探讨不同历史时期公民服从的特点和基础，从而总结归纳不同社会条件下臣民、市民、自由民、居民等服从的一般规律，进而更深入地认识政治生活中的统治与服从关系。

其次，“公民服从”这个概念对现代社会成员的服从行为具有价值引领作用。在现代政治生活中，“公民”意味着权利和义务的统一，其服从行为也应与现代“公民”的身份相符。现代政治生活中什么样的服从才能消解“公民”内心的种种顾虑，使他们既不失身份，又乐于接受呢？什么样的服从才不会在服从者与被服从者之间形成权力等级的心理落差从而招致排斥或抵制？在今天政治民主化和文明化的进程中，公民服从不同于臣民、子民、顺民的服从，它没有卑躬屈膝和委曲求全，也没有暴力威胁和利益诱逼。理想的“公民服从”其一应建立在政治统治合法性的基础上；其二，它是基于相互承认关系下的自主自愿行为；其三，理想的“公民服从”应坚持权利和义务的统一；其四，理想的“公民服从”应努力唤起“好公民”。

最后，“公民服从”可以与“公民不服从”形成一组概念进行相关研究。公民不服从问题最早可追溯到古希腊著名悲剧作家索福克勒斯的名剧《安提戈涅》。[②] 公民不服从的社会事实在西方历史上存在已久，并曾发展为声势浩大的群众运动。学者们也分别从不同角度对公民不服从进行了深入研究，形成了特定概念和各具特色的研究理论，当前学界大多是在罗尔

---

① 郭台辉、余慧元编译：《历史中的公民概念》，天津人民出版社 2013 年版，编者导言。

② 具体见本书第六章第一节。

斯和德沃金的意义上使用这个概念，国内外的研究成果也相对较多。与此相应，对“公民服从”的专题性研究非常有限，特别是国内相关研究更有待充实。另外，“公民不服从”更多是从政治权利的视角出发的，“公民服从”对政治义务的关注程度要更高些，两者结合起来研究，可以对当代公民权利义务、政治民主、国家与公民关系等问题提供更全面深刻的分析与思考。

3. 公民服从与政治认同

政治认同是指社会成员在国家政治生活中形成的对特定政治组织或政治理念的情感和意识上的某种归属感。① 政治认同在政治生活中具有重要作用。离开了社会成员的广泛认同，任何一个政治组织都难以长久维持；没有政治认同，任何一个社会成员都难以忠诚于政治组织和政治信仰。政治认同是公民服从的重要基础。当公民在心理上形成对国家及其法律的政治认同时，他们更易于主动自愿地服从国家及其法律的社会要求，反之，公民政治认同危机则会大大削弱他们服从的积极性，不服从的行为也会随之增加，从而影响社会稳定。

公民服从与政治认同的具体内容都具有层次性，但两者的具体层次划分是不同的。认同作为一种主体的意识活动，是一个由浅入深，逐渐发展的过程。第一层次是自然情感上的认同，主要指人们对自己所属自然群体组织的归属感，如血缘的认同、种族的认同、地域的认同等。第二层次是社会情感上的认同，主要指人们对社会政治组织的归属感，如对政党、阶级、政治团体等的热爱、信赖和追随。第三层次是政治理念上的认同，主要指人们对社会体制、政策、国家制度和政治思想等方面的认同。公民服从对象的层次性划分表现为：首先是当局层次，即对政治领导人的服从；其次是体制层次，即对社会制度、政策和法律的服从；最后是共同体层次，即对民族国家政治共同体的服从。

公民服从与政治认同都强调主体对对象的承认和接受，但两者的表现形式不同。积极的公民服从建立在政治认同的基础上，当公民对某种政治

① 比如，实际社会生活中人们总是在一定的社会联系中确定自己的身份，如把自己看作某一政党的党员、某一阶级的成员、某一政治过程的参与者或某一政治信念的追求者等等，并自觉地以组织及过程的要求来规范自己的政治行为，这些现象都是政治认同。

权威形成心理认同时，他们自然会愿意服从并主动服从。政治认同大多表现为一种主动的心理状态，是公民对特定对象的心理承认，它偏重于心理意识层面；公民服从更多表现为公民的外在行动，服从有基于认同基础上的积极服从，也有迫于外在强制力的消极服从，因而公民的服从行为未必代表他们内心的真正认同。

4. 公民服从与政治合法性

“合法性”（legitimacy）是当代政治学的核心概念，又有人称之为“正当性”。最早对“合法性”加以系统探究的是德国社会学者马克斯·韦伯。在他看来，服从是任何一种统治关系得以维持的基础，“一切经验表明，没有任何一种统治自愿地满足于仅仅以物质的动机或者仅仅以情绪的动机，或者仅仅以价值合乎理性的动机，作为其继续存在的机会。毋宁说，任何统治都企图唤起并维持对它的‘合法性’的信仰”。① 合法性不只是指法律意义上的合法性（legality），后者是强制力的结果，前者是意识和心理内化的结果。也就是说，政治统治的合法性不仅包含通常意义上的符合法律规范或法律原则，而且包含社会普遍认同的内容。就本质而言，政治统治的合法性就是社会成员基于某种价值信仰对政治统治正当性的认可，是政府基于被民众认可的原则来实施统治的正统性或正当性。它既是统治者阐述其统治权力来源的正当理由，也是被统治者自愿接受其统治的价值依据。“如果某一社会中的公民都愿意遵守当权者制订和实施的法规，而且还不仅仅是因为若不遵守就会受到惩处，而是因为他们确信遵守是应该的，那么，这个政治权威就是合法的。”②

政治合法性是公民服从的一个重要理据。当政治统治具有合法性时，公民就会形成基于合法性认同基础上的服从行为，而一旦合法性危机形成，公民服从就难以实现。根据伊斯顿的系统理论，合法性危机有三种主要表现形式：第一，当局层次的合法性危机，一般表现为民众对政治领导人的不满；第二，体制层次的合法性危机，表现为民众的批评矛头指向了更具根本性的制度规范；第三，共同体层次的合法性危机，也就是国家认

---

① ［德］马克斯·韦伯：《经济与社会》上，林荣远译，商务印书馆1997年版，第239页。

② ［美］加布里埃尔·A. 阿尔蒙德、小G. 宾厄姆·鲍威尔：《比较政治学——体系、过程和政策》，曹沛霖等译，上海译文出版社1987年版，第35—36页。

同危机，它常常伴随着民族分裂和民族冲突。[1] 合法性危机的三种表现形式与公民服从对象的层次性也是相对应的。

公民服从与政治合法性的重要区别在于两者的主体是不同的。政治合法性的主体是政治统治者，一般主要指政府，公民服从的主体是公民。主体的差异使得两者的关注重点也不同。公民服从以公民为主体，因而公民个体或群体的政治心理因素对其服从行为具有重要影响，这些因素也成为公民服从问题研究的重点；政治合法性是以政治统治者为主体，因而如何谋求社会成员对政治统治正当性的认可是这一问题研究的重点。

当然，主体的差异并不能割裂两者的联系。政治合法性的评估指标常常以公民对既定政权的支持率和公民支持既定政权的持久性为依据。此外，在不同的社会历史条件下，合法性的基础与公民服从的基础都将发生变化，比如传统社会与现代社会公民服从的理据以及政治合法性的获取方式都是不同的。

5. 公民服从与政治义务

政治义务是宪法、法律规定公民必须履行的对国家、社会的责任。就其内容而言，主要分为两大类：一是一般性政治义务，主要指维护国家利益和国家根本制度的义务，如维护国家统一和民族团结的义务，遵守宪法和法律的义务，维护国家安全、荣誉和利益的义务，保护财产的义务，依法纳税的义务，服兵役的义务，尊重他人权利的义务等，这些是一国所有公民都必须履行的。二是获得性义务，主要指公民在行使政治权利时应履行的政治义务。如绝大多数国家在宪法中都明确规定，公民拥有言论、出版、通信、结社、游行、示威等自由权利，但公民在行使这些权利时必须以履行相应的义务为前提。在不同性质的国家与社会，政治义务的性质不同，人们享有权利和履行义务的对应情况也不相同。

公民服从与政治义务紧密相连。公民是否具有服从法律和政府的义务是政治思想史上一直争论不休的理论难题，人们在直觉上通常认为公民具有政治服从的义务，但对于如何完成相应的理论论证从而回答公民服从问题的一般性追问和特殊性问题，却始终难以形成一致意见。通常人们对政

---

① 参阅［美］戴维·伊斯顿《政治生活的系统分析》，王浦劬等译，华夏出版社 1998 年版，第 198—251 页。

治义务的理解存在狭义和广义之分。狭义的政治义务就是一个国家的国民服从自己国家统治的义务，广义的政治义务还包括社会成员以法律没有规定的其他方式支持本国政治机构或制度义务，因为法律不可能穷尽社会政治生活的所有要求。从这一角度看，公民服从属于一种狭义的政治义务。因而从政治义务的理论视角研究公民服从问题在政治思想史上有重要影响。在实现方式上，公民服从与政治义务都存在主动与被动之分。

公民服从与政治义务的区别表现在主体和内容上。公民服从的主体是公民，政治义务的主体除普通公民外，还包括政治组织、社会团体以及政府等所有政治生活的主体。在具体内容上，政治义务所包括的内容要多于公民服从，公民服从只是政治义务中的一项内容而已。服从的概念在内涵和外延上都比政治义务要小。除了服从法律，政治义务还涉及对法律没有明确规定的支持政府的行为，比如爱国主义的行为等等。同时，公民服从既是公民的政治义务，也是公民的政治权利，公民可以服从，在一定条件下也可以不服从。

三　公民服从的研究现状

公民服从是一个古老的问题，由苏格拉底之死而引发的关于公民服从的讨论一直延续到今天。概括而言，国外公民服从的研究路径大体有三个：

1. 从政治义务论角度研究公民服从

对于政治义务的精确定义，学界并无定论。正如莱斯利·格林（Leslie Green）所言："这个主题上的任何一个敏锐的学者都会注意到，尽管大家都承认政治义务问题的中心地位，但是，即便在民主传统内部，对于这个问题究竟是什么，仍然鲜有共识。"① 简单地说，政治义务包括很多内容，比如做一个好公民的义务、参与公共政治生活的义务、维护国家利益的义务、服从法律的义务等。公民服从作为政治义务的重要内容之一，引发了古往今来诸多思想家的思考，与此相应从政治义务论角度对公民服从进行理论论证的代表性理论有：苏格拉底的强义务理论、消极服从理论、同意理论、功利主义的服从义务理论、公平原则及自然责任理论等。

---

① 毛兴贵编：《政治义务：证成与反驳》，江苏人民出版社2007年版，第2页。

（1）苏格拉底的强义务服从理论

在苏格拉底看来，服从法律是公民的一项强义务，其基本论证逻辑为：第一，用以恶报恶的手段来保护自己是不正当的。因而，虽然对他的判决是不公正的，但如果他违反法律而逃跑，那也是不正确的。第二，如果你试图采取行动逃避法律的处罚，就表明你想在你的能力范围内摧毁法律和整个国家。而如果公开宣布了的法律判决没有效力，可以由私人来加以取消或摧毁，那么城邦将难以继续存在而不被颠覆。[①] 第三，国家比父母和祖先更加珍贵，更加可敬，更加神圣，在诸神和全体理性人中间拥有更大的荣耀，我们应该比敬重父亲更加敬重国家，比消除对父亲的怨恨更加快捷地消除对国家的怨恨。如果我们不能说服我们的国家，那么我们就必须服从它的命令，耐心地接受她加诸我们的任何惩罚。[②] 第四，任何雅典人，只要达到成年，认清了国家的政体和法律后，如果仍旧不满，都可以带着你的财产去你喜欢去的地方。如果你承认国家的统治是公正的，那么你就应当执行国家要你做的任何事情，在这种情况下不服从便是一种罪恶。[③] 因为你和法律之间有某种协议，所以无论国家对你做出何种判决，你都应该执行或遵守。[④]

（2）消极服从义务理论

消极服从主要指人们对共同体的神或政治统治者的无条件服从。“公民服从（civic obedience）是上帝告诫基督徒必须具备的美德的信念，早在圣·保罗时代就已存在了。”[⑤] 圣·保罗是出生于塔尔苏斯的罗马公民，他在皈依基督教之前，是法利赛教徒，曾参与迫害基督徒的行动。之后，他几次远游，传播基督教，他在致罗马人的信中写道：（1）让每一个灵魂都服从于更高的权力。因为唯有上帝的权力，那注定为上帝拥有的权力，才是至高的权力。（2）无论谁拒绝权力，拒绝上帝的命令，他都将受到永远的处罚。（3）统治者不是使善功害怕的人，而是使罪恶害怕的

---

① 《柏拉图全集》第一卷，王晓朝译，人民出版社 2002 年版，第 44 页。

② 同上书，第 45—46 页。

③ 同上书，第 46 页。

④ 同上书，第 44—45 页。

⑤ ［美］乔治·萨拜因：《政治学说史》（下卷），邓正来译，上海人民出版社 2010 年版，第 32 页。

人。(4) 统治者永远是上帝在人们中间的代理人。但如果人们行罪恶之事，那么害怕吧；因为他不是徒然地背负着利剑；因为他是上帝的代理人，处罚那行罪恶之事者的复仇者。(5) 因此人们应当是服从的，不仅仅因为处罚，而且因为良心的缘故。(6) 因此，给所有的人他们应得的东西。①

马丁·路德（1483—1546 年）领导了德国的宗教改革运动。当时流传最广泛的反叛者宣言，是写于 1523 年初的《施瓦本农民的十二条款》，路德的《和平的训诫》回应了这个条款。在《和平的训诫》的第一部分，路德谴责了德国君主“狂暴而固执的暴政”，在第二部分，他拒绝承认农民有权使用武力。他主张权威是政治和经济秩序的核心。路德认为，统治者的邪恶和不公正并不能成为被统治者混乱和反叛的借口，因为惩罚邪恶不是每一个人的责任，而是背负利剑的世俗统治者的责任。虽然统治者不公正地夺走了我们的财产，那只是一方面；另一方面，我们夺走了他们的权威，他们的全部财产、生命和存在所寄。因此，我们是比他们更坏的强盗，我们意图做比他们更坏的事情。身为基督徒就必须遵守基督的法律，不应当反抗邪恶和不义，而是要一直退让、忍受痛苦。如果不愿意承受这一法律，那就只能放弃基督徒的名字。②

詹姆斯（1566—1625 年）分别在 1567 年和 1603 年成为苏格兰国王（詹姆斯六世）和英格兰国王（詹姆斯一世）。在《有关自由君主政体的特鲁法》（*The Trew Law of Free Monarchies*）（1598 年）中，詹姆斯阐明了自己君权神授的思想。君权神授的主张是对民众反抗理论兴起的反动，它还旨在将君主从封建法律和教皇权威中解放出来。在 1609 年詹姆斯对议会发表的演说中，他明确提出君主制国家在尘世至高无上：因为王不仅是神灵在地球上的副手、坐在神灵的御座上，而且他们甚至还被上帝亲口称为神。在王最初的起源中，一些人通过征服当了王，一些人通过人民的选举当了王，但他们的意志那时就是法律。后来随着礼仪和制度的建立，王通过法律确定了自己的想法，那些法律仅由王一人制定。但人民通过请

---

① ［英］彼得·斯特克、［英］大卫·韦戈尔：《政治思想导读》，舒小昀、李霞、赵勇译，江苏人民出版社 2005 年版，第 52—53 页。

② 同上书，第 53—56 页。

愿，可以得到王的恩准。因此，王的话就开始成为法律了，能稍微约束一下他的就是遵守其王国基本法律的双重誓言：其一是默认的，王有责任保护人民以及王国的法律；其二是加冕典礼上公开的誓言。王最关心的就是自己的法律得到臣民应有的遵守，争论上帝可以做什么事情是对神明的亵渎。①

约瑟夫·德·迈斯特（1753—1821 年）出生于撒丁王国。大革命时期，法军侵入撒丁岛。他逃到洛桑，在那儿写了《主权研究》（1794—1796 年）一书。他认为："政府是真正的宗教：它有自己的信条，自己的神秘性，自己的宗师；使其听从于个人的讨论，就是在毁灭它。惟有通过民族的心智，也就是说，作为一种教义的政治信念，它才具有生命。"② 爱国主义是个人的自我放弃。信仰和爱国主义是世界上两个伟大的魔术师，不要对它们谈仔细研究、选择、讨论什么的，因为它们会说亵渎了神明。它们仅仅知道两个词：服从和信仰；它们用这两个杠杆举起了世界。③

（3）同意理论

简单而言，同意理论的基本观点在于，义务必须源自被统治者自愿而审慎的同意，不以同意为基础的政府是不合法的，不值得服从。随着自由主义的发展，同意理论的影响越来越大。霍布斯说："任何人所担负的义务都是由他自己的行为中产生的，因为所有的人都同样地是生而自由的"，④ "所有主权者的权力从根源上说都是经过被统治者每一个人的同意而来的"。⑤ 洛克也明确提出："人类天生都是自由、平等和独立的，如不得本人的同意，不能把任何人置于这种状态之外，使受制于另一个人的政治权力。"⑥ 然而这一理论所面临的最大问题在于公民同意的过程只不过是一个历史假设，而且就算当初公民与政府之间真的订立过契约，但订约者的子孙后代是否表示过同意也成问题。⑦ 为了应对这个问题，洛克提出

---

① ［英］彼得·斯特克、［英］大卫·韦戈尔：《政治思想导读》，舒小昀、李霞、赵勇译，江苏人民出版社 2005 年版，第 56—58 页。

② 同上书，第 64 页。

③ 同上。

④ ［英］霍布斯：《利维坦》，黎思复、黎廷弼译，商务印书馆 1985 年版，第 168 页。

⑤ 同上书，第 464 页。

⑥ ［英］洛克：《政府论》（下篇），叶启芳、瞿菊农译，商务印书馆 1964 年版，第 59 页。

⑦ 关于此问题思想界也存在一些不同看法。部分思想家认为，同意或契约论可被视为一种作为自由民主国家重要因素的必要理念，从而无须因为它是否历史真实这样的问题而遭受质疑。

了所谓“默示同意”理论，也就是说，同意未必要明确地说出或写下来，“事实上，只要身在那个政府的领土范围以内，就构成某种程度的默认”。[①] 然而这种同意并不具有道德上的意义，这就使得基于同意的公民服从义务论证带有一定的虚幻性。

约瑟夫·塔斯曼也试图把政治义务建立在被统治者的同意基础上，在《义务与国家》中，他坚持认为，只有在同意的基础上，政治义务才可以和奴役区别开来。他承认，除了加入某国国籍的公民为公民身份宣誓的情形之外，明确的同意是罕见的。于是他像洛克一样引入了默示同意或隐然同意概念，所不同的是，塔斯曼的隐然同意并不包含仅仅是在一国的公路上行驶这种事情，他强调即使是隐然同意也必须是会意的（knowing），意识到自己在做什么及意义何在。虽然没有明言，塔斯曼真正想采取的立场似乎是，如果一个政府得到了觉悟的精英分子的同意，无论我们本人同意与否，我们所有人都有义务服从它。如果那些觉悟的人同意了政府，政府就是合法的，从而对它的所有国民来说都成为了合法的；如果政府缺少这些觉悟者的同意，或逾越了它的限度，它就是暴政。于是它所有从前的国民都被免除了义务。[②]

莱因霍尔德·尼布尔（1892—1971 年）是美国的新教神学家。他以《道德的人和不道德的社会》（1932 年）一举成名。书中对社会群体追求行动的道德过程的能力深表怀疑，他还被称为现实主义国际关系方法的拥护者。他认为，任何政府如果没有最低程度的物质力量作为其权力的一个构成因素，就无法在内部行使任何权威，也无法汇集本共同体的力量，对抗与其他共同体的冲突。但如果长期完全依赖力量，就确实被视为不可忍受了，因为力量意味着不情愿的服从，违背了共同体成员的意愿。也就是说，权力必须基于或含蓄或清楚的一致同意，而不仅仅基于力量强迫人们服从其意志。一个政府如果没有得到至少是含蓄的一致同意，却试图对内行使权力，就会毁了共同体。在民主制出现之前，合法政府的权力源自各种意识形态的体系，即强调主要通过政府保持和平与秩序的能力来证明其

---

① ［英］洛克：《政府论》（下篇），叶启芳、瞿菊农译，商务印书馆 1964 年版，第 74 页。

② ［美］汉娜·皮特金：《义务与同意》，甘会斌译，载于毛兴贵编《政治义务：证成与反驳》，江苏人民出版社 2007 年版，第 13—16 页。

权力的正当性。传统共同体的权力既导致了不正义，也带来了秩序。现代民主社会权力的源泉除了秩序的威望外，又增加了正义的威望，自由和平等被采纳为正义的标准。一个自由的社会必须真正敬畏作为秩序源泉的政府的原则，但也必须真正坚持政府的权力应当控制在人民的手中，政府的威严应当部分地源自维护正义的能力。[①]

（4）功利主义的服从义务理论

最早对同意理论提出反驳的是休谟。他拒绝承认一致同意理论是政治义务的源泉，他并不认为大部分人民会想到自己的一致同意对权威的正当性是必需的。在《人性论》中，他提出，人类在很大程度上是被利益所支配的，[②] 当人们服从他人的权威时，那是为了给自己求得某种保障，借以防止人的恶行和非义。[③] 人类没有任何服从权威的自然天性，却有追求自身短期利益的自然倾向。只有自身安全和利益受到了直接威胁，才会迫使人类放长眼光，看到服从权威是相对有利的。也就是说，人们之所以服从政府，是因为政府能够为人们提供安全和保障，而人们在完全自由和独立的时候，是永远得不到这种利益的。当然，利益既然是政府的直接根据，那么两者只能是共存共亡的；任何时候，执政长官如果压迫过度，以至其权威成为完全不能忍受，这时人们就没有再服从他的义务了。[④] 但义务的功利主义辩护导致了自身的问题，如由军事政变上台的政府，当它满足了实用主义的评判标准，实现了最大多数人的最大幸福，公民就有义务服从它吗？[⑤] 为了证明义务的正当性，休谟并没有完全依赖效用。他认为效用是义务原初的、根本的动机，随着时间的流逝，任何对政府利益的明晰反思都消失了，权威出于习惯而被接受。

（5）公平原则

公平原则最初是由哈特在1955年提出的，他认为：“如果一些人根据

---

① ［英］彼得·斯特克、［英］大卫·韦戈尔：《政治思想导读》，舒小昀、李霞、赵勇译，江苏人民出版社2005年版，第71—74页。

② ［英］休谟：《人性论》，关文运译，商务印书馆1996年版，第574页。

③ 同上书，第592页。

④ 同上书，第591—592页。

⑤ ［英］彼得·斯特克、［英］大卫·韦戈尔：《政治思想导读》，舒小昀、李霞、赵勇译，江苏人民出版社2005年版，第47页。

某些规则从事某种共同事业，并因此而限制了他们的自由，那么那些根据要求服从了这种限制的人就有权利要求那些因他们的服从而受益的人做出同样的服从。"① 根据哈特的观点，规则遵从者的权利蕴含着受益者相应的义务。这个原则被罗尔斯接受下来并重新表述为："如果一群人根据一些规则从事一项正义而互利的合作事业，并因此而以种种对于产生所有人的利益来说是必要的方式限制了自己的自由，那么那些服从了这些限制的人就有权利要求那些从他们的服从中受益的人做出同样的服从。"② 同时，罗尔斯对公平原则的运用提出了两个条件。

具体而言，罗尔斯认为公平原则的运用有两个条件："首先，这一制度是正义的（或公平的），即它满足了正义的两个原则；其次，一个人自愿地接受这一安排的利益或利用它提供的机会促进他的利益。这里主要的意思是说：当一些人根据规范参加了一种互利的冒险，就以产生对所有人的利益的必要方式限制了他的自由，那些服从这些约束的人们就有权要求那些从他们的服从得利的人有一同样的服从。我们不做我们的公平的一份工作就不应当从他人的合作劳动中得益。"③

在罗尔斯和哈特的基础上，克洛斯科试图揭示源自公平原则的义务是广泛存在的，他提出公平原则的五个主要因素为：（1）共同事业或合作计划的存在；（2）由规范来协调的合作努力给那些合作者带来了利益；（3）合作要求服从各种各样的限制，因而对合作者来说是一种沉重的负担；（4）要产生这种利益，需要一定的人数——通常是大多数人，但不是所有的人——参与合作，因此服从必要限制的人不同于其他不服从限制的人（即不合作者）；（5）不合作的人也从合作努力中得到了利益。④"公平原则的道德基础是限制的相互性"，"受益于他人的合作努力的人也有义务参与合作"。⑤ 克洛斯科理论的一个重要特色在于提出了"可排他

---

① ［美］乔治·克洛斯科：《公平原则与政治义务》，毛兴贵译，江苏人民出版社 2009 年版，第 37 页。

② 毛兴贵编：《政治义务：证成与反驳》，江苏人民出版社 2007 年版，第 66 页。

③ ［美］罗尔斯：《正义论》，何怀宏等译，中国社会科学出版社 1988 年版，第 112 页

④ ［美］乔治·克洛斯科：《公平原则与政治义务》，毛兴贵译，江苏人民出版社 2009 年版，第 37—38 页。

⑤ 同上书，第 38 页。

性益品和不可排他性益品”之分,[①] 当然这种划分不是绝对的，只是大体上的。一般而言，公共产品是不可排他性的。他提出，如果下述三个主要的条件得到了满足，公平原则便可产生推进不可排他性计划的强义务。所提供的益品必须：（1）值得受益者为提供它们而努力；（2）而且是“推定有益的”（presumptively beneficial）；（3）这种益品带来的利益与负担在分配上是公平的。[②]

（6）自然责任理论

然而，公平原则理论也被认为很难对公民为何要服从政府和法律这一问题给出完美答案。自然责任理论则另辟蹊径，不再从公民的行为或意愿入手去说明公民的政治义务，而是借助于一些基本的道德责任，比如支持正义的责任，救助苦难的责任，这些责任约束着我们所有人。[③] 罗尔斯在《正义论》中明确提出，公民最重要的义务是支持和发展正义制度的义务。这个义务有两个部分：当正义制度存在并适用于公民时，公民必须服从正义制度并在正义制度中尽自己的一份职责；当正义制度不存在时，公民必须帮助建立正义制度。与此同时，公民不仅要服从合理的法律法规和规章制度，还要服从某种不正义的法律法规和规章制度。因为，任何法律制定过程中的不正义是不可避免的，只要某些不正义的法律和政策不超过某种不正义的限度，我们维持正义制度的自然义务就约束我们服从不正义的法律和政策，或至少不运用非法手段来反对它们。[④] 威尔曼认为，国家之所以有权力违背公民意志对他们实施强制，是因为这对于将其他公民从自然状态中解救出来是必要的，而每个公民都有乐善好施的责任使他人免遭自然状态之害。也正因如此，如果所有其他公民都通过服从法律的方式履行了自己的乐善好施责任，那么某一个公民如果不做出同样的服从，对其他人而言就是不公平的。[⑤] 自然责任理论在解决一些问题的同时，自身

---

① 关于“可排他性益品”和“不可排他性益品”，具体见本书第四章第二节。

② ［美］乔治·克洛斯科：《公平原则与政治义务》，毛兴贵译，江苏人民出版社 2009 年版，第 45 页。

③ 毛兴贵编：《政治义务：证成与反驳》，江苏人民出版社 2007 年版，第 8 页。

④ ［美］罗尔斯：《正义论》，何怀宏等译，中国社会科学出版社 1988 年版，第 333—334 页。

⑤ 毛兴贵编：《政治义务：证成与反驳》，江苏人民出版社 2007 年版，第 9 页。

也存在诸多困难。比如自然责任理论所确立的政治义务太普遍了，它无法解释政治义务的特殊性。也就是说，根据这种理论，我们不仅要支持自己的国家，而且具有同等义务去支持所有比较正义的国家。[①] 再有，乐善好施的责任效力也是有限的，这种责任不会要求我们为了他人的利益付出太大的代价，因而根据这一责任所确立起来的政治义务是非常有限的。[②]

各种政治义务理论的逐步兴起与相互争鸣，不仅未能就公民为什么要服从法律和政府这一问题达成共识，反而激起了怀疑主义和哲学无政府主义的强烈批判，并对政治义务理论形成巨大压力。对公民服从义务的理论论证更多还是限于具体的考量，而难以形成一般性的追问。

2. 从社会学和心理学的角度研究公民服从现象

20 世纪中叶，对艾希曼的审判在国际社会引起强烈反响，国外社会学界也因此从多个角度展开了对服从问题的研究。其中汉娜·阿伦特在《集体的责任》、《〈耶路撒冷的艾希曼〉：伦理的现代困境》等中谴责了纳粹期间整个德意志民族的消极服从行为，其中犹太人评议会甚至成了大屠杀的帮凶。她还分析了极权主义制度下个人良知的来源，以及政治服从中政治、道德上的责任与法律上犯罪的区别。她认为政治、道德上的责任和个人法律范围内的犯罪是不同的，但是，从道德上来讲，我们有时还得承担自己完全是清白的事情所带来的责任，因为我们不是孤独地生存着，而是生存在自己同胞们之间。我们行为的能力只能够在许多的各种各样多元的人类的共同体的一个共同体中形成一种现实的力量，因而我们常常需要为这样的事实承担集体责任。她认为，纳粹的犯罪是人类的耻辱，也可以说是人类的责任。在《组织的罪行和普遍的责任》一文中，她指出，对于这种德国国民们做梦也没有想到的事情，不能以为“啊，我没有做”，就心安理得，应该对人类什么事情都会做出来感到震惊，这正是所有政治的思考的前提。[③] 在《〈耶路撒冷的艾希曼〉：伦理的现代困境》结语后记中，阿伦特指出：“今天，许多人认为和共同罪责一样，所谓共同无罪也是不存在的，如果这种东西存在的话，那么任何个人的有罪或无

---

① 毛兴贵编：《政治义务：证成与反驳》，江苏人民出版社 2007 年版，第 8 页。

② 同上书，第 9 页。

③ ［美］汉娜·阿伦特等：《〈耶路撒冷的艾希曼〉：伦理的现代困境》，孙传钊编，吉林人民出版社 2011 年版，第 5 页。

罪都不能成立了。这当然并不是否定所谓政治责任这样的东西的存在。这种责任与集团的一个一个成员干什么啊，为此，被道德制裁啊，被交给刑事法庭啊，等等均无关系。所有的政府不问以前所为正当不正当，都担负起前届政府的责任，所有的国民不问以前所为正当不正当负起国民一切的行为责任。”①

与此相应的另一重要研究成果便是美国耶鲁大学心理学家米尔格兰姆所做的服从权威心理学实验。实验开始于 1961 年 7 月，也就是纳粹党徒阿道夫·艾希曼被抓回耶路撒冷审判并被判处死刑后的一年。米尔格兰姆设计这个实验的目的是测试艾希曼以及其他千百万名参与了犹太人大屠杀的纳粹追随者，有没有可能只是单纯的服从了上级的命令。实验的概念开始于 1963 年由米尔格兰姆在 *Journal of Abnormal and Social Psychology*（《变态心理学杂志》）里所发表的 *Behavioral Study of Obedience* 一文，并在他 1974 年出版的 *Obedience to Authority*：*An Experimental View* 里加以了讨论。米尔格兰姆认为，当面临权威发出残酷的行为指令时，人们的个性并无法拒绝或抵制这种行为的发生，因为此时发生作用的是人类服从权威的社会心理结构。不仅如此，他在设计的不同场景的实验中还发现：第一，与受害者的身体或心理距离越远，加害者越可能泰然处之，变得越残酷。第二，如果加害者有了同伙，那么群体情感会带来相互团结及共同责任，也会加剧行为的残酷程度。第三，一旦权威以外的所有影响消失的话，行为者就进入一种代理状态，把自己看作是执行别人的意志的人，并在被追问责任时，把责任推诿给他人。第四，当多元权威存在的时候，盲目服从会消失得无影无踪。第五，当发现所接受的命令与自己的理念冲突时，有勇气去抵制、拒绝，优先考虑自己良心的加害者，只是极少数，而且很难从社会、政治或宗教的决定因素去探索他们的独特性。②

进而米尔格兰姆提出，从这类实验可以想到 1963 年汉娜·阿伦特的著作《〈耶路撒冷的艾希曼〉：伦理的现代困境》引起的论争。公诉当局检察官把艾希曼看成魔鬼、虐待狂的努力是完全错了，他倒更接近坐在办

---

① ［美］汉娜·阿伦特等：《〈耶路撒冷的艾希曼〉：伦理的现代困境》，孙传钊编，吉林人民出版社 2011 年版，第 60 页。

② 同上书，第 11 页。

公臬前履行平凡事务工作的官吏。阿伦特所提的“恶的平庸”的观点，比人们想象的要更加接近真理。对被害者进行电击的普通人，从作为被实验的人的义务意识出发做出这种行为，并不是因为他们的人格具有特别攻击性的倾向。我们研究的最基本的教训在于，只是从事自己的本职工作而没有任何敌意的普通人，会承担可怕的破坏活动的任务，而且当明明白白知道自己破坏行为产生的影响时，当被要求实施与自己最基本的道德规范相悖的行为时，人性所能发挥的拒绝力量是非常微弱的，敢于抵抗权威的人也极少。①

米尔格兰姆的实验结果是人们所料未及的，也产生了深远影响。鲍曼在《现代性与大屠杀》一书中，也借鉴了这一理论成果，对“二战”中德国纳粹分子的大屠杀行为进行了深刻反思。鲍曼认为，大屠杀的实施者们在行动的过程中以服从伦理代替了一切价值判断，“对于纳粹党卫军头目，依赖于组织惯例而不是个人热情，依赖于纪律而不是意识形态的沉迷，对血腥任务的忠诚——也确实是——对组织的忠诚的一个衍生物”。②对他们来说最高的行为标准便是尽心尽责地执行上级组织的命令，“惟有组织内的规则被作为正当性的源泉和保证”。③ 这样一来，行动的道德意义完全从行为本身转移到对组织的忠诚上去了，于是个人不再关心其行为道德与否，也无须审视自己行为的最终结果会给社会、他人带来什么，他只意识到自己仅是“庞大国家机器中一个相对而言微不足道的齿轮”。④个体的道德责任被纪律和荣誉取代，个人的道德良知也随之弱化，个人不再是自我的主体，而是精心扮演着“代理人”的角色，同时在严格的层级分化中道德责任也随波逐流，开始“自由漂流”。⑤ 因此，大屠杀颠倒了罪恶行径以往的所有解释。“它突然昭示，人类记忆中最耸人听闻的罪恶不是源自秩序的涣散，而是源自完美无缺、无可指责且未受挑战的秩序

---

① ［美］汉娜·阿伦特等：《〈耶路撒冷的艾希曼〉：伦理的现代困境》，孙传钊编，吉林人民出版社 2011 年版，第 185 页。

② ［英］齐格蒙特·鲍曼：《现代性与大屠杀》，杨渝东、史建华译，译林出版社 2002 年版，第 28 页。

③ 同上书，第 30 页。

④ 同上书，第 31 页。

⑤ 同上书，第 213 页。

的统治。它并非一群肆无忌惮、不受管束的乌合之众所为，而是由身披制服、循规蹈矩、唯命是从，并对指令的精神和用语细致有加的人所为。我们知道，无论在何时这些人一脱掉他们的军装，就与罪恶无涉。他们的行为跟我们所有的人极其相似。”①

3. 从政治哲学和法理学的角度研究公民不服从行为

公民服从的另一面便是公民不服从，公民不服从在国外既是一个理论问题，更是一系列社会现实。就理论研究而言，20 世纪 60 年代末到 70 年代初是国外学者研究“公民不服从”最热闹的时期。众多学者从不同角度对这一理论进行了探讨。雨果·亚当·比尔在 1969 年出版过一部西方关于“公民不服从”题材的文选。之后，他又在此基础上重新编选了一部新书，并在该书的导言部分详细地回顾了西方不服从理论。他认为，从亨利·大卫·梭罗起，才使“公民不服从”的思想脱离宗教；通过列夫·托尔斯泰和甘地，才使这一思想国际化；在美国，则是马丁·路德·金领导的、反对种族歧视的 1955 年蒙哥马利城公共汽车抗议事件才使之公开化。20 世纪 60 年代末的暴力则标志着美国民权运动的终结。“公民不服从”思想三个最有影响的根源是苏格拉底、梭罗和马丁·路德·金，但苏格拉底是讲为什么应当服从一个不公正的法律，而后两人则是讲为什么应当不服从。② 1961 年美国哲学协会组织的“政治义务与公民不服从”的讨论会以及 1970 年春纽约律师协会举行的“法律消亡了吗?”的研讨会等开始对公民不服从的正当性进行研究；汉娜·阿伦特在其《公民不服从》一文中明确指出，“在我们的政治制度中确立公民不服从，或许最有可能治疗司法审查的最终失败”；约翰·罗尔斯在《正义论》中深入阐述了有关“公民不服从”的定义、证明和作用的系统观点；罗纳德·德沃金在《认真对待权利》一书中提出了善良违法理论，他认为，无论每个人的动机如何，法律平等地适用和约束着每一个人。因此，公民个人不能仅凭自己对法律某一方面的非正义或不道德的判断，就认为公民享有不服从这些法律的权利，并据此

① ［英］齐格蒙特·鲍曼：《现代性与大屠杀》，杨渝东、史建华译，译林出版社 2002 年版，第 199 页。

② 何怀宏编：《西方公民不服从的传统》，吉林人民出版社 2001 年版，引言第 1 页。

采取不服从的行为。

就社会现实而言，国外公民不服从的具体实例有：在非洲和亚洲的前殖民地，公民不服从被用作民族独立运动的一项主要策略，其中最典型的当属甘地。他认为公民不服从是公民与生俱来的权利，主张用不合作的方式反对殖民者，他在南非的工作以及印度独立运动都是很好的证明。在南非，德斯蒙德·图图大主教和史蒂夫·比科都提倡公民不服从。1989 年反对南非种族隔离的紫雨抗议和开普敦和平进军，都是相关的著名事件。在美国，马丁·路德·金于 20 世纪 60 年代领导的民权运动以及越南战争期间的反战活动人士的抗议活动同样影响巨大。20 世纪 70 年代以来，反堕胎组织针对美国政府试图将堕胎合法化的举动也进行了公民不服从的抵抗运动。另外，公民不服从运动的组织和参与者中还有不少宗教信仰者，如罗马天主教会的牧师菲利普·伯利根（Philip Berrigan），他通过公民不服从来表达反战，因而时常被逮捕；Soulforce 组织，他们反对歧视，认为同性恋者也应享有平等的权益，他们通过公民不服从改变教会的观点，影响公众政策；“Operation Rescue”则是一个全球范围的基督教运动，他们通过和平实践公民不服从，来阻止使用堕胎诊所等等。

国外关于公民服从的理论和实践研究取得了一定成果，为当前我国相关研究提供了重要的理论参考。国内对公民服从的研究才起步不久，理论层面上还处于译介西方学者思想的阶段。[①] 目前除少数博士、硕士学位论文和发表在期刊上的学术论文外，专题性研究的著作还没有。就研究的具体内容而言，以法学研究视角居多，部分研究是站在维护国家权威、促进中国特色社会主义现代化建设这一政治高度对公民服从进行了一些探讨，论证和宣传公民应当服从国家的各项法律政策的重要意义。另外，绝大多数学者对西方公民服从问题研究的展开，都是基于何怀宏所编的《西方公民不服从的传统》一书，独创性论断还非常少，学理分析也比较弱，

---

① 相关的译著有：何怀宏等翻译的《正义论》；李常青等翻译的《法律帝国》（德沃金著）；郭为桂、李艳丽翻译的《道德原则与政治义务》（西蒙斯著）；毛兴贵编译的《公平原则与政治义务》（克洛斯科著）；何怀宏所编的《西方公民不服从的传统》；张生翻译的《权力的精神生活：服从的理论》（巴特勒著）；孙传钊所编的《〈耶路撒冷的艾希曼〉：伦理的现代困境》（阿伦特等著）等。

而且西方的公民服从理论与本土资源融合有限，有待进一步挖掘。

四　研究思路和结构安排

1. 研究思路

本书的总体研究思路是由社会现象分析入手，经由理论反思进行公民服从的规范理论建构。第一，根据政治权威的不同构建基础对社会成员的服从进行类型划分，并对每一种类型中社会成员的服从特点进行分析。第二，在现代性的社会背景下，考察政治权威构建基础的变化。与此同时，从宏观分析走向微观考察，以各种意识形态的主义话语和政治修辞手法的运用为研究重点，揭示统治者和政治精英驯服公民的各种话语谋略。第三，对社会现象进行理论反思。以同意理论、公平理论和自然责任理论为分析重点，阐明公民服从的义务论论证，揭示各派观点之间的理论纷争和解释难题，对公民服从进行政治哲学的追问。第四，由政治义务论的抽象分析转向公民服从的社会心理分析。通过义务与义务感的比较分析，揭示公民义务感对公民服从的重要作用。在此基础上，分析公民义务感生成和唤起的具体路径，主要包括公民身份的确立和公民意识的形成、相互承认关系的建立、公平合理社会合作体系的构建以及公民美德的培养和塑造等。第五，理论联系实际阐明公民服从的限度。通过对公民不服从的提出、条件以及正当性的分析，表明服从并非公民的唯一选择，联系社会现实指出公民不服从的审慎性，阐明公民服从与公民不服从的关系及其理性选择。第六，在综观全文的基础上，对理想的公民服从进行刻画。

2. 结构安排

本书以公民服从问题为研究核心，主要围绕公民服从的理论来源、具体类型、现代性建构、话语谋略、政治哲学追问、社会心理基础以及服从限度这几个方面展开论述，最后在综观全文的基础上，对理想的公民服从进行刻画。具体安排如下：

绪论部分主要对选题的价值和意义、公民服从问题的源起、研究现状、公民服从概念的比较分析和其他相关问题进行交代和说明，为全书的论述作好铺垫。

第一章　权威与服从：社会成员的服从类型。根据政治权威的不同构建基础，对社会成员的服从类型进行划分，具体分为暴力威胁下的服从、传统约束下的服从、领袖魅力下的服从以及合法规程下的服从这四种类型，并对每一种类型中社会成员的服从特点进行分析。这是对公民服从现实表现形式的基本铺陈。

第二章　驯服与建构：公民服从的现代性批判。主要分析第一章中所述的几种服从类型在现代性社会背景下的发展和变化，着重分析在暴力的隐身与变形、传统的发明与建构、卡里斯玛的祛魅与再造等社会形势下，统治者和政治精英如何在他们的统治中置入独特的心理控制与操纵方式，精心设计、巧妙建构各种公民服从的权威基础，通过一系列的人为建构使得公民服从越来越多地带上了驯服的政治色彩，并将公民服从部分演变为“无主体的服从”。这是从现代性批判的视角来审视公民服从中的现代性建构因素。

第三章　主义与修辞：公民服从的话语谋略。从第二章的宏观分析转向微观考察，以各种意识形态的主义话语和政治修辞手法的运用为研究重点，揭示统治者和政治精英驯服公民的各种话语谋略。通过研究发现，政治统治与话语密不可分。现代政治生活的一个重要事实是，统治者主导了政治事件和行为的意义阐释权，垄断着社会事实和历史事件的解释权，这种阐释或解释的关键并不在于是否与真实相符或与社会成员的亲身体验相合，而在于解释本身成为一种权威话语。这种经由统治者对被统治者在物质和道德上的优势所形成的支配性话语，构成了政治社会中的各种主义话语霸权，它试图封闭对社会现实进行其他说明或解释的可能性，使个体归属、依赖和屈从于统治集体。此外，统治者还充分运用各种政治修辞手法以增强话语表达效果。于是在各种主义话语的精心编织以及政治修辞手法的灵活运用下，统治者建立起专属于己的政治话语霸权，鼓舞或强迫人们理所当然地采取行动，以最大限度地实现公民服从。第二章和第三章的分析都是针对现实生活中公民服从的消极因素，尤其是公民主体性被削弱的方面展开论述的，这些因素正是理想公民服从中应该加以修正的。

第四章　意愿与责任：公民服从的政治哲学追问。由前三章的社会现象的考察分析转向理论反思。服从到底是公民应尽的义务，还是统治者强加给公民的枷锁？公民有服从的义务吗？一个自然人基于何种理由承担起一个国家的权利义务关系才是正当的？围绕这些问题，以同意理论、公平理论和自然责任理论为分析重点，阐明公民服从的义务论论证，揭示各派观点之间的理论纷争和解释难题，对公民服从进行政治哲学的追问。这是对公民服从问题的深度反思，也为第五章义务感的引入埋下伏笔。

第五章　义务感与服从：公民服从的社会心理基础。由政治义务论的抽象分析转向公民服从的社会心理分析。研究发现，理论上论证公民是否必须履行服从的义务是一回事，现实生活中人们内心能否形成服从的义务感又是另一回事。通过义务与义务感的比较分析，揭示公民义务感对公民服从的重要作用。在此基础上，分析公民义务感生成和唤起的具体路径，主要包括公民身份的确立和公民意识的形成、相互承认关系的建立、公平合理社会合作体系的构建以及公民美德的培养和塑造等。这些为现代社会理想的公民服从指明了方向。

第六章　不服从与服从：公民服从的限度。理论联系实际阐明公民服从的限度。公民的服从是绝对的吗？公民有没有挑战政治和法律权威的权利？如果公民不服从会怎样？这些问题一直困扰着人们，并引发无数争论。其实，我们的社会生活模式不光是服从与模仿，也包括反抗与革新，也就是说，公民的服从不是绝对的，而是有限度的。公民也只有从被动服从的藩篱中解脱出来，才能成为真正意义上的“守法人”。这一章通过对公民不服从的提出、条件以及正当性的分析，表明服从并非公民的唯一选择，联系社会现实指出公民不服从的审慎性，阐明公民服从与公民不服从的关系及其理性选择。这是对公民服从规范理论探讨的进一步完善。

结语部分　综观全书，对理想的公民服从进行刻画。公民服从是一个思想史上历久弥新的理论问题，也是一个政治生活中可以感同身受的现实问题。它的意义不在于使当前的理论论争一决雌雄，而在于通过讨论形成一些基本共识。那么，什么样的服从才能消解公民内心的种种顾虑，使他们既不失身份，又乐于接受呢？什么样的服从才不会在服从者与被服从者之间形成权力等级的心理落差从而招致排斥或抵制？在今天政治民主化和文明化的进程中，理想的公民服从应坚持何种价值追求呢？研究表明：理想的公民服从建立在政治统治合法性的基础上；理想的公民服从应该是自主的；理想的公民服从应坚持权利和义务的统一；理想的公民服从应努力唤起“好公民”。

五 研究特色和研究不足

1. 研究特色

第一，对政治义务论进行深度反思。传统理论对公民为什么要遵守法律、服从政府这一问题的回答大多是借助政治义务论来完成的，但政治义务论无论如何都无法给出一个充分的理由，使人们相信所有公民对政府、对政府所制定的法律具有服从的义务。本书着重对同意理论、公平理论和自然责任理论进行深度剖析，揭示各派观点之间的理论纷争和解释难题，对公民服从进行政治哲学的追问。

第二，理论联系实际揭示公民服从中的一系列建构因素和话语谋略。在现代性的社会背景下考察政治权威构建基础的变化，着重分析在暴力的隐身与变形、传统的发明与建构、卡里斯玛的祛魅与再造等社会形势下，统治者通过一系列的人为建构，使公民服从带上驯服色彩。与此同时，从宏观分析走向微观考察，以各种意识形态的主义话语和政治修辞手法的运用为研究重点，揭示统治者和政治精英驯服公民的各种话语谋略。

第三，坚持权利和义务相统一研究公民服从问题。一定程度上可以说，这是一个政治义务日益失去话语权的时代，政治权利日渐成为一种支配性的政治话语，因此在许多人眼里，“公民服从”只是统治者或政治精英维护自身统治的一种政治修辞，进而将公民服从贬斥为修辞本身，否定服从义务的存在。本书通过研究表明，权利和义务的统一是公民服从必须坚持的原则。如果一味强调其权利性，那么公民可能不屑于对其加以承担，公民不服从行为的审慎性就会降低；如果一味强调其义务性，那么公民可能无力对其加以承担，从而成为公民的负担，或演变为对公民的“威逼”，甚至有可能唤起强制和极权主义的幽灵。因此，在公民服从权利和义务的实施过程中必须注意薄厚度的把握，坚持权利和义务的平衡统一。

第四，从社会心理的视角揭示公民服从的内在逻辑。通过义务与义务感的比较分析，揭示公民义务感对公民服从的重要作用。在此基础上，分析公民义务感生成和唤起的具体路径，主要包括公民身份的确立和公民意识的形成、公民个体与共同体之间相互承认关系的建立、公平合理社会合作体系的构建，以及公民美德的培养和塑造等。

2. 研究不足

（1）由于本人外文水平有限，而现有公民服从的大量研究成果出自国外，本人在国外学术资料的吸收上，主要以参考国内中译本为主，直接学习和借鉴外文资料的能力和水平有待进一步提高。

（2）公民服从是一个极其复杂深刻的政治哲学问题，也是一个非常现实的政治社会学问题，如果能将理论的规范分析和现实的实证考察结合起来，那将会是一部上乘之作。本书主要着眼于学理的规范分析，理论研究的内在逻辑性和思维缜密性方面还有待加强，研究结论的深刻性方面也稍显稚嫩。同时对公民服从问题的实证分析还有待在今后的研究中进一步补充，这样才能对公民服从问题形成更全面的认识。

（3）公民服从问题的理论源起在西方，目前西方学术界对此问题的研究资源较为丰富，国内对此问题的研究还不多，所以在资料的参考方面学习引用国外的学术成果较多。但公民服从问题并不专属于西方，它在我国同样具有较强的理论意义和现实意义，国外研究成果对我国相关学术研究具有一定的借鉴意义，本书着眼于对公民服从基本规律的研究，但结论的形成还是在中国语境下产生的，并带有本国的社会关怀。但是如何更好地扬弃西方话语体系，构建本土的研究体系和学术话语，这将是本人今后学术研究努力的方向。

第一章　权威与服从:社会成员的服从类型

统治与服从的关系是一切政治系统顺利运行的关键。历史和现实表明，社会成员服从的基础和方式是多样的，服从的具体类型与政治权威的性质和构建基础存在很大关联。政治权威的本质要求服从，其构建基础复杂多样，由此形成的统治服从关系以及社会成员服从行为的特点也不尽相同。

第一节　暴力威胁下的服从

一　作为现实存在的暴力权威

人类历史是一部用血泪写成的连续暴力史①，“只要考察帝国如何兴起和衰败，个人威望如何确立，宗教如何分裂，财产和权力的特权如何继承和转移，思想家的权威如何增强，精英的文化享受如何建立在被剥夺者的辛劳和痛苦之上，就足以发现暴力无时不在，无所不在”。② 暴力，从宽泛的含义来说，凡是某一个人、某一个集团把自己的意志强行施加于另一个人、另一个集团的强制性行为都可以认为是暴力。暴力是一种人与物的关系，施行暴力者总是要将他人压制在物的状态或者彻底消灭。一般而言，“当维持传统权力的信仰和习惯趋于失势的时候，不是渐渐地为基于某种新信仰的权力所取代，就是为暴力所取代。暴力就是不得权力行使对象默认的那种权力。屠夫支配羊的权力，入侵军队支配战败国的权力，警

---

① ［美］弗洛姆：《恶的本性》，薛冬译，中国妇女出版社 1989 年版，第 2 页。

② ［法］保罗·利科：《历史与真理》，姜志辉译，上海译文出版社 2004 年版，第 224 页。

察支配被破获的谋反者的权力，都是这一类的权力”。[①] 暴力统治虽是社会成员最不愿接受的，可是不管人们内心多么排斥它，它在社会历史生活中的存在却是无法否认的。

暴力是建立政权的重要基础。所有的政治都是为了权力而斗争，终极的权力就是暴力。政治权力的形成的确可以借助预期的暴力威胁得来，可以说任何国家都是建立在暴力基础上的。中国历史上很多皇帝都是起兵造反，依靠武力夺得了皇帝宝座与国家统治权。秦朝、汉朝、宋朝都是这样建立王朝的，正所谓“马上得天下”。西方各国资产阶级革命也大多通过暴力革命夺取政权。在从封建生产方式向资本主义生产方式的转变过程中，资产阶级使用暴力，缩短了过渡时间。英国资产阶级革命无疑是妥协色彩最浓的革命，但是，解散议会、逮捕贵族、处决国王，这一系列暴力行为却是作为英国资产阶级革命的高潮载入史册的，更不用说在法国大革命中，革命暴力为资产阶级建立和巩固政治统治充当了何等伟大的角色。因此，任何政权都依赖于其暴力基础。尤其在“王侯将相本无种”的野蛮政治时代，成者为王，败者为寇，“军权”直通“君权”，一旦军权在手，立马江山易主；一旦军阀割据，立刻君王遍地。就此，恩格斯说：“革命无疑是天下最权威的东西。革命就是一部分人用枪杆、刺刀、大炮，即用非常权威的手段强迫另一部分人接受自己的意志。获得胜利的政党如果不愿意失去自己努力争得的成果，就必须凭借它以武器对反动派造成的恐惧，来维持自己的统治。”[②]

国家是有组织的暴力。在国家产生以前，暴力的最大特点是无组织、非系统的，不构成当时权力体制的基础，不具有政治性质。比如，人类很早就为了生存，通过暴力手段从自然界掠取生活必需品。按照马克思主义的政治学说，国家是阶级斗争的产物，在人类历史的很多场合中，阶级斗争都是以暴力的形式呈现出来的，如奴隶主对奴隶起义的镇压，地主阶级对农民起义的镇压，资产阶级反对封建贵族的武装暴动等。伴随国家发展而形成的公共权力，其构成“不仅有武装的人，而且还有物质的附属物，

---

① ［英］伯特兰·罗素：《权力论——新社会分析》，吴友兰译，商务印书馆 1991 年版，第 59 页。

② 《马克思恩格斯选集》第 3 卷，人民出版社 1995 年版，第 227 页。

如监狱和各种强制设施，这些东西都是以前的氏族社会所没有的”。[①] 其中军队是最主要的强制力量，也是统治阶级赖以对人民进行统治的基本支柱。马克思在国际工人协会的一次发言中曾经这样评价资本主义国家的扩军，他说：“目前欧洲大批军队的扩充是由1848年革命所引起的。庞大的常备军是社会现状的必然结果。现在保持常备军不是用来进行对外战争，而是用来镇压工人阶级。”[②] 列宁则这样来揭露资产阶级军队的实质，他写道：“军队不可能而且也不应当保持中立。使军队不问政治，这是资产阶级和沙皇制度的伪善的奴仆的口号，实际上他们一向都把军队拖入反动的政治中，把俄国士兵变成黑帮的奴仆和警察的帮凶。”[③] “在各个地方以及一切国家里，常备军与其说是用来对付外部敌人，不如说是用来对付内部敌人。在各个地方，常备军都成了反动势力的工具，成了资本反对劳动的斗争的奴仆，成了扼杀人民自由的刽子手。”[④] 警察是国家暴力机器中的另一支重要力量。它是统治阶级对内实行镇压的公开的和直接的力量。尽管在通常情况下警察的武装力量不及军队强大，但它在国家机器中所发挥的作用却比军队更为显著。此外还有官僚、法庭等。最终国家集中了分散的、从人与人之间的原始对抗中继承下来的暴力，并垄断了自然强制手段，从个体那里夺取了为他们伸张正义的权利，从而个体能向国家索取各种各样的暴力。[⑤] 就国家政权的维护和巩固而言，暴力权威必不可少。反革命暴力是维护僵化、垂死的政治形式的工具，革命暴力是摧毁僵化、垂死的政治形式的工具。列宁指出：“一切反动阶级通常都是自己首先使用暴力，发动内战，‘把刺刀提到议事日程上来’，俄国专制政府就这样作过。”[⑥] 因此，暴力权威是政治统治的重要基础。

现代理性的国家是合法暴力的唯一垄断者。马克斯·韦伯认为，从社会学上看，人们最终只能用一种特殊的手段来界定现代国家，这种手段是

---

① 《马克思恩格斯选集》第4卷，人民出版社1995年版，第171页。

② 《马克思恩格斯全集》第16卷，人民出版社1964年版，第612页。

③ 《列宁选集》第1卷，人民出版社1972年版，第653页。

④ 同上书，第654页。

⑤ ［法］保罗·利科：《历史与真理》，姜志辉译，上海译文出版社2004年版，第234页。

⑥ 《列宁选集》第1卷，人民出版社1972年版，第620页。

它以及任何政治团体所固有的：有形的暴力手段。[①] 政治就是权力斗争，暴力则是终极的权力。“一切政治实体都是暴力机构。”[②] 当然，暴力不是国家正常的或唯一的手段，但是，却是它特有的手段。任何不被国家控制的暴力都会给国家的行为带来限制，成为潜在的抵抗势力，而为了在保障安全职能时不受任何阻碍，国家必须成为强制职能的唯一拥有者。同时，如果一旦暴力可以被其他社团而不是国家，或者被个人而不是被政府使用，国家和政府就会有被取代的危险。[③] “在过去，形形色色的团体——从宗族开始——都曾把有形的暴力作为十分正常的手段。今天正好相反，我们将不得不说：国家是在一定区域的人类的共同体，这个共同体在本区域之内——这个‘区域’属于特征之一——要求（卓有成效地）自己垄断合法的有形暴力。因为当代的特殊之处在于：只有当国家允许时，人们才赋予所有其他的团体或个人以应用有形的暴力的权利：国家被视为应用暴力‘权利’的唯一的源泉。”[④] 简单地说，现代国家实际上是合法暴力的唯一垄断者。军队、警察等国家暴力机构是唯一能在法律授权范围内代表国家行使暴力权的责任机构，其余个人和团体除非是为了制止正在发生的暴力事件，否则不得在任何情况下代替国家暴力机构实施暴力行为，任何非法僭用者都将被视为对国家最高权力的挑衅。

合法暴力的垄断问题是如何产生的呢？因为统治阶级与被统治阶级相互依存，统治者常常通过意识形态来宣传或论证对被统治者进行统治的合法性。大多数被统治者在多数情况下似乎也习惯接受或默认这种统治的合法性。要求一个国家一些成员部分满足其他人的要求而放弃全面满足其自己的要求，这在某一特定历史时期总是能获得成功。可是，人们能在某个时期满足某些成员要求，但不能在所有时期满足所有人。[⑤] 也就是说，统治阶级与被统治阶级的政治妥协不可能是长期的，一旦对方的挫折感日益

---

① ［德］马克斯·韦伯：《经济与社会》下卷，林荣远译，商务印书馆 1997 年版，第 731 页。

② 同上书，第 227 页。

③ ［美］莱斯利·利普森：《政治学的重大问题——政治学导论》，第 52 页。

④ ［德］马克斯·韦伯：《经济与社会》下卷，林荣远译，商务印书馆 1997 年版，第 731 页。

⑤ ［美］戴维·伊斯顿：《政治生活的系统分析》，王浦劬译，华夏出版社 1999 年版，第 299 页。

增强，政治统治的合法性问题就会日益凸显，阶级对抗就会增强，政治暴力冲突就有可能发生。在这种意义上，“合法暴力”的垄断问题就会产生。[①]“合法暴力”体现的是一种统治关系，一种人支配人的权力关系，并非纯粹只是作为国家的一种统治手段。国家出于统治的需要，有必要将暴力政治化和合法化，才能实现对暴力的垄断。某种程度上说，政治是暴力的继续，暴力也是政治的继续。国家对暴力的垄断需要寻求正当性证明并实现某种转换，这就是将政治暴力“合法化”并制度化为政治权力，以便获得被统治者的承认和支持。[②]

“合法暴力”这个观念只有在权威的政治结构前提下才有意义“合法暴力”又会进一步牵涉到所谓“合法国家”的问题。“合法国家”通常是以被统治者主动认可的原则和自然权利的原则为指导的。垄断“合法暴力”作为国家独有的特征表明这种合法暴力是有组织性的暴力，意味着国家对致命力量的协调使用。[③] 保罗·利科认为：“人的政治存在是由一种暴力，即具有合法性的国家暴力维护和引导的。”[④]“即使国家正好等同于其合法性的基础——例如，成为法律的强制执行者——国家也仍然是强制手段的垄断；国家仍然是一些人对所有人的权力；国家仍然兼有一种合法性，即一种强制的道德权力，和一种无可挽回的暴力，即一种强制的自然权力。”[⑤] 某种程度上“合法暴力”既是一种强制性的权力，又是一种强制的道德权力。换言之，“合法暴力”是与道德正当性紧密相连的一种暴力。

其实对暴力的垄断历史上并非每个国家都能做到。从氏族社会开始，并没有足够的证据表明史前国家对暴力拥有垄断权。[⑥] 从历史经验的角度看，传统国家对政治暴力只是部分或者绝大部分的使用权。例如，在中世

---

① 左高山：《政治暴力批判》，中国人民大学出版社 2010 年版，第 192 页。

② 同上书，第 196 页。

③ 同上书，第 192 页。

④ ［法］保罗·利科：《历史与真理》，姜志辉译，上海译文出版社 2004 年版，第 234 页。

⑤ 同上书，第 257 页。当然，有人认为，合法使用的暴力已经不再是暴力了，这是德恩特赖维斯《国家的概念》中的观点。他认为，只有不能获得权力合法性的统治者才会诉诸暴力，也只能诉诸暴力。

⑥ ［美］乔纳森·哈斯：《史前国家的演进》，罗林平等译，求实出版社 1988 年版，第 99—102 页。

纪，氏族、家族、联合会也都有权动用武器。[①] 尽管君主声称掌握着对任何人的生杀大权，或者是地方群体如宗族和宗教也声称能够自由裁量罪行，但只有近代民族国家的国家机器才能成功地实现垄断暴力工具的要求，而且也只有在现代民族国家中，国家机器的行政控制范围才能与这种要求所需的领土边界直接对应起来。"占有垄断暴力工具的权利以及使这种垄断同某种领土观结合起来，这都是一般意义上的国家的特征。"[②] 换言之，只有近代民族国家，才实现了韦伯意义上的对暴力的合法的独占与垄断。

20 世纪的两次世界大战使得思想家们对现代社会日益增长的军事暴力有了更多思考。他们把军事暴力放在一个重要的地位加以考察，认为没有对暴力工具的垄断和运行，国家无以成为国家，近代的民族国家更是无从谈起，因此，迄今 21 世纪的历史仍然是民族国家内部或者是民族国家之间暴力对抗与缓和的历史。大多数现代国家的暴力通过维持内部安全的警察暴力和维持外部安全的军队暴力来进行垄断。抵御外部的侵略要以暴制暴，而防止反政府的政治暴力也需要如警察、军队、法庭和监狱等强制机构来镇压和威慑不法分子和骚乱分子。国家对暴力的垄断，体现这样一种力量："它或者隐含沉默的暴力威胁，或者实际使用暴力解决问题。随着情况的变化，暴力的使用可以被强化到最大限度，亦可被减弱至最小程度。"[③]

二　暴力威胁下社会成员服从的特点

1. 以力服人

暴力权威的最大特点是"以力服人"。"暴力总是能够摧毁权力；一只枪管所发出的命令是最有效的命令，带来的是最及时的和最完全的服从。"[④]

---

① ［德］马克斯·韦伯：《经济与社会》上卷，林荣远译，商务印书馆 1997 年版，第 83 页。

② ［英］安东尼·吉登斯：《民族——国家与暴力》，胡宗泽、赵刀涛译，生活·读书·新知三联书店 1998 年版，第 20 页。

③ ［德］卡尔·雅斯贝斯：《时代的精神状况》，王德峰译，上海译文出版社 2013 年版，第 75 页。

④ ［美］汉娜·阿伦特：《权力与暴力》，洪溪译，载于贺照田主编《西方现代性的曲折与展开》，吉林人民出版社 2002 年版，第 439 页。

基于这种政治权威基础上的社会成员服从分两种情况：一是暴力直接作用于社会成员的身体，成为有形的武器，社会成员迫于有形暴力的强制而服从。二是社会成员基于暴力无形的威胁作用而服从。前者所言直接有形的暴力威胁包括革命、战争、政变、镇压等；后者主要表现为暴力以无言的方式发挥作用，比如一系列军事设施、警察、监狱、法庭等的存在，其实它们并不一定与每一个社会成员直接发生联系，但社会成员完全可以预知他们的不服从行为将会承受的代价，因此他们会基于对不服从所要遭受惩罚的恐惧而采取服从的行为。比如，传统社会统治阶级使用各种酷刑对胆敢冒犯他们的犯上作乱者进行严厉的惩罚，而且是在大庭广众之下公开行刑，这样做的目的无非是杀一儆百。这种酷刑与其说是惩罚罪犯，不如说是统治阶级通过惩罚罪犯的身体警示所有社会成员，进而达到控制整个社会的目的。社会成员出于自身安全的考虑或迫于形势的需要而采取服从行为。

对被统治者使用暴力是剥削阶级国家最惯用的手法。国家的存在最初是为了解决经济上阶级利益冲突，是通过使用暴力等手段来维护少数有产者的权利而限制多数无产者权利的机构。恩格斯指出："由于国家是从控制阶级对立的需要中产生的，由于它同时又是在这些阶级的冲突中产生的，所以，它照例是最强大的、在经济上占统治地位的阶级的国家，这个阶级借助于国家而在政治上也成为占统治地位的阶级，因而获得了镇压和剥削被压迫阶级的新手段。因此，古希腊罗马时代的国家首先是奴隶主用来镇压奴隶的国家，封建国家是贵族用来镇压农奴和依附农的机关，现代的代议制的国家是资本剥削雇佣劳动的工具。"① 列宁指出："世界上所有资本主义国家的资产阶级反对工人运动和工人政党的方法有两种。一种是暴力、迫害、禁止和镇压。这基本上是农奴制的、中世纪的方法。各国都有一些资产阶级的阶层和集团（在先进国家比较少，在落后国家比较多）喜欢采用这种方法。在一定的时期，特别是在工人反对雇佣奴隶制的紧急关头，全体资产阶级都主张采用这种方法。例如，英国的宪章运动、法国的1849 年和 1871 年就是这样的历史时期。"② 列宁还指出，所有一切压

---

① 《马克思恩格斯选集》第 4 卷，人民出版社 1995 年版，第 172 页。

② 《列宁全集》第 20 卷，人民出版社 1958 年版，第 458 页。

迫阶级，为了维持自己的统治，都需要有两种社会职能，而其中一种就是刽子手的职能。[①] 列宁认为，这种使用暴力的统治手法，是一切国家的共同特征。他概括道："这个机构，这个管理别人的集团，总是把持着一定的强制机构，实力机构，不管这种加之于人的暴力表现为原始时代的棍棒，或是奴隶制时代较为完善的武器，或是中世纪出现的火器，或是完全根据现代最新技术造成的二十世纪的奇妙武器，反正都是一样。使用暴力的手段可以改变，但是只要国家存在，每个社会就总有一个集团进行管理，发号施令，实行统治，并且为了维持政权而把实力强制机构、暴力机构、适合于每个时代的技术水平的武器把持在自己手中。"[②]

国家虽然垄断合法暴力并通过统治阶级来行使暴力，但是任何一个国家的统治绝不可能单纯依靠赤裸裸的暴力。暴力是一种令人生畏的冷酷的力量，其无言的存在与"发言"的存在深刻地影响着社会成员的政治心理。[③] 但是，唯一地建立在暴力手段上的政府在历史上是不存在的。国家与其他社会组织相区分的一个简单而又最基本的事实就是："国家如果只是暴力的盲目运用，就不成其为国家。它之成为国家，只是由于种种精神行为的成功作用，这些精神行为由于自己的自由而知道自己是同现存的现实相联系的。国家可能堕落而为无秩序的原始暴力，也可能高扬而为以人性为目标去获取权力的意志之理想。"[④] 即使是极权主义的统治者，虽然他的主要工具是拷打，仍然需要一种权力基础——秘密警察及其情报网。即使是我们所知道的最专制的统治，主人对人数总是超过他的奴隶的统治，也不是建立在高超的强制手段之上的，而是建立在高超的权力组织之上的——建立在主人们的有组织的团结的基础上的。一个没有其他人支持的单个人永远不可能拥有足够的权

---

① 《列宁选集》第 2 卷，人民出版社 1972 年版，第 638 页。

② 《列宁选集》第 4 卷，人民出版社 1972 年版，第 47—48 页。

③ 有人认为，暴力的定义是心理方面的，因为一个政府，可能对某些社会成员是强暴的，而对另一些社会成员不是强暴的。参阅［英］伯特兰·罗素《权力论——新社会分析》，吴友兰译，商务印书馆 1991 年版，第 60 页。

④ ［德］卡尔·雅斯贝斯：《时代的精神状况》，王德峰译，上海译文出版社 2013 年版，第 75—76 页。

力让他成功地使用暴力。因此，在国内事务中，暴力作为反对犯罪分子和反叛者的一种最后的权力手段而起作用。而在实际的战争如越南战争中人们已经看到，在与一个装备不良但是组织良好因而更为有权力的对手的较量中，一种巨大的暴力手段方面的优势可以变得如何不起作用。[①]也就是说，暴力的作用是有限的。

2. 压而不服

暴力权威下社会成员服从的另一特点是"压而不服"。暴力权威下社会成员服从的特点与暴力本身的特点是相关的。从社会治理的角度来说，暴力是工具性的、短暂的。暴力时期一般通过下列三种途径之一而告结束。第一种途径是外族的征服，例如希腊和意大利的情形。第二种是树起了稳定的独裁政权，它不久就变成传统的权力，如从马里厄斯起到安东尼失败这一内战时期之后的奥古斯都帝国。第三种是新宗教的兴起，如穆罕默德统一了先前不断交战的阿拉伯诸部落。[②] 阿伦特认为虽然暴力可以暂时取得胜利，但这种胜利却内在包含"自我挫败"的因素。或者说，政治统治的暴力化程度，实际上也是国内政治组织脆弱和文职政治领袖无力处理国家所面临的基本政策问题的一种表现。"纯粹暴力的统治只有在权力开始丧失的时候才会得势。"[③] 暴力出现于权力出现危急之时，然而一旦听任暴力自行发展，最后的结果只能是权力归于消失。暴力可以摧毁权力，但它根本不可能创造权力。[④] 也就是说，纯粹以暴力为后盾的权力，难以确保统治的持久性。这种情况下社会成员的服从是因为不服从就会受惩罚，而并非他们真正的内心认同，是完全被动和消极的服从。统治者固然可以通过暴力或强制迫使被统治者服从，但是由这种强力所导致的屈从往往可能孕育着被统治者"以其人之道，还治其人之身"的危险。因为被统治者迟早会对这种暴力心怀不满和愤恨，一旦有机会就会联合起来以

---

① ［美］汉娜·阿伦特：《权力与暴力》，洪溪译，载于贺照田主编《西方现代性的曲折与展开》，吉林人民出版社 2002 年版，第 436—437 页。

② ［英］伯特兰·罗素：《权力论——新社会分析》，吴友兰译，商务印书馆 1991 年版，第 68 页。

③ ［美］汉娜·阿伦特：《权力与暴力》，洪溪译，载于贺照田主编《西方现代性的曲折与展开》，吉林人民出版社 2002 年版，第 439 页。

④ 同上书，第 442 页。

暴力或暴力威胁推翻这种统治。它同时意味着，一旦暴力威胁减弱或消失，社会成员的不服从心理就会立即复出，甚至会产生诸多的不服从行为。

一般而言，任何暴力行为都是重返野蛮主义的表现，因此，对于暴力更多地应该具备相应的法律防范措施，而且教育主要应致力于压制统治者的暴力倾向。《孟子·公孙丑上》指出："以力服人者，非心服也，力不赡也。以德服人者，中心悦而诚服也。"国家虽然垄断合法暴力并通过统治阶级来行使暴力，但是，任何一个国家的统治绝不可能单纯依靠赤裸裸的暴力。[①] 在今天的民主政治时代，暴力专制已经离人们越来越远。暴力统治的理论也受到更深刻的批评，反对一切暴力的呼声也越来越高。

事实上，一切暴力征服只有转化为心理认同，政治权威才能得到巩固。历史上许多军事征服，只有在同时完成了对其成员心理征服的条件下，才能最终从单纯的军事权力转化为政治权威。比如公元前 265 年，罗马完成了对意大利的统一，接着又进军北非，征服了迦太基，随后又征服了马其顿和马其顿统治下的希腊，同时还征服了西班牙和地中海的许多岛屿。罗马征服意大利后，为了缓和农民的土地问题和加强对意大利的控制，便积极推行带有军事性质的移民政策，同时在其他被征服地区建立行省制度，通过各种方式缓解社会矛盾，消解被征服地区的独立愿望，谋求被征服地区社会成员的心理认同，最终确立了罗马帝国的统治权威，成为横跨欧亚的强大帝国。简而言之，暴力的工具性特性使得它需要另外的目的来指导它，而不能自己成为目的，任何需要其他东西来证明的东西不可能成为任何东西的本质。无论对于统治者还是被统治者而言，权力以及作为权力后盾的暴力都需要某种道德基础，基于暴力威胁下的社会成员服从，唯有唤醒人们对其合法性的信仰才能真正得到巩固和持久。人类只有走出"以力服人"的暴力丛林，在"以理服人"的知识之光照耀下，才能进入宣扬并谋求最低限度"正义之治"的政治时代。

---

① 左高山：《政治暴力批判》，中国人民大学出版社 2010 年版，第 195 页。

第二节 传统约束下的服从

一 传统型政治权威的建立

“传统”一词的拉丁文为 traditum，意即从过去延传到现在的事物，这也是英语中 tradition 一词最基本的含义。① 笼统地说，过去的观念、欲望和感情，都是传统的组成部分。由于人类的一切行为经验的运用与超越，都是以时间为线索进行记录或者回忆的，时间成为人们界定人类经验变化承传的线索。人类发生的一切经验并不是一成不变的，它们都会随着时间的流逝不断变化，进而表现出极大的历时性。在历时性的变化当中，人类会产生一些普遍的经验反应模式。这些典型的或者普遍的经验反应模式就是传统。它是人类普遍行为的过去印记，内容非常丰富，包括各类物质产品，关于各种事物的观念思想，以及对人物、事件、习俗和体制的认识等。比如一个社会在特定时刻所继承的建筑、纪念碑、景观、雕塑、绘画、书籍、工具以及保存在人们记忆和语言中的所有象征建构也都是传统的内容。这些传统文化、习俗和观念等使代与代之间、一个历史阶段与另一个历史阶段之间保持了某种连续性和同一性，构成了一个社会创造与再创造自己的文化密码，并且给人类生存带来了秩序和意义。

传统是一只“看不见的手”，深刻影响着每一个民族和社会成员。每个民族都拥有自己的传统，除了一些名称和外在形式，人们没有办法对它做什么改变，就如同喀斯特地貌中的钟乳岩——需要长年累月的物质沉淀，一旦形成之后，又很难被腐蚀损坏。传统的存在是人类及其文化文明得以延续的重要纽带。为了保持传统，自从有人类以来，他们就在进行着两大努力，一是建立传统；二是当有益的成果已变得破败不堪时，人类社会便努力摧毁这种传统。② 其实“对一个民族来说，最理想的状态是保留过去的制度，同时又用不易察觉的方式一点一滴地加以改进”。③ 而“事

① ［美］E. 希尔斯：《论传统》，傅铿、吕乐译，上海人民出版社 1991 年版，译序第 2 页。

② ［法］古斯塔夫·勒庞：《乌合之众——大众心理研究》，戴光年译，新世界出版社 2011 年版，第 89—90 页。

③ 同上书，第 90 页。

实上，即使是最狂暴的反叛行为，最终也只会造成一些嘴皮子上的变化。在18世纪末，教堂被毁，僧侣们或是被驱逐出国，或是殒命于断头台。人们也许认为，旧日的宗教观念已经威力尽失。但是没过几年，为了顺应普遍的要求，遭禁的公开礼拜制度便又建立起来了，被暂时消灭的旧传统，又恢复了昔日的影响。由此可见，传统对群体心态有着不可抗拒的威力。那些最不受怀疑的偶像，并不住在庙堂之上，也不是宫廷里那些最专制的暴君，他们转瞬之间就可以被人打碎。支配着我们内心最深处自我的，是那些看不见的主人，它可以完全地避开一切反叛，只能在数百年的时间里被慢慢地磨损”。[①]

当传统的文化、观念、习俗对政治生活发生影响，成为统治者政治权威构建的重要来源，并对现实的统治服从关系产生制约时，这种统治就被称为传统型政治统治。正如马克斯·韦伯认为，“如果一种统治的合法性是建立在遗传下的（‘历来就存在的’）制度和统治权力的神圣的基础之上，并且也被相信是这样的，那么这种统治就是传统型的。统治者（或者若干统治者）是依照传统遗传下来的规则确定的，对他们的服从是由于传统赋予他们的固有尊严”。[②] 也就是说，传统型政治权威的基础建立在历代相传的神圣传统上，统治者常常根据沿袭下来的惯例获取权力。比如东西方社会中都曾实行过的家长制、世袭制，西欧社会历史中存在过的长老制，都是其典型形式。在这些统治类型中，统治者的权位被认为是“奉天承运”，“历来如此”的传统惯例成为统治者统治众人的合法理由。于是在中西方的历史语境中出现了“子民”、“臣民”之说。在这种政治权威下，统治者个人命令的内容必须是基于某种传统，超此限度则有危及统治者的统治地位之虞，这一点决定了传统社会中的人的行为必须受到传统约束，即使是统治者个人也不例外，然而命令内容又可能超出传统的范围，这是因为传统在一定程度上又赋予统治者个人有一定恣意专断的自由，这一点规定了人们服从的义务本

---

① ［法］古斯塔夫·勒庞：《乌合之众——大众心理研究》，戴光年译，新世界出版社2011年版，第90—91页。

② ［德］马克斯·韦伯：《经济与社会》上卷，林荣远译，商务印书馆1997年版，第251—252页。

质上趋向无限大的一面。[①]

就纯粹类型的传统型政治权威而言，任何法律和法规不可能是经由立法程序而制定，在实践上可能会有创新的内容，但即使是这部分内容也须在古已有之的文献记载或先例中找到根据，并宣称被统治者个人圣明的睿智再度发现，才有可能取得合法性地位。在这种统治中，权力的实施必须以被统治者习惯上服从的程度以及心理承受上的限度为限，否则便会引起对抗。但即使是发生针对统治者或其手下人员的反抗，也只有从传统中找到他（他们）僭越传统对其拥有权力的限制的理由时，反抗方才会被人们认为是正当的。反抗并非旨在取消制度本身和传统，这是一种典型的"传统主义革命"。[②]

二 传统约束下社会成员服从的特点

1. 因敬畏而服从

人类学和历史学的研究发现，自古以来传统型政治权威中统治者或者亲自主持宗教和巫术仪式，或被当作神而为人崇拜，或将自己的血缘追溯到神圣的远祖。统治者不仅被视为人，而且被视为先知和教士，他们沟通神与人，以神的名义实施统治。[③] 在诸多传统观念和传统文化中，"奉天承运"是一种对人们政治思想和政治行为影响极大的传统。"奉天承运"是中国古代封建帝王诏书开头的套语。其中奉，即遵照，奉天，即遵从天意，指皇帝受命于天；承运，指继承新生的气运。中国古代天命论认为，不仅个人的生死祸福取决于天命，王朝及天子权力的获得，也来自上天的册命，臣属的官职俸禄又得自君主代表上天所做的册命。中国古代原始社会，自然之天是人们所认识到的最遥远、最神秘的事物，所有人都要尊奉、崇拜、敬畏它。人类在祭祀活动中首先要祭的是天，历代皇帝都以

---

① 苏国勋：《理性化及其限制——韦伯思想引论》，上海人民出版社 1988 年版，第 198 页。

② 同上书，第 199 页。

③ 在这个意义上，撒母耳统治下的以色列是一个神权统治的国家。《圣经·撒母耳记》记述了以色列从神权统治向世俗政权的转变过程。类似的例子有加尔文统治下的日内瓦、1860 年前的意大利教皇国、1929 年以后的梵蒂冈和 1979 年以来的伊朗。

“天子”自居，认为自己是天命的承担者和执行者。[①] 这种君权神授的说法为帝王及其政权存在的合理性找到一个不容置疑的理由：帝王的即位及政权的建立是天定的。帝王是天之子，代天行事，其权威不能挑战，其权力神圣不可侵犯，侵犯了就是冒犯了上天，这就是“奉天”，[②] “承运”是说承“五德”转移之运。[③] 天以人格化的至上神的形式存在，并且具有一定的道德性，社会成员怀着对天的无比依赖和敬畏，服从着统治者的政治安排。

在西方，君权神授的学说大概有两套论据，一是《圣经》；二是建立在家庭世界与政治世界的类似和一致上。来自《圣经》的论据主要是这样的意思：所有的国王无论是在位的，还是将继位的，都是其祖先的继承人，而他们的祖先是人类最早的生身父母，他们继承了最高统治权。亚当是第一个拥有最高统治权的国王，其他以及往下推定的国王都是他的继承人。第二套论据的立足点是自然世界和社会世界的对应和类似性。凭借出生次序，家庭里的父权制可以作为一种政治模型得以运用。国王对其下属高高在上，就像父亲高高在上于他们的子女。[④]

君权神授的信仰尽管带有很强的中世纪记忆，但与现代欧洲国家密切

---

① 《尚书·洛诰》中有“奉答天命”之说，《秦誓》则明确提出“惟天惠民，惟辟奉天”，“辟”指的就是皇帝。董仲舒在《春秋繁露·尧舜汤武》里说：“王者承天意以从事”，他以神秘的“天人感应”解释“德主刑辅”，强调礼仪教化，认为礼仪教化是天的意志。他把君主看成是天子，“受命于天，天意之所予也，故号为天子者，亦视天如父，事天以孝道也”（《春秋繁露·深察名号》）。

② 它表达了帝王与天的一种特殊的关系，既是帝王神圣地位的依据，又是臣民对君主的一种期望。在漫漫历史长河中，帝王的年号、尊号、谥号中多用“天兴”、“天赐”、“天福”、“感天”、“应天”、“法天”等词语，都是为了表示帝王与天的这种特殊关系。

③ “五德”之说源于邹衍的“五德始终说”，邹衍作《主运》篇，认为五行按一定顺序相克相生：木克土，金克木，火克金，水克火，土克水。五行又配之五德，每一个朝代都代表其中一德，如黄帝尚土德、夏尚木德、殷尚金德、周尚火德。以土德王的黄帝被以木德王的夏取代，夏又被以金德王的商所克，商被以火德王的周取代。朝代的更替都是应“运”而兴。这种“运”与一般人无缘，只能由创业的帝王或继位之君来体现。

④ ［英］杰弗里·托马斯：《政治哲学导论》，顾肃、刘雪梅译，中国人民大学出版社2006年版，第92页。不过，亚里士多德早已指出父权制家庭模式运用于政治学的局限，如今也很少有人将父权制看作自然次序的固有部分。无论如何，洛克认为，自己有能力表明此种类似性的不足之处，父辈对子女的优势是暂时的，子女懂事后，开始成熟自立，掌管自己的生活。在《政府论》上篇中，洛克对此问题进行了详细阐述。

相关。它最早出现在法国，在那里，蒙上帝之恩的王权学说始终是强有力的。它17世纪在英格兰的“保皇党人”当中，后来在雅各宾党人当中广为信奉。直到19世纪，它在欧洲依然是极有影响的观点。在法国和西班牙，它是“正统主义者”当中普遍信奉的观点；甚至直到20世纪，它依然被理解为奥地利皇帝和俄罗斯沙皇的权威的根据。[①] 君权神授观念的说服力依赖于一种世界观，这种世界观大部分已经从欧洲消失了，但是就欧洲的现代国家而言，它是关于政府权威的所有现代信念中最长寿、最成功的。[②] 认为“王室”、“贵族”甚或是“平民”血统赋予了统治者以权威的信念在现代并没有缺席，甚至有人相信，某些“种族”拥有统治的权利。[③] 总之，这种观念坚信，人对人所行使的一切权威都源自上帝，一个拥有权威的人是一个有被服从权利的人，由于一切权利来自上帝，一切义务归于上帝，那么，一个人被其他人服从的权利必定来自上帝。

2. 因忠孝而服从

在传统社会中，政治忠诚既是国家对社会成员的基本要求，也是社会成员美德的体现，更是传统型政治统治得以维持的重要条件。统治者的政治权威建立在世代沿袭的传统之上，社会成员也出于由来已久的忠诚而服从某个政治领袖权威。家长制和世袭制就是这种统治类型的代表。

父权家长制政治权威本质上讲不是建立在为客观的、非个人“目的”的服务责任和服从抽象准则的基础之上，而是建立在严格个人的孝敬关系基础上的。它的萌芽存在于家族共同体之内家族主子的权威之中。在这种模式中，国家是家庭的扩大，君主的权力是家长所有权的扩大。家长在家庭中至高无上的地位决定了君主在国家里享有至高无上的尊严和地位。君主不仅是国家的象征，甚至国与君异名同实。君主把人们所敬仰而崇拜的天、地、人三者有机联系贯穿起来，并在这种连接中获得了至上的权威。君主被看作是天地人的代表而获得了存在的合法性，从而使民众产生心理上的敬畏和认同，并进而自愿去服从。

家族统治者个人的权威地位与服务于客观目的的官僚体制的统治具

---

① ［英］迈克尔·奥克肖特等：《政治思想史》，秦传安译，上海财经大学出版社2012年版，第342—343页。

② 同上书，第346页。

③ 同上书，第351页。

有共同之处：存在的持久性和日常性。[①] 在这种统治类型中，统治者常常以“天子”或“上帝在人间的代表”自居，高举“奉天承运”的大旗，视其他社会成员为“子民”、“臣民”[②]，要求他们绝对效忠统治者，就如同一个人对自己父母的绝对忠孝一般。统治者与其手下行政管理人员的关系并非一个组织团体内的平等成员间关系，后者没有独立人格和政治判断，仅被视为统治者个人的家臣，完全听命于统治者的意愿，政治过程的运转不是依赖明文的规则或法典，而是取决于社会成员对统治者个人的忠孝。[③] 个人对统治者的服从保障着由统治者制定为章程的规则被视为合法，反过来，这些被制定为章程的规则又使当权派拥有合法性去发布具体的命令。于是，在服从者的意识里，只要统治者的权力不受传统或竞争着的权力的限制，他就可以毫无限制和为所欲为地实施他的权力。在家长制权威中，古老的自然形成的情况是建立在孝敬之上的权威信仰的源泉。对于所有家族的服从者来说，特别密切的、个人的、持久的家族共同生活以及家族内外命运与共的生活情感，是权威信仰的源泉。[④] 这种因对统治者本人的忠诚与孝敬而产生的服从行为也成为传统型政治权威的一个特点。

3. 因习惯而服从

任何社会都曾经是传统社会，任何社会在一定意义上也将仍然是传统社会。传统文化以难以控制的习惯的名义形式存在着。我们很难设想一个没有传统的社会将会是何种状况。每一社会所继承下来的习俗和程序、惯有的行为方式，都为社会内个人的发展提供了基本的框架。如果没有传统

---

① ［德］马克斯·韦伯：《经济与社会》下卷，林荣远译，商务印书馆 1997 年版，第 324—325 页。

② 值得注意的是，在思想史上，“臣民”亦可用于指现代法治社会，康德、卢梭均有此种用法。在主权者的意义上可用“公民”，在相对于统治者（此统治者可指人，如一位行政官员，也可指现代法律制度）的被统治者的意义上，可称为“臣民”，这种“臣民”与作为主权者的“公民”并不矛盾，它们仅为现代社会作为主体的人的不同的身份或角色关系。这时的“臣民”完全没有传统社会的仅作为统治对象而非主权者的“臣民”的含义。

③ 苏国勋：《理性化及其限制——韦伯思想引论》，上海人民出版社 1988 年版，第 198 页。

④ ［德］马克斯·韦伯：《经济与社会》下卷，林荣远译，商务印书馆 1997 年版，第 325 页。

可以汲取，个人便无法建立任何形式的社会身份。① 传统是一个社会的文化遗产，是人类过去所创造的种种制度、信仰、价值观念和行为方式等构成的社会文化。犹太教典中有一句话："人永远不会改变习俗。"在传统型政治权威下，由于人们相信"永恒的昨天"具有坚不可摧的力量，诸神把历来存在的东西定为准则，并把它作为神圣之物加以保护。人们也逐渐将对传统的遵从视为一种习惯，久而久之也就因习惯而服从。因此，"历来如此"便成为人们政治服从的重要心理依据。习惯是人的"第二本质"，② 习惯的获得与维持使得那些服从权力的人将他们所处的状况看作是"自然的"，甚至认为这种状况是具有重要价值的，而没有认识到他们的愿望与信仰的各种来源。因此，一定意义上可以说，习惯造就了一切权威。比如，对于君主专制下的臣民而言，服从的习惯已深深地植根在他们心底，当他们把服从作为天然的要求时，不服从或反抗的意识就很难生成。当然，习惯所追求的常常是趋同，人们在服从前根本不需要再经过审慎思考和判断，只需按习俗来做或模仿便行，因此，习惯服从往往是人们对于社会规则的一种"外在"服从。

第三节 领袖魅力下的服从

一 卡里斯玛的产生及其魅力

"领袖"在马克斯·韦伯的笔下被称为"卡里斯玛"（charisma）。③ Charisma 一词最早出现在《圣经·新约·哥林多后书》中，原指因蒙受神恩而被赋予的天赋。19 世纪的德国法学家 Sohm 用它来指基督教教会的超世俗性质。马克斯·韦伯则系统地对卡里斯玛展开了学术性的讨论，并

---

① ［英］安德鲁·甘布尔：《政治和命运》，胡晓进、罗珊珍等译，江苏人民出版社 2007 年版，第 64—65 页。

② ［英］爱德华·汤普森：《共有的习惯》，沈汉、王加丰译，上海人民出版社 2002 年版，第 2 页。

③ 斯宾塞（Spencer，1973）指出，在韦伯的著述中，"卡里斯玛"至少有三种含义：第一，在最经典的意义上，指某种"恩典的礼物"，即超自然赋予领袖的能力；第二，指某些群体、角色或物品具有的使人敬畏或神圣的特征；第三，在世俗的意义上，指某种人格特质。这三种用法在韦伯那里并没有明确区分，使得后人对这一概念的使用呈现出较为混乱的局面。参见刘琪、黄剑波《卡里斯玛理论的发展与反思》，载于《世界宗教文化》2010 年第 4 期。

将其从基督教的范畴引入社会科学汇畴，使其成为一个权力结构范畴和讨论政治社会问题的一个重要命题。[①]

一般而言，“卡里斯玛”，主要用来表示某种人格特质。某些人因具有这个特质而被认为是超凡的，禀赋着超自然以及超人的或至少是特殊的力量或品质。这是普通人所不能具有的，它们具有神圣或至少表率的特性。[②] 韦伯还全面延伸、扩大了 charisma 的含义，既用它来指具有神圣感召力的领袖人物的非凡体格特质或精神特质，如先知、巫师、立法者、军事首领和神话英雄等的超凡本领或神授能力，也用它来指一切与日常生活或世俗生活中的事物相对立的被认为是超自然的神圣特质，如皇家血统或贵族世系。后者是常规化的或制度化的卡里斯玛。[③]

实际上神圣的或超凡的卡里斯玛特质并不是神授的，而是由社会赋予的。由于社会中的追随者都相信他们的权威人物具有神授能力，所以卡里斯玛人物才会具有一呼百应的神圣感召力。[④] 作为一种历史构造，卡里斯玛型领袖盛行于崇信超常魔力的一切地方。预言家也好，精通医术或精通法学的智者也好，狩猎的首领或者战争英雄也好，原先他们都是被看作受魔力制约的，具有超自然的或者超人的，或者特别非凡的、任何其他人无法企及的力量或素质。这种非凡的力量或素质赋予其无上的荣耀，也正因

---

① 对理性化（rationalization）的信仰与追求，是贯穿韦伯一生的学术主题。一方面，韦伯是一个理性主义者，他自始至终坚信，理性是最高和最根本的真理，而历史也正是理性化的进程；然而，另一方面，在目睹了世纪之交西方社会的掠夺和战争之后，他又对理性化带来的对人性和良知的剥夺产生了深深怀疑。因此，韦伯的思想世界时常处于矛盾之中，在为理性化高唱赞歌的同时，又总是透露出一种略带绝望的无奈。正是在这样的背景下，“卡里斯玛”成为韦伯政治社会学和历史社会学中的关键概念之一。参见［美］莱因哈特·本迪克斯《马克斯·韦伯思想肖像》，刘北成等译，上海人民出版社 2002 年版；苏国勋：《理性化及其限制——韦伯思想引论》，上海人民出版社 1988 年版。

② ［德］马克斯·韦伯：《韦伯作品集Ⅱ：经济与历史；支配的类型》，康乐等译，广西师范大学出版社 2004 年版，第 353—354 页。在原始状态下，魅力的特征常常表现在一个当时十分重要的活动——狩猎中，它的组织与战争相似，而且后来很长时间也一直与战争同等对待（例如在埃及国王的碑文里还有记载）。但是，特别在资本主义的经济领域，也存在着魅力与日常生活的对抗，只不过这里不是魅力与“家族”，而且魅力与企业的相互对立。参见［德］马克斯·韦伯《经济与社会》下卷，林荣远译，商务印书馆 1997 年版，第 454 页。

③ ［美］E. 希尔斯：《论传统》，傅铿、吕乐译，上海人民出版社 1991 年版，译序，第 4 页。

④ 同上书，译序，第 5 页。

为如此，他们理所当然地被拥戴为“领袖”。[①] 在这种情况下，社会究竟应该以何种立场或标准来客观评价这些品质已经不重要，“唯一的关键是这种品质实际上被接受魅力统治的人即‘追随者们’作出何种评判”。[②]

通过历史比较分析，韦伯总结出四种具有不同类型的“个人魅力”形态特征的主要体现者：第一种是“暴虎之勇”（Berserker），其特征是勇武的意志和战斗力，如中古拜占庭时期，统治者经常维持一支由具有此种格斗之勇的卡里斯玛的人所组成的队伍，作为统治的武器。第二种是“萨满之魔”（Shaman），其特征是能够“通灵”，因此被视为神灵在人间的信使，具有此种魔力的人经常通过癫痫性的举止坠入昏迷的恍惚忘我状态。第三种形态的代表者是摩门教（Mormonism）的创立者史密斯（Joseph Smith）。此人是一个非常灵巧聪明的骗子（虽然这一点我们并不能完全确定），他自称受到天使的宣谕，并在自己的住处附近找到了以象形文字记述的救世福音全文。第四种是文人型（litterateur），他们凭借生花之笔或如簧之舌来鼓动或引导群众，如埃思纳（Kurt Eisner）几乎为自己成功的煽动技艺所淹没。价值中立式的社会分析，将以上诸种形态与其他的卡里斯玛型人物，如一般认为的“最伟大的”英雄、先知、救世主，放在同一层次来考虑。[③]

---

① 中国历史中，为了神化某一王朝统治的合理性，最为简单的方式之一就是宣扬王朝创立者生理上的超凡性，从而向世人昭明其神圣性。据《三国志·蜀书·先主传》记载，蜀汉的创立者刘备是汉景帝之子中山靖王刘胜的后代。从一个侧面说，三国鼎立，曹魏和孙吴是强臣篡政，而刘备作为汉家的子孙有先天的统治合理性缘于此故，封建时代往往把刘备的蜀汉奉为正统。为了神化刘备，人们宣扬说，在刘备的童年时代，住宅东南生长着一棵桑树，高五丈有余，树冠犹如舆车的盖子。过往者望见此树颇有些气象，有人说此树周围可能要出贵人。这贵人的体貌与常人不同，据说刘备身长七尺五寸，垂手过膝，耳大有轮，回目见耳。参见张荣明《权力的谎言——中国传统的政治宗教》，浙江人民出版社 2000 年版，第 143 页。

② ［德］马克斯·韦伯：《经济与社会》上卷，林荣远译，商务印书馆 1997 年版，第 269 页。

③ ［德］马克斯·韦伯：《韦伯作品集Ⅱ：经济与历史；支配的类型》，康乐等译，广西师范大学出版社 2004 年版，第 354—355 页。另外，以上几种形态明显地都有贬义。韦伯认为在他的“价值中立”的社会学分析中，根据什么样的伦理、美学或其他任何标准来衡量这些性质，都与卡里斯玛的本身定义无关，重要的是卡里斯玛式人物所具有的把一些人吸引在其周围成为追随者、信徒的能力，以及后者看待具有这些性质的领袖人物的赤诚态度。这两方面因素的结合就构成了卡里斯玛型统治的合法性根据。因此他的“卡里斯玛”定义是纯粹形式主义的或说无价值判断的。也正是在这个意义上，韦伯把现代政治运动和宗教活动中“最伟大的”英雄、领袖、先知、救星、救世主都纳入卡里斯玛概念来考虑。参见苏国勋《理性化及其限制——韦伯思想引论》，上海人民出版社 1988 年版，第 195 页。

二　卡里斯玛型政治权威的特点

卡里斯玛型政治权威具有神圣性。卡里斯玛型政治领袖是超凡的，他统治时所凭借的是其他人难以得到的、不同于日常生活言行尺度的特殊品质。社会成员迷信领袖的超凡禀性、非常气质或魔幻般的才能，坚信他上通天理、下知民情，具有神谕般判断是非的能力和惊人的创造奇迹的潜能，因而社会成员普遍对领袖怀有敬畏之情和忠诚之心。可以说，这种类型的政治权威是一项召唤、使命或宗教任务，具有神赐禀赋。这种神圣性常常能够产生一种集体亢奋（Collective excitement）。大众以这种亢奋对某种异常经历做出反应，并以此将他们自己交付给一位英雄般的领袖人物，他们对领袖的品质深信不疑，从而身不由己，甚至背离固有的统治，而投向这位领袖人物所宣称的前所未有的秩序。

纯粹的卡里斯玛型政治权威是敌视规则和传统的。卡里斯玛型政治权威发号施令的权力可以归于一位领袖人物，无论他是一位先知、英雄，还是民众领袖，只要他能用巫术力量、启示、英雄气概或其他卓绝非凡的天资才干证实他拥有卡里斯玛。服从领袖的追随者和门徒弟子崇信领袖的非凡品质，而不相信规定的统治和为传统所尊奉的地位尊严。在卡里斯玛型领袖人物统治之下，挑选官吏的依据，是他们自身的卡里斯玛和热忱，而非他们的特殊资格、地位身份或个人依附。这些“门徒兼官吏”者们很难构成一种组织，而且，他们的行动范围和发号施令权力取决于上天启示、典范品行以及依具体情况而异的决定，全然不受传统或规则的制约，完全受制于领袖人物的判断裁决。① 因此，纯粹卡里斯玛型统治不承认有任何抽象的法律原则和规章制度，也不承认有“形式的”司法。它的“客观的”法就是对上天的恩惠和与神等同的英雄力量极端个人经历的具体的结果，意味着拒绝任何外在制度的约束，以利于仅仅对真正的先知预言家和英雄的思想进行神化。它试图摆脱任何限制，推翻一切，其态度是革命的。②

---

① ［美］莱因哈特·本迪克斯：《马克斯·韦伯思想肖像》，刘北成等译，上海人民出版社2002年版，第312页。

② ［德］马克斯·韦伯：《经济与社会》下卷，林荣远译，商务印书馆1997年版，第449页。

卡里斯玛型政治权威具有反经济的特点。卡里斯玛型领袖总是把有计划地合理获得的金钱视为毫无尊严而加以拒绝，从根本上拒绝整个合理的经济行为。[①] 魅力对于它的体现者来说，永远不是按照交换劳动效益和提供对等劳动效益的方式，不是在经济利用意义上私人获利的源泉，也不是其他的利用而得到薪金的源泉，它没有为满足它的使命实际需要设置的税收制度。纯粹卡里斯玛型统治是整个自然有序经济的对立面：它是一种不经济的力量，也是一种不经济的权力，甚至包括目的在于得到货物财产时都是如此。统治者也好，门徒和追随者也好，为了履行他们的使命，必须身居这个世界的纽带之外，身居日常职业和家庭责任之外。[②] 当卡里斯玛存在时，它构成一项“召唤”，一项“使命”，或一项宗教性“任务”。当然，卡里斯玛支配，尤其是真正的纯粹类型，所轻视的只是如传统型支配中日常的经济运作，以及由持续性的经济活动中取得固定的收入。例如，某些宗教先知并不永远弃绝财富和经济收入，英雄武士热衷于掠夺战利品以夸耀其威严和权威，现代政党的卡里斯玛式领袖也需要为其权力服务的物质手段。但不可否认，卡里斯玛统治尤其在其纯粹形态中，表现出对理性日常经济活动的鄙视，不愿在持续运转的经济过程中获取可计算的固定收入。卡里斯玛支配依赖自愿的奉献来维持，如大规模的献金、捐款、贿赂及谢礼，或是募捐。卡里斯玛支配用以供给其所需的、典型的物质来源是“战利品”及没收物，无论是以武力或其他方式获得。由理性的经济观点来看，卡里斯玛支配满足其物质需要的方式正是典型的反经济力量。[③]

卡里斯玛型政治权威具有革命性。卡里斯玛统治的权力建立在对英雄

---

① 在这一点上，它也同整个“父权家长制的”结构形成尖锐的对立，后者是建立在“家庭预算”的井然有序的基础之上的。参阅［德］马克斯·韦伯《经济与社会》下卷，林荣远译，商务印书馆 1997 年版，第 447 页。

② ［德］马克斯·韦伯：《经济与社会》下卷，林荣远译，商务印书馆 1997 年版，第 447 页。

③ ［德］马克斯·韦伯：《韦伯作品集Ⅱ：经济与历史；支配的类型》，康乐等译，广西师范大学出版社 2004 年版，第 359 页。然而，正是在这种看似恢宏的图景中，蕴含着卡里斯玛群体无法摆脱的张力。一方面，强烈的内心体验和情感驱动使追随者否定一切利益计算和理性安排；另一方面，为了维持群体的运作，又不得不将经济考虑纳入日程。事实上，韦伯对于卡里斯玛的“纯粹类型”和实际经验有着明确的区分。

的信仰之上，建立在感情上确信宗教的、伦理的、艺术的、科学的、政治的或者其他性质的价值的重要性及其显示的价值之上，建立在英雄主义之上。不管是苦行的英雄主义，还是战争的英雄主义，也不管是法官智慧的英雄主义、魔法赋予的英雄主义，还是其他什么性质的英雄主义，这种信仰“从内部”出发对人进行革命化，并企图依照它自己革命的意愿，来塑造事物和制度。[①] 那么如何才能实现这一点呢？一般而言，理性化和理性制度“从外部”出发进行革命化，而魅力则相反，它从内部，从被统治者思想的一种关键的“转变”中，显示它的革命力量。比如官僚制度仅仅是通过服从有的放矢制定为章程的规则和知识，取代对于过去一直存在着的事物神圣性的信仰，取代传统的准则，如果人们有力量的话，也可以用其他有的放矢的规则代替它们，即它们并不是“神圣的东西”，而魅力在其最高的表现中，从根本上突破规则和传统，干脆推翻所有神圣的概念。它不是让人孝敬历来就习以为常的、神圣的东西，而是强制服从还未曾存在过的、独一无二的、神圣的东西。它在这种纯经验的和无价值偏见的意义上，当然是历史的特别具有“创造性的”革命力量。[②] 因此，从荡涤旧有思想观念和行为模式、与传统观念实行彻底决裂上看，卡里斯玛是一种发自内心的改造，特别在受传统束缚的时代，它是巨大的革命力量。

三　卡里斯玛型政治权威下社会成员服从的特点

1. 社会成员服从的前提是对卡里斯玛的承认

卡里斯玛型统治能否持续的决定性因素是社会成员对卡里斯玛的承认。卡里斯玛型统治既不存在任命或者罢免的形式，也不存在“升迁发迹”或者“晋级提拔”的形式以及照章办事的程序。它的实施既没有监督或审级机构，也没有赋予它以地区的职务管辖范围，或专门的业务权限，也不存在按照官僚体制“行政机构”建立的独立于它的纯个人魅力的人员或常设机构。魅力只存在着它自身内在的确定性和局限，魅力体现者完成他认为适当的任务，并根据他的使命要求服从和追随。他是否能得

---

① ［德］马克斯·韦伯：《经济与社会》下卷，林荣远译，商务印书馆 1997 年版，第 451 页。

② 同上书，第 452 页。

到服从和追随取决于效果。如果他感到被支配者不再认可他的使命，他的统治就面临危机。倘若被支配者承认他，只要他善于通过“考验”保持住这种承认，他就是他们的统治者。但是他不是按照选举的方式，从被支配者的意志中引申出他的权利；对有魅力品质的人的承认，已成为被支配者的光荣使命。[①] 这种承认是由被支配者自由给予，并须由具体事实——起初通常是一项奇迹——来保证。这种承认是对某些启示、对英雄崇拜、对领袖绝对信任的完全献身。然而，当卡里斯玛真正存在时，正当性就不再以此种承认为基础。这时正当性的基础在于以下的观念：人民将承认卡里斯玛的真实性及听从其命令而行动，视为自己的职责。由心理层面而言，这项“承认”是个人对拥有这些特质者的完全效忠和献身，它来自狂热、绝望或希望。[②]

正如在早期基督教的教区里，先知预言家必须得到信徒的“承认”一样，君主的地位与其个人的品质和所经受的考验密切相关。魅力通常在质上是特别的，它的体现者的使命和权力在质上的限制是由内部产生，而不是由外部制度所强加。使命可能根据其意向和内容，可能针对某一种以地域、伦理、社会、政治、职业或者其他任何方面为界限的人的群体，并且一般情况下，这个群体的范围就是它的界限。[③]

卡里斯玛的权力仅仅依赖于他能否使其追随者和信徒们确信他的盖世神力。他必须做出奇迹和英雄之举，并且不断地在其追随者们眼中证明自己受命于天。他必须时刻准备着通过使人敬畏兴奋的举止或者冒着丧失其信徒信仰的危险去证明自己的才能。他的表演总是处在谄媚者的不断检阅之下。如果领袖在很长一段时间中无法创造奇迹和成功，如果神或魔性及英雄性的力量似乎抛弃了领袖，如果领袖无法继续使跟随者受益，他的卡

① ［德］马克斯·韦伯：《经济与社会》下卷，林荣远译，商务印书馆1997年版，第446页。

② ［德］马克斯·韦伯：《韦伯作品集Ⅱ：经济与历史；支配的类型》，康乐等译，广西师范大学出版社2004年版，第355—356页。

③ ［德］马克斯·韦伯：《经济与社会》下卷，林荣远译，商务印书馆1997年版，第446页。

里斯玛支配很可能因此丧失。[①] 也就是说，卡里斯玛式领袖的魅力和追随者对他的承认是相辅相成的。源自于神圣源头的神秘力量使领袖能够不断吸引追随者，后者的附庸又彰显并巩固了领袖的卡里斯玛。这里蕴含着一个模糊的悖论：一方面，在纯粹意义上，卡里斯玛式领袖自身就是权力的源头和终结，他不需要任何外在的力量赋予或证明他的权力；另一方面，这种权力又只能在实际的支配过程中得到体现，一旦失去了现实力量，卡里斯玛也就失去了意义。[②]

2. 社会成员服从具有非理性的特点

首先，纯粹的卡里斯玛式领袖无法与任何制度和规范相容，也不能允许任何理性计算存在于组织之中。在其所宣示的领域中，它根本弃绝传统。它与理性的、特别是与科层制权威形成尖锐的对立；同时它也和传统型权威对立，因为它们都是“日常性”的权威形式。它以压倒性的力量，为群体成员绘制一幅“出世”的美丽图景，具有非理性的特点。

其次，卡里斯玛的产生与持续受人们心理因素的影响较大。一方面，根据瑞泽尔的理解，“如果追随者确定某个领袖具有魅力，那么他就有可能成为一个魅力型领袖，而不用考虑是否他事实上真正具有任何非凡的人格特征。一个领袖也许仅仅是个平凡之人，但关键的问题是，一旦他从普通大众中分离出来并且被赋予某种超人的、超自然的或至少是一般人所不可能具有的异常的力量或品质的话，他就成为卡里斯玛型权威”。[③] 另一方面，由于卡里斯玛型领袖往往出现在紧急状态或危机时刻，民众通常在集体亢奋中对领袖的异常经历产生反应和认同，并以此将他们自己交付给领袖人物。因此，“纯粹类型”的卡里斯玛型领袖一般仅出现在其统治的

---

① ［德］马克斯·韦伯：《韦伯作品集Ⅱ：经济与历史；支配的类型》，康乐等译，广西师范大学出版社 2004 年版，第 356 页。

② 在讨论被支配者的选择性追随的时候，卡里斯玛似乎具有了某种功利主义色彩。然而，韦伯心目中的“利益”绝不仅是经济性的，在更深的程度上，它是一种内心的幸福体验。当这种体验达到某种狂热状态时，追随者将不再希求更多的确证，而是将承认卡里斯玛的真实性及听从其召命而行动，视为自己的职责。

③ ［美］乔治·瑞泽尔、D. J. 古德曼：《古典社会学理论》（影印版），北京大学出版社 2004 年版，第 217 页。

起源初期。[①] 当然，如果政治领袖失去了其克里斯玛特质，不再被人们感到是超凡的、神圣的或具有异乎寻常的价值意义的，那么社会成员也不会为其献身或坚决捍卫他了，同时他也将逐渐失去了对社会成员行为的规范作用和道德感召力。

最后，卡里斯玛型政治统治属于个人统治。卡里斯玛型领袖是危机与狂热的产物，他之所以能统治其他人，是因为有一种使命通过他而被揭示，这一使命往往彻底地变革固有秩序。[②] 由于卡里斯玛型权威是“超凡的”，这种组织所依赖的往往是某种信仰，而不是强制性因素。所以，要维持个人崇拜组织的生存发展，领袖人物就必须不断地以某种新的方式来展示他的魅力。弗洛伊德对这种精神有较为透彻的分析，他认为人们内心存在某种心理能量的联系，爱的关系或情感的关系是构成集体心理本质的东西，一个集体显然也是被这种爱的力比多的力量联结起来的。[③] 在一个卡里斯玛型统治的集体里，献身精神源于成员和领袖之间以及成员与成员之间的这种力比多贯注的形式，正是基于某种信仰迎合自身的力比多贯注倾向，导致他们可以狂热地崇拜自己的领袖。不难看出卡里斯玛的产生其实就是人们心理能量在领袖身上的积累过程，卡里斯玛正是依靠这样的心理基础来实现人们对其的依从。

实际上，韦伯对卡里斯玛型权威始终持有一种矛盾的态度。一方面，他悲观地看到世界历史的进程必然导致一个祛魅的世界和匿名的组织对人类尊严、自由的奴役，卡里斯玛型权威必然会消逝，从而过渡到传统型权威或法理性权威；另一方面，他又对其充满希望，希望它能对抗世界必然向理性化的官僚制发展的趋向，把人类从冰冷的“铁笼”里拯救出来，为自由留出一片空间。

3. 社会成员服从具有不稳定性

首先，卡里斯玛型政治权威是以感情性的共同体关系为基础的，这是造成卡里斯玛型统治不稳定的重要原因。“先知”有其“使徒”，“军阀”

---

① ［美］莱因哈特·本迪克斯：《马克斯·韦伯的思想肖像》，刘北成等译，上海人民出版社 2002 年版，第 320—321 页。

② 同上书，第 321 页。

③ ［美］弗洛伊德：《群体心理学与自我的分辩》，熊哲宏、匡春英译，载于车文博主编《弗洛伊德文集 6：自我与本我》，长春出版社 2004 年版，第 49—99 页。

有其“侍卫”，“领袖”则有其“心腹”，无所谓“任命”或“解职”，卡里斯玛型领袖的管理干部并非“官员”，门徒或追随者倾向于靠志愿的奉献为生，与其支配者形成一种非经济取向的持共同价值态度的关系。① 卡里斯玛型领袖之所以有魅力，是因为他在任何情况下都要表现出自己的超凡能力，为此他要以不断的创造来证明自己的这种资格，这就要求他永远取得成功。魅力的体现者如果感到自己“被他的上帝所遗弃”，他就可能会丧失魅力，就会像耶稣在十字架上那样，可能向他的追随者证明“他们的力量已被窃取殆尽”：此时他的使命就不复存在，并且期待和寻找一位新的体现者。然而，如果这种情况真的发生，他的追随者将会抛弃他，因为纯粹的魅力只知道由自己的、总是经受新考验的力量而产生的“合法性”，尚不知道有其他的“合法性”。

其次，卡里斯玛型政治权威必须时刻经受生活的考验。魅力型领袖的权威，不像一种官职的“权限”从制度和章程中派生出来，也不像世袭的权力从传统的习俗或者封建忠诚的承诺中派生出来，而只有在生活中通过考验他的力量，才能获得和保持。倘若他要成为一位先知，就必须创造奇迹；倘若他要成为一位战争的领导人，就必须创造英雄的事迹。其中，最主要的一点是，他要能保证五体投地信仰他的人幸福安康。如果做不到这一点，显然他就不是诸神派遣的统治者。② 然而，事实上即使对古代日耳曼的国王们来说，都会出现对他们“鄙夷不屑的人”。在古代中国，君主的魅力资格得到如此绝对的坚持，无论出现什么性质的厄运，不仅包括战争的不幸，还包括干旱、洪水和其他不幸的天灾等等，都会迫使他作公开的悔罪，可能还会迫使他下台。这时他已不具有上天所要求的“德性”魅力，不是合法的“天子”，社会成员也将不再服从他。③

最后，卡里斯玛是自主的。卡里斯玛型领袖不受具体规程的制约，他是自我立法者，要求他人出于他的使命而服从、追随他。如果他感到被他委任的人们不认可他，那么，他的要求就会失败；如果他们认可他，那么

---

① ［德］马克斯·韦伯：《韦伯作品集Ⅱ：经济与历史；支配的类型》，康乐等译，广西师范大学出版社 2004 年版，第 356—357 页。

② ［德］马克斯·韦伯：《经济与社会》下卷，林荣远译，商务印书馆 1997 年版，第 448 页。

③ ［德］马克斯·韦伯：《经济与社会》上卷，第 270 页。

只要他能“证明”自己就是他们的主人，他的要求就能得到实现。当然，他并不以选举方式从其追随者的意愿中得出其主张，确切地讲，承认他的个人魅力是他们的义务，因此，卡里斯玛型权威下的服从自然是不稳定的。

事实上，严格意义上纯粹卡里斯玛型统治是不可能的，因为它排斥任何形式的组织化机构，只能是在两种不同统治形式交替过渡时期中非常短暂的现象。因此，卡里斯玛型统治本身是动态的，它的不稳定性即是它向其他类型转化的动因。①

第四节 合法规程下的服从

一 法理型政治权威的产生

在前现代社会，法律虽然作为一种社会控制力量而存在，但始终没有占据主导性地位。除法律之外，前现代社会中普遍存在着习惯、道德和宗教等其他社会控制力量。即使在有着悠久法律传统的西方国家，法律也从未取得主导性地位。比如，古代中国长期以来通过儒家学说为基础的道德理论进行国家治理，中世纪西方国家中教会不仅是精神世界的统治者，同时也是世俗世界的仲裁人，那时的法律充其量只是道德与宗教的仆从而已。总之，前现代社会中道德与宗教不仅作为法律背后的超验道德实体而存在，同时还是评判法律合法性的标准，法律仅仅止步于为社会成员提供一套基本的行为规则，它始终受制于道德与宗教。②

然而，人类自从进入现代社会以来，法律逐渐取代了道德与宗教的主导性地位，法制现代化成为世界各国发展过程中的必然选择，究其原因，主要归结于启蒙运动所产生的两个社会结果。

首先是宗教的衰落。启蒙运动是一个解构和透明化的过程，它所倡导的科学主义精神，极大地改变了人们的思维习惯。传统的目的论让位于因果论，任何形式的形而上学都遭遇到极大的困难。对于不明事物，人们不

① 苏国勋：《理性化及其限制——韦伯思想引论》，上海人民出版社1988年版，第206页。

② 欧运祥：《法律的信任：法理型权威的道德基础》，法律出版社2010年版，第47—48页。

再简单地将其归因于一个不能证明的超验存在，而是将其归结于人类认知手段的贫乏，并且这样的一种贫乏将随着科学技术的进步最终得到克服。宗教信仰无法通过科学方法加以证实，从科学角度来看，任何宗教信仰都不存在合理性基础。如果说路德只是破坏宗教信仰的一个极其偶然的因素，那么启蒙运动所倡导的科学主义精神，事实上就成为削减宗教超验基础的持续性力量。同时，路德的宗教改革运动，使得西方传统教会的势力范围逐渐退出世俗社会，宗教完全成为一种纯粹个人性的事务，而不再像前现代社会那样作为社会控制的主导性力量存在。大部分的所谓宗教信仰不再是真正意义上的信仰，而是一种个人选择、个人意愿的问题。人们在决定宗教的取舍时，主要依据的是宗教能给他们带来什么，而不再把宗教作为他们在既定宇宙秩序中位置的一种表达。①

其次是道德的弱化。如果说科学主义精神破坏了宗教的传统信仰根基的话，那么启蒙运动的个人主义精神则成为破坏道德信仰基石的重要力量。启蒙运动所倡导的平等和自由精神，推动了个人主义运动的兴起和发展。个人主义运动所带来的价值多元化，使得道德的传统社会控制力受到了极大削弱。“在追求人们的利益与尊重人们作为自由的和负责的道德主体之间，存在着根本性的冲突。对于由谁来界说人的利益、如何界说、参照什么标准来界说，都存在着根本的意见分歧……这些分歧揭示了俗世理性没有能力提供一个确定的基础来解决道德争端。”② 特别是当代西方情感主义的兴起，已经使得宗教从公共领域退缩到私人领域，虽然仍然有道德理论家在为建立普适性的全球伦理标准而努力，但相当一部分学者对这一努力结果持悲观态度。③

在这种社会背景下，法律社会控制力的增强便再自然不过了。韦伯认为，传统型权威和卡里斯玛型权威都不适宜于现代社会的统治，而法理型权威具备其他权威所不具备的优点，法律作为一种一般性的规则，可以持

---

① 欧运祥：《法律的信任：法理型权威的道德基础》，法律出版社 2010 年版，第 48—49 页。

② ［美］恩格尔哈特：《生命伦理学基础》（第 2 版），范瑞平译，北京大学出版社 2006 年版，第 2 页。

③ 欧运祥：《法律的信任：法理型权威的道德基础》，法律出版社 2010 年版，第 49—50 页。

久地在共同体成员中构建出一种可计算的理性秩序。法律不仅在西方传统的法治国中得到了极大发展，即便是数千年来崇尚以德治国的中国，也走上了法制现代化之路。

当然，法理型权威要想获得有效维持，必须同时满足以下几个要件：(1)适用于某一特定社会群体的法律体系，必须经由全体社会成员所认可的权威机构发布；(2)任何法律都具有抽象、一般化的特性，并不指涉具体的个人或群体，社会管理围绕法律的制定、维护和执行而展开；(3)法律成为一个高度分化的社会系统，独立于政治、宗教和其他社会领域；(4)不仅法律实践活动具有上述特点，整个社会都进入一种技术化、非人格化的状态。①

二　法理型政治权威的基础

法理型政治权威建立在合理性的基础上。“合理性”这一概念的内涵极其丰富，首先，在韦伯的著作中它最常见的含义表示由法律或法规所支配的事物，在这个意义中，事物的实质内容和程序状态是合理性的。在这种合理性的法律秩序中，个人的权利和义务由某种普遍的并能被证实的原则来决定，这一点不容置疑。一旦合法秩序的裁决判定被取消，或使这些判定只适用于特殊场合，或者确认不是来自规定的可证实原则做出判定的合法性，这些都被看作非理性的。②

其次，合理性是指法律关系的体系化特征。韦伯认为，法律关系的体系化是法律思想成熟阶段才出现的现象，它代表的是一切由经过分析得出的逻辑清晰、内在一贯、理论严密的法律判断统合而成的法规体系，在逻辑上能够包含所有可以想象到的事实情境。这种法律体系的概念是一种特殊的法律思想模式，它特指受到罗马法的形式法律原则影响而发展出的现代西方的法律体系。他认为，公元6世纪罗马皇帝查士丁尼下令汇编的《国法大全》，为现代西方法律的体系化提供了蓝本。尽管罗马法并非近代西方合理性社会组织发展的尽善尽美基础，但仅就形

① 郑戈：《法律与现代人的命运：马克斯·韦伯法律思想研究导论》，法律出版社2006年版，第104—105页。

② 苏国勋：《理性化及其限制——韦伯思想引论》，上海人民出版社1988年版，第220页。

式法律思想这一点而言，罗马法在近代欧洲的复兴具有决定意义，因为形式法律制度是抵消和抑制出于经济上的平均主义考虑的实质法律制度的有效手段。[①]

再次，合理性指的是一种"基于抽象阐释意义的法律分析方法"。韦伯认为："法律是'形式的'，是指在实体和程序两个方面只有具有确凿的一般性质的事实才被加以考虑。这种形式主义又可分为两种。具有象感觉资料那样能被感知到的有形性，才可能是法律与之有关事物的特征。这种坚持事实外部特征的作法，譬如用特定词语表达，在文件上签署姓名，表示固定意义的特殊象征性行为，都体现了极其严格的法律形式主义。另一种类型的形式主义法律表现为通过从逻辑上分析意义来揭示与法律相关事实的特征，以及被明确界定的法律概念是以高度抽象的法规形式构成的和应用的。"[②] 也就是说，凡是能够成为体系化形式中的法律规范，都必须是通过逻辑分析、解释的法律概念。这种创造和发现法律概念的方法是合理性的。[③] 韦伯所说的形式上合理性的法，实际上指的是由现代的立法机关以严格的程序制度，又由专门的司法机关予以适用的，一套逻辑上严谨的、可为人操作的明确的规则所组成的法规体系。它像一个结构合理的精密机器一样，能准确地预测人们的行为，解决一切社会纠纷。

最后，合理性表示由理智所控制。分析原始的法律制度时，韦伯认为原始法律具有两个明显的特征使它与现代形式法律相区别，即它的僵死的形式性和非理性。原始法律的形式性是由于它固执于僵硬规定的程序规则的结果，它的非理性表现在原始组织为了消除争议分歧而固定地采用一些神秘不可思议的方法、巫术的手段，用韦伯的话说，这些方法和手段"不能由理智加以控制"。在这里，他以对比的方式描述由理智控制的消除分歧的手段是合理性的。[④]

韦伯认为具备以上几种合理性意义的现代西方法律与东方、古代的一切非理性的法律之间存在着本质的差别。东方古代法律法规的最明显特点

---

① 苏国勋：《理性化及其限制——韦伯思想引论》，上海人民出版社 1988 年版，第 220—221 页。

② 同上书，第 221 页。

③ 同上。

④ 同上书，第 222 页。

表现为法律与宗教命令、伦理规范和风俗习惯混合，在那里，“宗教命令与世俗规则无法区分……而且宗教命令和礼仪与法规的神权结合特点一直保持不变。在这种情况下，伦理责任和法律责任毫无区别地混合为一体，道德劝诫和法律命令没有被形式化地界定清楚，因而导致了一种特殊类型的非形式的法律。”① 现代西方的法律秩序是建立在一系列非常明确的形式区分之上。这种区分包括三个方面：第一，实体法与程序法的区分，它表现为“法规实现在法律判决过程中而且法规只与这个过程本身有关”②；第二，法律问题和事实问题的区分，后者是通过专门的、包括书面文件和理智考察在内的合理性程序后方被确认；第三，立法和司法之间的区分，也就是区别制定一般法规和将这些法规应用于实际情况这两个不同的方面。③

法理型权威是现代国家典型的权威形式。总统的权威，总理的权威以及政府机关的权威最终都由正式的宪法的规则所赋予。这些规则同时也限制了这些官员和机构的行为。在这种权威形式中，社会成员对政治权威的服从，只是因为他们的权力是根据法定程序产生的。法理型权威最好的例子是现代官僚制，在这种制度下，人们服从法律不是出于恐惧，不是因为传统风俗，也不是由于对某一个人的忠诚，而是因为觉得法律和秩序是一个理性的社会所必要的。人们承认的是法律的权威，而不仅仅是执法者的权力。

三　法理型政治权威下社会成员服从的特点

韦伯认为，法理型统治具有以下基本特征：1. 通过协议的或强加的任何法都可能以理性为取向，即目的合乎理性或价值合乎理性为取向，并制定成章程，同时有权至少要求团体的成员必须尊重它。2. 任何法，按其本质都是一些抽象的、一般是有意制定成章程的规则的总体，司法就是把这些规则应用于具体的个案，行政管理就是在法律规则限度之内，并且根据一些团体制度许可的、甚至没有围迕团体制度的、可以普遍标明的原

---

① 苏国勋：《理性化及其限制——韦伯思想引论》，上海人民出版社 1988 年版，第 222 页。

② 同上。

③ 同上书，第 222—223 页。

则，合理地维护团体制度所规定的利益；3. 典型的合法型的统治者，由于他发号施令，所以要服从非个人的制度，他的号令是以这个制度为取向的；4. 服从者仅仅作为团体的成员，并且仅仅服从法；5. 团体的成员服从统治者，并非服从他个人，而是服从那些非个人的制度，因此仅仅在由制度赋予他的、有合理界限的事务管辖范围之内，有义务服从他。①

法理型政治权威下社会成员服从的特点表现为：

首先，社会成员作为现代公民而不是臣民服从政治权威。与卡里斯玛型和传统型的人治社会不同，现代社会是一种以法律为依据进行管理治理的社会，法律具有至高无上的地位，社会成员也告别了臣民身份，以现代公民姿态在法律的规范下生活。法律规范是基于有利权衡或价值合理性经由协议或强制来建立，它要求这种统治类型的组织成员——通常包括居住在一定领土范围上的所有人，他们的社会关系、社会行动的方式，要受这一组织的管辖——都要服从其权力。法律实体不是统治者个人专制意志的体现，而是基本上代表了公民的普遍意志，并由一些抽象规则组成的首尾一贯体系。依法实施行政管理就是将这些抽象规则运用于实际事例，并力求有效制约组织在法律规定的界限内理性地追求利益并遵守形式化的原则。在这种政治权威统治下，社会成员具有独立的政治人格，无论领袖、官员抑或普通民众，在法律面前人人平等，都要受法律的制约和束缚。领袖和官员一方面自身要服从这一非人格的法律秩序；另一方面，他们的任何决策和命令，也要受到这一秩序的辖制。服从统治的人是作为公民而不是臣民，并以自愿加入协议的组织成员身份而服从命令的。②

其次，社会成员服从的对象是一种非人格化的法制关系。法理型政治权威要求包括领袖、官员和公民在内的一切人都要忠实于法律并只对法律负责，它把合法性建立在一切人与理性法律的关系之上，这是一种非人格化的法制关系。尽管卡里斯玛型和传统型统治在人治程度上略有区别，前者是纯粹的人治，后者偏重人治，但它们都把合法性建立在一般人对某个人的忠诚关系上，一般人和官员都须面对个人和只对个人负责，这里讲的

---

① ［德］马克斯·韦伯：《经济与社会》上卷，林荣远译，商务印书馆 1997 年版，第 242—243 页。

② 苏国勋：《理性化及其限制——韦伯思想引论》，上海人民出版社 1988 年版，第 201—202 页。

是人格化的法律关系。法理型政治统治的合法性来自对理性法律的信仰。它的法律体系是根据实证原则制定的目的合理性的形式法律体系。这种法律体系以形式上完全正确的程序制定出来，是有关群体经过协议所一致同意达成的，也是由公认为合法的权威所制定和强制实施的。这种形式法律为使社会关系和社会行动的各个方面成为可计算的，因而其后果为可预测性提供了可能，为合理性的社会组织和经济组织的形成提供了理性法律的保障。① 在法理型政治权威下，公民服从不是对个人的个性化服从，而主要体现于对由法律规定的某个职位的服从。也就是说，公民服从的是“法律”，而不是执法的官员；服从的不是拥有特定职务的个人，而是个人拥有的特定职务；服从的只是一种非人格的秩序，而不是服从统治者本人。

再次，社会成员的服从深受现代科层制度的影响。现代科层制的最主要特征体现为一整套持续一致的程序化命令—服从关系，它是现代官僚主义制度的具体表现。法理型政治权威下命令—服从关系的实际运作和实施依赖于现代科层制度的运行，公民服从的技术化、理性化和非人格化特点更加明显。作为一种法律化的等级制度，社会成员之间根据职务或任务等级序列确定从属关系，职务或任务等本身的组织构造屏蔽了权利的个性特点，任何官员都根据上一级官员的指令行动。在科层体制内部，公民表现为各自独立的部分，个人的情感纠葛和“能动性”都被排除，公民只能照章办事，并被严格限制在细致而明晰的权利义务体系之内。也就是说，现代科层制就像一部行政机器，个人以物化或原子化的形式存在于其中，只要按规定程序做好自己分内的事就行，而不必充分考虑行政效率。由于权力来源建立在实践理性基础上的形式法学理论和形式法律规定的制度上，排除了血统和世袭因素，人身依附关系逐渐弱化，难以继续发挥作用，个人的人格魅力和精神意志也因科层内部流动的物化标准与程序化难以有所作为。官员的体制内流动主要取决于形式上可以量化的东西，如他的年资、工作经验、责任心、敬业精神以及制度所规定的行动的程序化和客观化。个性化权威也由于个人和国家财产的实际分离以及个人权力资源与管理手段的分离而趋于虚化。个人只为客观的非个人的组织和组织目标服务。在技术化取向的支配下，组织行为的科学化业已成为各类科层的共

---

① 苏国勋：《理性化及其限制——韦伯思想引论》，上海人民出版社1988年版，第203页。

识，专家的作用力和影响力也日渐增强。组织行为连同组织目标及这些目标的确立过程也技术化合理化了。[①] 在这种体制下“卡里斯玛”式的行动效应无能为力，被置于其中的个人变成了制度化的个人，他们对“秩序”的需要越来越强，一旦他们被某种力量从这种秩序中抽离出来，获得完全的自由，他们反而会惊慌失措、束手无策。

最后，社会成员的服从只限于法律秩序所承认的范围以内。法理型政治权威既与历史英雄无关，也与神圣传统无关。它不能像前者那样“突发”，也不能像后者那样持续，它是人为的特殊产品，既稳定又合理，并具有明确的职权范围。法理型政治权威下，社会成员依据人们所认可的法律对现实等级制表示承认，而不再拘泥于血统论、世袭制的影响。因此，可以说这是一种物化了的统治服从关系。传统可以拒绝，巫魅可以祛除，在所有的政治关系中，政治结构体系已被完全地非人格化了。人们服从官员，不是他们个人而是他们所代表的非人格的命令，行政机关的责任在形式上是在法律的范围内照顾团体利益。国家官员的权力并不存在于他们个人手中，而是存在于他们的合法职位之中。因此，社会成员也仅在法律秩序所承认的范围内，对统治者负有服从的义务，理性法则之外的服从要求均无法获得合法性的承认。[②]

---

① 焦文峰：《韦伯科层制理论分析》，载于《齐齐哈尔师范学院学报》（哲学社会科学版）1998 年第 2 期。

② 苏国勋：《理性化及其限制——韦伯思想引论》，上海人民出版社 1988 年版，第 202—203 页。

第二章　驯服与建构：公民服从的现代性批判

然而，在具体的社会实践中，随着科学技术、理性思维，特别是现代性意识的成长，政治权威的构建基础发生了许多变化，公民服从的各种制约因素也相应地发生了变化。统治者和政治精英开始在他们的统治中置入独特的心理控制与操纵方式，精心设计、巧妙建构各种公民服从的权威基础，通过一系列的人为建构使得公民服从越来越多地带上了驯服的政治色彩，公民服从部分演变为“无主体的服从”。这些人为的变化因素包括：暴力的隐身与变形、传统的发明与建构、卡里斯玛的祛魅与再造等。

第一节　暴力的隐身与变形

现代政治生活中赤裸裸的暴力统治正在逐渐弱化，也日益被人们所排斥。但暴力并没有消失，它正在悄然变身，以各种隐性的形式对公民行为起着规范和约束作用。

一　惩罚机制的建立与完善

政治统治中的直接暴力镇压功能在现代社会常常通过各种惩罚机制的建立和实施来完成。惩罚是对自由、财产乃至生命的剥夺，是人类社会的普遍现象。各种各样的惩罚场景几乎每天都在我们的生活中合法上演着——人身被合法限制、财产被合法剥夺、生命被合法涂炭，这种施加一般不考虑被惩罚者的意志，不考虑他们是否同意。作为一种“必要的恶”，惩罚广泛存在于现代社会中。保罗·利科认为，惩罚在本质上完成了在爱的道德中的最初分裂，惩罚建立了一种非相互的关系，它用人类强制教育的远路和“间接性”对抗爱的近路和“直接性”。国家和公民的关系也由此而表现为一种不对称的、非相互的、权威与服从的关系，因为“即使权力来自自由选举，即使权力完全是民主的和合法的——也许不可能做到这一点，一旦权力已经形成，作为垄断惩罚的权力机关，权力也与我有关；这足以使国家不是我的兄弟并要求我服从”。[①]

在惩罚的历史中公开和残酷的刑罚曾盛极一时。在《规训与惩罚》一书的开篇福柯就描述了一个惊心动魄的酷刑场面：法国激进分子达米安因谋杀国王在巴黎被公开审判，审判的广场上坚立起了刑架，刑吏用烧红的铁钳撕裂他的身体，将熔化的铅以及滚开的油脂、松脂、蜡和硫黄的混合物浇入被撕裂的伤口，然后四马分尸，最后焚尸扬灰。这种酷刑不仅是对肉体的惩罚，同时也是君主权力的展示，通过展示至上的权力，皇权获得了新的能量，但是这种权力是可见的。

17 世纪建立起来的惩罚针对的是肉体的人，18 世纪人道主义者开始以“人道”的名义反对“酷刑”，批评暴力的滥用，要求废除旧的司法制度。到了 19 世纪，绞刑架、示众柱、断头台、鞭笞和裂尸刑轮等各种酷刑在西方逐渐消失，对肉体的酷刑和肢解、在面部和臂部打上象征性烙印、示众和暴尸等现象消失了，将肉体作为刑罚主要对象的现象消失了，惩罚也不再是公开的表演。但这并不意味着“人性胜利”时代的到来。酷刑废除之后，对罪犯的惩罚越来越有节制，惩罚基本上不直接触碰身体，代之而来的是如监禁、禁闭、强制劳动、苦役、限制活动区域、放逐等方式。也就是说，刑罚的目的已不再是身体痛苦，而是将人的身体控制在一个强制、剥夺、义务和限制的体系中。惩罚开始脱离人们日常感受的领域，进入抽象意识的领域；它的效力被视为源于它的必然性，而不是源于可见的强烈程度；能够阻止犯罪的是受惩罚的确定性，而不是公开惩罚的可怕场面。[②] 于是惩罚从一种制造无法忍受的感觉的技术转变为一种暂时剥夺权利的经济机制。[③] 身体的痛苦是短暂易逝的，而精神的痛苦触及人的灵魂，是一种更长久、更令人难以忍受的折磨。因此福柯指出：“这

---

① ［法］保罗·利科：《历史与真理》，姜志辉译，上海译文出版社 2004 年版，第 237 页。

② ［法］米歇尔·福柯：《规训与惩罚——监狱的诞生》，刘北成、杨远婴译，生活·读书·新知三联书店 2003 年版，第 8—9 页。

③ 同上书，第 11 页。

是一个司法保持克制的乌托邦：夺走犯人的生命，但不让他有所感觉；剥夺囚犯的全部权利，但不造成痛苦；施加刑罚，但没有任何肉体痛苦。诉诸心理——药理学和各种心理‘阻断物’——哪怕是暂时的——是这种‘非肉体’刑罚的一个合乎逻辑的结果。”①

这种惩罚机制的建立源于知识与权力的共谋。福柯认为，任何权力关系的运作都离不开一种知识或真理体制的介入，这就是所谓的“知识政治学”。由于微观权力渗透到社会生活的方方面面，“知识—权力”统一体得以形成，“科学—法律”综合体得以存在。权力制造知识，知识生产权力，知识与权力相结合又产生新的权力，权力又作用于知识生产。福柯以精神病学为例揭露这种共谋关系。他指出：“精神病学，尤其是犯罪人类学以及犯罪学的重要话语，在此发挥了它们的一项重要功能：通过庄重地把犯罪纳入科学知识的对象领域，它们就给合法惩罚机制提供了一种正当控制权力：不仅控制犯罪，而且控制个人，不仅控制他们的行为，而且控制他们现在的、将来的、可能的状况。”②

对于知识与权力的这个循环，福柯提出可通过“政治解剖学”来解释。政治解剖学不是从身体的角度来研究一个国家，而是从“政治肉体”的角度研究。这种“政治肉体”被“看作是一组物质因素和技术，它们作为武器、中继器、传达路径和支持手段为权力和知识关系服务，而那种权力和知识关系则通过把人的肉体变成认识对象来干预和征服人的肉体”。③ 在这种惩罚机制下，公民常常并不具有独立的自由意志选择自己的生命取向、最佳利益、最佳政治制度的能力，他们对世界的认识、行为和价值志向都不过是生命权力的各种设备和技术的制造物。可以说，在我们今天的社会里，惩罚尽管并不使用粗暴血腥的刑罚，而更多使用禁闭或有教养的“仁厚”方法，但是，最终涉及的总是肉体，即肉体及其力量、它们的可利用性和可驯服性、对它们的安排和征服。④

---

① ［法］米歇尔·福柯：《规训与惩罚——监狱的诞生》，刘北成、杨远婴译，生活·读书·新知三联书店 2003 年版，第 12 页。

② 同上书，第 20 页。

③ 同上书，第 30 页。

④ 同上书，第 27 页。

二　个体规训和社会规训的形成

规训就是操控身体的政治技术，自 19 世纪以来现代西方社会就以造就“驯服的身体”为基本目标。历代的统治者都认识到，只有控制了被统治者的身体，才能进一步对他们实行全面的统治和控制。当然，在不同时代，统治者控制被统治者身体的方法策略有很大差别。在古代社会，统治者为了维护他们的权威，总是对胆敢冒犯他们的人的身体施以酷刑。到了 19 世纪，经过资产阶级启蒙思想的洗礼和资产阶级革命的震荡，资产阶级对被统治阶级身体的控制方式似乎也更加文明了。

“规训”（discipline）是《规训与惩罚》中的一个核心概念，也是福柯创造的一个新术语。福柯用这个词的多义性赋予它新的含义，用以指一种特殊的权力技术——既是权力干预肉体的训练和监视技术，又是制造知识的手段。福柯认为，在任何社会里肉体都受到严厉控制。规训技术的新颖之处在于：它不是把人体（肉体）当作不可分割的整体，而是加以分解，对其运动、姿势、速度等施加细致微妙的强制，从而控制人体；它所强制或控制的对象不是行动的意义或人体符号，而是人体机制或人体本身，因此，最重要的是反复操练；它是一种不间断的持续强制，监督着行动的过程而非结果。①

从宽泛的意义上说，规训并不是近代政治革新中出现的新型权力技术，而是权力一贯的本质表现之一，它几乎伴随着权力的诞生而出现。规训原本由“惩罚”引申而来，在某些现代学者眼里虽被视为一种新型的奖惩方式，但是在惩罚的古典意义甚至古代意义之中，规训式的权力运作从未停止。因为，只要“人体是权力的对象和目标”，那么这种人体就是“被操纵、被塑造、被规训的”。② 所以，惩罚可以被视为一种原生性的规训方式。虽然惩罚不能建立起完善的“规范化”体系，也不能达到“训练”的目的，但是在惩罚方式的变革和对象的转移中孕育了规训的萌芽，并且最终营造了一种现代性的规训形态。③

① 刘北成编著：《福柯思想肖像》，上海人民出版社 2001 年版，第 284—285 页。

② ［法］米歇尔·福柯：《规训与惩罚——监狱的诞生》，刘北成、杨远婴译，生活·读书·新知三联书店 2003 年版，第 154 页。

③ 张凤阳等：《政治哲学关键词》，江苏人民出版社 2006 年版，第 361 页。

规训实质体现的是一种权力。这种权力在实施时，不仅仅是对“无权”者的强制或禁锢，它控制着他们，并通过他们而得到传播。这些权力关系并不只存在于国家与公民的关系中或阶级之间的分野处，不仅仅在个人、肉体、行为举止的层面上复制出一般的法律或政府形式，而是一直渗透到社会深层。它们并不是单义的，而是确立了无数的冲撞点、不稳定中心，每一点都有可能发生冲突、斗争、甚至至少是引起权力关系的暂时颠倒。简言之，权力实质上是“支配人体的政治技术”，权力关系无处不在，有多少种社会关系，就有多少种权力。工厂、医院、学校、家庭等都存在着“微观权力”。每一个集团、每一个人不仅都受制于权力，而且都行使着权力。①

规训技术是一种新的“政治解剖学”或“权力机制”。它不是一项石破天惊的发明，而是由许多分散在各个领域的细小技术发明汇合而成。古典时期继承了神学对“细节”的关注，形成了一种权力微观物理学和一系列细节控制技术。从17世纪起，这种权力微观物理学不断向更广的领域扩展，首先是在采用了修道院模式的学校、医院、军队、工厂等等，几乎涵盖整个社会。这些技术包括对空间的分配、活动的控制、训练的安排、人员的组织与编排。规训技术不同于王权的威严仪式，也不同于国家的宏大机构，它看似细微，却能够逐渐侵蚀那些重大的形式和机构，通过自己的程序改变它们的机制。规训技术共有三个简单手段：层级监视、规范化裁决和检查。② 规训机制的扩展有四个进程：规训机构的扩展、规训功能的转换、规训机制的“非制度化”以及国家对规训机制的控制。从17世纪的封闭规训扩展成一种普遍化的“全景敞视”机制，有其内在和外在原因。一方面，规训不是一种制度，而是一种技术。它不是取代其他的权力方式，而是无孔不入地渗入其他方式，并把其他方式联结起来，尤其是它能够使权力效应抵达最细微偏僻之处。另一方面，规训社会的形成是更大历史进程的组成部分。③

按照规训对象的不同，可以将规训分成两类：个体规训和社会规训。

---

① 刘北成编著：《福柯思想肖像》，上海人民出版社2001年版，第272—273页。

② 同上书，第285—288页。

③ 同上书，第291—292页。

个体规训主要针对单个的人，把人的肉体视为可分割的东西来对待，使用不同的方式对人体进行“分别处理”。它通过各种操练仪式驯化人的各种力量，“并强加给这些力量以一种驯服——功利关系”，“使人体在变得更有用时也变得更顺从，或者因更顺从而变得更有用”。① 个体规训通过多个子技术得以实现，包括空间控制、时间控制、行为控制和力量控制等。② 空间可以被用来锻造人、规训人、统治人，从而有目的地生产出一种新的被驯服的主体。空间控制是指规训必须在一个封闭的场所中进行，包括监狱、修道院、学校或者工厂等。在这个大的封闭空间里个人又被限制在内部的小空间中，通过对特定位置的控制便可实现对个体的控制。同时该封闭空间中存在多个功能性的相对独立的空间，不仅满足机构内部多元化的功能实现，同时也能够对规训对象更加方便地进行监督和评估。时间控制是指对规训对象具体行为的时间长短加以规定，以将各个不同部分的身体单位纳入统一的可控制的框架之内，这样肉体就被约束在有目的性的姿态之上。行为控制是指按照规定的时间强行分解规训对象的行为，并进行定向操练。这种操练“被用来更经济地利用人生的时间，通过一种有用的形式来积累时间，并通过以这种方式安排的时间的中介行使统治的权力。操练变成了有关肉体和时间的政治技术中的一个因素。它不是以某种超度为终点，而是追求永无止境的征服”。③ 通过对身体训练、长时间的行动标准化、对空间的控制，纪律在空间中将不同的个体组织化。力量控制是通过精确的命令系统，在连续不断的规训过程中将个体的全部活动用简明的命令来表示和维系，将个体占据的位置、涵盖的间隔、规律性和良好秩序视为主要变量，通过不同方式的组合实现控制效果的最优化。④

在任何一个社会里，人体都受到极其严厉的权力的控制，但是，在这些技术中有若干新的因素。首先是控制的范围。它们不是把人体当作似乎不可分割的整体来对待，而是“零敲碎打”地分别处理，从运动、

---

① ［法］米歇尔·福柯：《规训与惩罚——监狱的诞生》，刘北成、杨远婴译，生活·读书·新知三联书店2003年版，第156页。

② 张凤阳等：《政治哲学关键词》，江苏人民出版社2006年版，第364—365页。

③ ［法］米歇尔·福柯：《规训与惩罚——监狱的诞生》，刘北成、杨远婴译，生活·读书·新知三联书店2003年版，第182页。

④ 同上书，第186页。

姿势、态度和速度等全方位掌握控制它。这是一种支配活动人体的微分权力。其次是控制的对象。这种对象不是或不再是行为的能指因素或人体语言，而是机制、运动效能、运动的内在组织。被强制的不是符号，而是各种力量，唯一真正重要的仪式是操练。最后是控制的模式。这种模式是一种不间断地、持续地对活动过程的强制和监督。它根据尽可能严密地划分时间、空间和活动的编码来进行的。这些方法不断征服人体的各种力量，使得人们有可能对人体的运作加以精心的控制并被尊称为“纪律”。纪律的高雅性在于，它无须借助昂贵而粗暴的关系就能获得很大的实际效果。①

社会规训具有双重含义，不仅是指针对整个社会的规训技术，同时也是指一个整体的规训社会形态。② 规训“试图支配人的群体，以使这个人群可以而且应当分解为个体，被监视、被训练、被利用，并有可能被惩罚的个体。而这个新建立起来的技术也针对人的群体，但不是使他们归结为肉体，而是相反，使人群组成整体的大众，这个大众受到生命特有的整体过程，如出生、死亡、生产、疾病等等的影响”。③ 社会规训的技术构思来源于边沁的全景敞视建筑，这种建筑的中间是一座瞭望塔，四周是一个分成众多小房间的环形建筑，每个房间有两扇窗户和瞭望塔二点一线，这样站在瞭望塔中的人便可以观察所有房间中人员的行动。这种建筑在现代社会中已不多见，但现代社会产生了大量特征类似的其他形式的空间，人们在其中处于经常性的“被监视”状态。它的意义在于它发展成为“一种为了实现某种社会而进行巧妙强制的设计”。④ 经由复杂的历史变迁，“在 17 和 18 世纪，规训机制逐渐扩展，遍布了整个社会机体，所谓的规训社会（姑且名之）形成了”。⑤ 规训社会往往通过“层级监视（hierarchical observation）、齐常化评断（normalizing judgement）及不同形式的考试／检查（ex-

---

① ［法］米歇尔·福柯：《规训与惩罚——监狱的诞生》，刘北成、杨远婴译，生活·读书·新知三联书店 2003 年版，第 155 页。

② 张凤阳等：《政治哲学关键词》，江苏人民出版社 2006 年版，第 365 页。

③ ［法］米歇尔·福柯：《必须保卫社会》，钱翰译，上海人民出版社 1999 年版，第 229 页。

④ ［法］米歇尔·福柯：《规训与惩罚——监狱的诞生》，刘北成、杨远婴译，生活·读书·新知三联书店 2003 年版，第 235 页。

⑤ 同上。

aminations），逐步建立起对各级人员的监管网络”，[①] 知识、权力及身体互相联结，互为影响，以达至征服个体的目标，使得所有社会成员都受制于无形的规训权力。在社会性规训权力的运作中，往往混合了功利性要求（效益）和价值观要求（意识形态）的双重目的，它不仅宰制了各种机构，掌控了机构秩序的制定，同时将规训的触角延伸到微观的社会层面。前者比如高校教师评审制度，作为知识研究和创造者的教师不得不屈从于各级高校管理者的潜在管理权，于是看似价值中立的知识教授和传导行为不可避免地在很大程度上为规训权力拥有者的价值判断所左右。[②] 后者包括各种具体的社会产品和社会行为，比如儿童玩具，其隐性的性别分类、文化分类和等级差异潜在地灌输着各种价值观，规训着孩子甚至包括孩子的家长。[③] 再比如通过“阻碍和促进”，公共权力还可以实现对艺术的社会控制，通过使大量的艺术品为社会所挑选和购买，从而发挥其社会规训功能。[④]

德勒兹（Gilles Deleuze）发展了规训社会的理论，提出了“控制社会”的概念。他认为从 20 世纪中期开始历史进入了控制社会的阶段，控制不是反对永恒，而是反对运动。“这样的社会已不再通过禁锢运作，而是通过持续的控制和即时的信息传播来运作。”[⑤] 其实我们可以发现，“控制社会”依然是规训意义上的，是动态规训的社会。[⑥] 一方面，规训技术通常也可以被视为控制的技术；另一方面，就信息传播而言，“‘传播圈’和它们制造的数据库组成了一个超级监狱，一个没有围墙、没有窗户、没有瞭望塔和岗哨的监视系统。监视技术的大规模发展导致权力在本质上的粒子化”。[⑦] 这种信息时代的全景敞视建筑，不仅规训着虚拟社会空间，

---

① 鲍尔：《管理学：一种道德技术》，黄静雯译，载于华勒斯坦等《学科·权力·知识》，刘健芝等编译，生活·读书·新知三联书店 1999 年版，第 139 页。

② 张凤阳等：《政治哲学关键词》，江苏人民出版社 2006 年版，第 366 页。

③ 周慧之：《作为社会规训的儿童玩具》，载于《社会》2002 年第 10 期。

④ E. A. 罗斯：《社会控制》，秦志勇、毛永政译，华夏出版社 1989 年版，第 210 页。

⑤ ［法］吉尔·德勒兹：《哲学与权力的谈判》，刘汉全译，商务印书馆 2000 年版，第 199 页。

⑥ 张凤阳等：《政治哲学关键词》，江苏人民出版社 2006 年版，第 366 页。

⑦ Poster, Mark, *The Mode of Information*, Cambridge: Basil Blackwell, 1990, p. 93. 转引自［美］戴维·阿什德《传播生态学：控制的文化范式》，邵志择译，华夏出版社 2003 年版，第 26 页。

而且通过形式多样的舆论宣传和信息技术在现实世界中广泛地行使着规训的功能。此外，在目的上，规训不再以传统的惩戒为主要方式，而是倾向于通过规训者和规训对象之间的各种互动实现规训的目标，即纪律的制定者或者裁判者本人也积极地参与到纪律的实施中来。于是，规训不再单纯地表现为惩处、统治或压制，而是同时具有了交流和对话的功能和意义。[①] 但需要明确的是，无论是个体规训还是社会规训，重要的是要认识到规训实质上并不是一种制度或者是一种机构，它是一种行使权力的轨道，包括一系列手段、技术、程序、应用层次、目标，它是一种权力"物理学"或权力"解剖学"，可以被各种机构或体制接过来使用。[②] 因此，即使规训能够表达出政治民主化或者其他善的政治理念，在本质上它仍然是一种权力运作模式，体现着规训者的行为动机。

三 规训与服从

首先，权力"生产"出服从者。

18 世纪以来的科学知识和技术，如医学、神经病理学、营养学、人体解剖学、体育学、人体艺术与摄影等，每时每刻都在通过权力话语的方式，规训着人的身体，如军训、监禁、刑罚等典型形式，这些都是社会因素直接作用于人的身体，是社会对人的身体的强力规训。福柯曾这样描写了一位士兵身体被规训的情景，"到 18 世纪后期，士兵变成了可以创造出来的事物。用一堆不成形的泥、一个不合格的人体，就可以造出这种需要的机器。体态可以逐渐矫正。一种精心计算的强制力慢慢通过人体的各个部位，控制着人体，使之变得柔韧敏捷。这种强制不知不觉地变成习惯性动作。总之，人们'改造了农民'，使之具有'军人气派'"。[③] 此时，"肉体也直接卷入某种政治领域；权力关系直接控制它，干预它，给它打上标记，训练它，折磨它，强迫它完成某些任务，表现出某些仪式和发出

---

① 在控制论意义上，规训双方的积极"参与"能够为两者进行良性的对话提供共同的语言。参见帕斯克《关于社会系统研究的对话理论》，载于盖叶尔、佐文编《社会控制论》，黎鸣等译，华夏出版社 1989 年版。

② ［法］米歇尔·福柯：《规训与惩罚——监狱的诞生》，刘北成、杨远婴译，生活·读书·新知三联书店 2003 年版，第 242 页。

③ 同上书，第 153 页。

某些信号。这种对肉体的政治干预，按照一种复杂的交互关系，与对肉体的经济使用紧密相联；肉体基本上是作为一种生产力而受到权力和支配关系的干预"[①]。可以说，社会对身体的建构无处不在、无时不在。

福柯在权力是如何被设想出来的方面提出了许多与众不同的主张。他认为，权力既是压制性的，同时又是生产性的。权力生产出服从者，铸造了他们的特性并且"使他们标准化"，使他们能够并且自愿地支持关于明智、健康、性与其他各种行为规范的形式。福柯认为，这些规范塑造了"灵魂"并且"铭刻"在身体中；同时，它们通过对正常状态与异常状态之间界限的管制，通过既是主体间的，也是主体内部的、持续的、系统性的监视得以维持。[②]

在《规训与惩罚》中，福柯通过引述斯宾诺莎所提出的运用权力的纯粹物理性的方式，那些服从者被强迫、限制与塑造成一致服从，也就是被塑造成"驯服的身体"。权力所表达的是一种控制——或者更确切地讲是"生产"——行为的观念，无论它是直接通过对罪犯进行教诲的规训方式，还是更加间接地通过对普通民众进行威慑恐吓与告诫的方式，惩罚因而被认为是一种管理个人的身体并且通过管理个人的身体来管理政治体的控制方式。而且，至少在观念上讲，这种权力是不作为的，它采用了全方位的监控，从而在"居民中间导致一种持久的和可以察觉到的可见性状态，这种状态将保障权力自动起作用"。[③]

其次，现代技术规训了服从者。

现代社会是一个典型的规训社会，全景敞视监狱是现代规训社会的缩影，而整个社会则是监狱的扩大形式，是监狱的延伸和扩展。福柯认为，现代监狱的目的就是造就顺从温驯的个人。在现代规训社会里，资产阶级依靠现代科学技术、各种规训权力技术和管理科学建立起了一支庞大的由军队、警察、政府官员和情报人员等组成的规训的队伍，同时也培养和训练了一支庞大的"技术人员大军"（包括科技人员、医生、精神病学家、刑法学家、心理学家、教育工作者、管教人员和管理干部等），试图对整

---

① ［法］米歇尔·福柯：《规训与惩罚——监狱的诞生》，刘北成、杨远婴译，生活·读书·新知三联书店 2003 年版，第 27 页。

② ［美］史蒂文·卢克斯：《权力：一种激进的观点》，彭斌译，江苏人民出版社 2008 年版，第 85—86 页。

③ 同上书，第 87 页。

个社会和社会中的每个人进行规训和控制。目的只有一个，那就是消除被统治阶级的革命意识与反抗精神，使他们在思想上变得麻木不仁，最终成为顺从温驯、逆来顺受的个体，从此以后资产阶级就可以高枕无忧了。在现代规训社会，资产阶级依靠先进的科学技术和雄厚的财力建造起来的监狱表面上看起来就像花园一样，环境优美，如同正常社会里的医院、工厂、学校、军营、养老院，而这些机构也如同一所所“小监狱”，由它们组成了一座“监狱群岛”，社会中的每一个人如同监狱中的囚犯。资产阶级就是这样通过不断地强化国家机器，豢养了一大批鹰犬与爪牙，也培养和训练了一支庞大的“技术人员大军”充当他们的帮凶，从而牢牢地控制着整个社会和社会中的每一个人。①

福柯的批判锋芒从监狱进而扩及整个资本主义社会。他认为，遍及社会的各种各样的规训机构组成了一个庞大的“监狱网络”。福柯又称之为“监狱体系”、“监狱金字塔”或“监狱群岛”。监狱群岛把规训技术扩散到整个社会，产生一系列重要后果。第一，这个宏大的机制建立起一种渐进的、连续的、不易察觉的等级。第二，监狱网络造成了一种“规训职业经历”。第三，监狱体系使惩罚权力变得自然而正当了，至少使人们对刑罚的容忍尺度放宽了。第四，监狱体系促成一种新形式的法律出现，即规范。第五，社会的监狱结构确保了对肉体的实际捕获与持续观察，从而造成了关于人的科学的历史可能性。第六，监狱尽管一开始就受到诋毁，但它植根于权力机制及其战略中，因此极其牢固。② 比如在现代监狱如“巴黎少年犯监管所”中，犯人起居时间表严格规定了犯人起床、工作和吃饭等的精确时间，以规范化监视实现对犯人的规训目的。监狱不仅使人的身体自由受到严格的限制，而且它还要通过刑罚、劳动、教育等种种方式和渠道，对人的身体和心理进行各种规训，力图建构起使犯人符合法律、社会的要求规范。③

再次，国家权力通过对法律的“征用”强化服从机制。

---

① 胡颖峰：《规训权力与规训社会——福柯政治哲学思想研究》，中央编译出版社 2012 年版，第 159—160 页。

② 刘北成编著：《福柯思想肖像》，上海人民出版社 2001 年版，第 295—297 页。

③ 刘保、肖峰：《社会建构主义：一种新的哲学范式》，中国社会科学出版社 2011 年版，第 192—193 页。

现代社会的另一重要特征就是国家权力对法律的“征用”。法律驯服国家权力仅仅是现代政治的表象，而其实质恰恰是国家权力“征用”了现代的法律技术。正是利用法律的程序性与形式的合理性，国家权力展现了它最为丰富的一面。用马克思的话讲，就是国家权力展现了它虚伪的一面；用福柯的话讲，就是国家权力展现了它精巧的一面。这种精巧不仅体现在法律的技术方面，而且体现在规训权力的微观实践之中。这种微观的治理技术不但没有弱化国家权力，反而强化了国家，正是借助这些复杂的如毛细血管般的微观治理技术与策略，国家权力才完成了对现代规训社会的塑造。① 此外，法律和习惯通过它们的存在和恒久本身产生的对习惯和法律的适应，足以从根本上，且无须任何有意干预，就可强制推行一种对法律的认可，这种认可建立在无视成为其根源的专断基础上。事实上，国家获得的服从基本上来自于国家通过它建立的秩序本身反复灌输的服从配置。②

最后，服从者通过屈从于权力而被“构建”出来。

晚年福柯认为，在各种自我实践中，服从者通过积极的方式构建其自身，这些实践不是个人单独虚构的，而是他在文化中所发现并且被他所处的文化、社会和社会群体所推荐、暗示和施加给他的模式。在这些实践活动中，权力关系呈现出不对称性，并且服从者的自由受到极大限制。③④

福柯写道：“那种服从于某种可见性的领域并且也知道这种领域的人

---

① 李志明：《空间、权力与反抗：城中村违法建设的空间政治解析》，东南大学出版社2009年版，第52页。

② ［法］皮埃尔·布尔迪厄：《帕斯卡尔式的沉思》，刘晖译，生活·读书·新知三联书店2009年版，第197—198页。

③ ［美］史蒂文·卢克斯：《权力：一种激进的观点》，彭斌译，江苏人民出版社2008年版，第92—93页。

④ 对此，有人认为，福柯认为服从权力的人是由权力所“构建”的观点最好被解读为一种存在于福柯关于规训和生命权力的纯粹理想类型的描述中的明显夸张，而不是被解读为一种关于他所确认的各种现代权力形式事实上保障或没有保障那些服从它的人的顺从程度的分析。对于所有他所谈论的“微观物理学”、“解析学”和“机制”而言，福柯是一位关注规范构成（例如，对于疯癫、病人、罪犯与各种反常规象进行界定）的历史还原的系谱学家，因此他对通过研究各种变迁、结果与效用来分析诸如此类的机制并不感兴趣：他仅仅是宣称存在着诸如此类的效用。然而，福柯的著作具有非常广泛的影响，在许多领域与学科中激励着学者们从事于这样一种分析，准确地讲，通过追问被统治者是如何并且在什么程度上能够进行统治，来分析他所确认的各种实践领域。参见史蒂文·卢克斯《权力：一种激进的观点》，第93—94页。

应当对权力的各种强制与约束负有责任；他通过同时扮演双重角色将他自己铭刻于权力关系中；他变成了那种他自己所服从的原则。”① 福柯的这一思想被其他人广泛运用。桑德拉·巴特基（Sandra Bartky）将这种思想运用于分析当代女性的屈从地位的一个方面。她写道：“女性运用这项原则来支持和反对她们自己的身体……女性一天六次查看其化妆品来确定她是否涂抹粉底霜，她的睫毛膏是否起作用……恰恰就像圆形监狱中的囚犯那样，她成为了自我管制的对象，其自身受制于不懈的自我监控。这种自我监控是一种服从于父权制社会的形式。”② 苏珊·波尔多（Susan Bordo）引人关注的著作《不能承受之重》中，引用了福柯的主张，即在自我监控中，完全不需要肉体上的暴力与物质约束，而仅仅只需要一种审查式的凝视。每一个处于这种凝视重压下的人都将通过中肯地内省进行自我监督，并通过这种监督来控制或者反对他自己。③

在福柯理论的影响下，越来越多的学者开始探索获得自愿服从的微妙形式和途径。通过研究和实践人们支持更加广泛的规范控制的模式，并经常作为他们自己的“监督者”而行动，但人们时常也会陷入另一种错觉：即相信他们自己不受权力控制，认为自己是在做出他们自身的选择、追求他们自己的利益以及理性地评估各种争论并得出他们自己的结论。④

总之，在心理学家、精神病学家、刑法学家、监狱管理人员、教育学家等“技术人员大军”的共同努力下，现代统治者的统治手法更为精巧和隐蔽，对被统治者的控制和规训能力却大为增强，一切人道主义的宣传则仅仅停留在表象。这种由规训惩罚所维持的秩序具有复杂的性质，这是一种“人为”的秩序，是由法律、计划、条例所明确规定的。人不再具有独立的自由意志选择自己的生命取向、最佳利益、最佳政治制度的能力，人们的知识和价值观念都不过是生命权力的各种设备和技术的制造物。在这种情况下，公民的服从实质上是被动的，是在无形强制力的驱使下实现的服从，是经由统治者或政治权威精心设计的对公民潜移默化的驯服，公民个人或群体常常在不知

---

① ［美］史蒂文·卢克斯：《权力：一种激进的观点》，彭斌译，江苏人民出版社 2008 年版，第 95 页。

② 同上。

③ 同上。

④ 同上书，第 102 页。

情或未经选择，甚至无法选择的情境下完成了服从行为，这样的服从完全无视公民个人的主观意愿和价值追求，强行将某些价值规范植入公民头脑，驱使公民按既定要求去完成“规定动作”，从而形成无主体的公民服从。

第二节　传统的发明与建构

传统是被发现的，还是被发明的？如果是被发明的话，其用意何在？人们为什么要发明传统？

一　传统的过去和现在

传统是一个社会过去与现在的连载器。它源于社会历史，是一个社会的文化遗产，是人类过去所创造的种种制度、信仰、价值观念和行为方式等构成的表意象征，具有鲜明的历史性。它使代与代之间、一个历史阶段与另一个历史阶段之间保持了某种连续性和同一性，构成了一个社会创造与再创造自己的文化密码，并且给人类生存带来了秩序和意义。

传统是如何连接“过去”与“现在”的呢？首先，传统是“活着的过去”。传统源于过去，它是保留在现代人的记忆、话语和行动中的那一部分过去，因而是对现在仍然起着作用的那一部分过去，换句话说，它是能够“活到”现在的那一部分过去。那些诸如妇女缠足之类的陋习，就是“死去”了的过去，它曾经是传统，但现在它已不是什么传统，因为它既没有现在，更没有将来。那种不为人知的过去，例如还没有发掘的地下文物，只是潜在的传统，只有发掘出来，经过鉴定、考证，赋予其现代意义，例如它对我们解开某一历史谜团有何种价值等，它才能成为名副其实的传统。其次，作为“活着”的过去，传统也是“现在”，甚至会是“未来”。虽然传统确实与过去有至关重要的联系，但这并不意味着传统等于过去。传统是被现代人从过去之中精选出来的，出于现代人的选择，这部分过去才得以留存下来，因而它同样是现代生活的一部分。同时，出于现代人的反复实践和应用，这些留存的过去获得了传统的意义，影响和制约某一地区、某一群体的社会成员及其家庭的行为和生活。这种传统往往以该群体的亚文化方式、习俗的方式出现在现代社会中。① 另外，社会在从传统走向现代，走向更加现代和更新现代的变迁过程中又不断产生自己相应的传统、新传统和更新的传统，于是传统便不断在过去、现在及未来之间变换角色。

传统在社会中的存在主要依赖于物的自然传承和人的代际相传。人类世界的诸多自然物或建筑物都携带着传统的基因，后来人通过对这些器物的观察和研究便能大体知晓与此相关的历史传统。更多的传统是经由人的代际相传保留下来的，比如京剧、舞蹈、书画等艺术传统，美食、服饰、风俗等生活传统，宗教信仰、语言等文化传统，在传承的过程中人们都努力保持传统的“原汁原味”。

但是，在传承传统的过程中人为的因素也很多。总体来说，主要表现在刻意沿袭的传统和被发明的传统上。所谓刻意沿袭的传统，主要指有些传统是统治者刻意传承的，这种传统在现实政治生活中往往充当意识形态的角色。比如，关于君权神授的思想，在奴隶制和封建制时代，它的世代相承与统治者主观意志的推动是不可分开的。可以说，或出于统治者政治统治的需要，或出于被统治者的心理需要与个人偏好，这些因素都会影响人们对传统的选择、筛选和接受。“被发明的传统”既包括那些确实被蓄意发明、人为建构和正式确立的“传统”，也包括那些在特定条件下以一种难以辨认的方式出现和迅速确立的“传统”，因此它是在一种宽泛但又并非模糊不清的意义上被使用的。对于这些传统，我们首要考虑的是它们的出现和确立情况，而不是它们生存的可能性。② 总之，现代人通过对过去“重构”或“新构”的方式生产出传统，而这是一个集体和社会的行动过程。这种“重构”或“新构”可以有不同的指向，不同的指向会对现在甚至未来产生不同的影响。

二 发明传统

很多传统其实并没有我们想象的那么久远，那些表面看来或者声称是

---

① 郑杭生：《论现代的成长和传统的被发明》，载于《天津社会科学》2008 年第 3 期。

② ［英］霍布斯鲍姆、T. 兰格：《传统的发明》，顾杭、庞冠群译，译林出版社 2004 年版，第 1 页。

古老的“传统”，其中有一些实际上起源时间相当晚近，甚至有些是被人为发明出来的。被发明的传统通常暗含与过去的连续性，试图通过重复来灌输一定的价值和行为规范，只要有可能它们便试图与某一适当的具有重大历史意义的过去建立连续性。“它们采取参照旧形势的方式来回应新形势，或是通过近乎强制性的重复来建立它们自己的过去。现代世界持续不断的变化、革新与将现代社会生活中的某些部分构建成为不变的、恒定的这一企图形成了对比，正是这种对比使得研究过去两个世纪的历史学家们对‘传统的发明’如此着迷。”① 这些传统一旦被发明出来，便积极投身那些已被公开或私下接受的规则所控制的实践活动，并在整个社会活动中具有一种仪式或象征特性。

被发明的传统和传统一样都努力追求社会发展的稳定性。在这些传统中所展示的过去，无论是真实的，还是被发明的，都代表着某种恒定不变的规则或活动。那些传统社会中普遍存在的“习俗”、“惯例”，虽然并不一定都是新社会发展的桎梏，但它们或多或少对人们的思想变革具有限制影响，因为它们总是高度认可那些来自历史上已表现出来的惯例和社会连续性，这种对过去的高度迷恋一定程度上会削弱人们与一切落后保守观念进行彻底决裂的斗志，也会动摇人们破釜沉舟、改革创新的决心。

传统的发明常常出现在一些特殊的社会历史时期。比如，当与旧传统相适宜的社会模式由于激烈的社会转型而被削弱或摧毁，新型社会模式与旧的传统难以相容时；再比如，当承载旧传统的社会系统或传统的传播者无法适应新形势的要求，即将面临被淘汰或消除时。也就是说，当社会的需求系统或者传统的供给系统发生巨大而迅速的变化时，往往是传统的频繁期。在过去 200 年里，这些变化尤为明显，因此，有理由认为那些新传统的转瞬即逝的仪式化活动在这个时期里得到了集中表现。②

例如非洲人思想与行为的转变就与欧洲人对非洲的传统的发明息息相关。19 世纪 70—90 年代是欧洲发明传统（教会的、教育的、军事的、共

---

① ［英］霍布斯鲍姆、T. 兰格：《传统的发明》，顾杭、庞冠群译，译林出版社 2004 年版，第 2 页。

② ［英］霍布斯鲍姆、T. 兰格：《传统的发明》，顾杭、庞冠群译，译林出版社 2004 年版，第 5 页。特伦斯·兰杰（Terence Ranger）撰写的《殖民统治时期非洲传统的发明》，不仅揭示了传统的再生过程，而且再次证明了殖民者不只是依靠坚船利炮来维护其统治。

和国的、君主制的）的极大繁荣时期，同时也是欧洲人大量涌入非洲的时代。[①] 欧洲人主要通过两种非常直接的方式来寻求利用他们的发明传统以使非洲人的思想和行为发生转变与现代化。第一，在思想上将部分非洲人视为未来殖民地非洲统治阶级成员的后备人选，并努力对这些非洲人进行新传统的教育。第二，尝试利用已有的欧洲传统来提供一种重新界定的统治者与被统治者之间的关系。正如用军团传统确定了军官和士兵的地位、乡村绅士的大宅传统确定了主人和仆人的地位、公学传统确定了级长和低年级学生的地位一样，所有这些传统都可以用来创造一个以欧洲人发号施令、非洲人接受命令为等级序列的社会，并使两者共存于一个共同的骄傲与忠诚体系之中。因此，如果说欧洲的工人和农民为自己而制造的传统对殖民统治之下的非洲人没有多大影响的话，那么有关从属关系的欧洲发明性传统则确实产生了非常大的影响。[②] 那些由欧洲发明出来的学校、职业和军团传统，在非洲甚至比在欧洲更为明显地成为命令和控制措施。“在欧洲，新统治阶级的这些发明的传统在某种程度上受产业工人的发明传统或农民发明出的‘民间’文化的制衡。在非洲，没有哪个白人农民将自己看作是农民。南部非洲矿山中的白人工人确实利用了欧洲行业工会中发明的仪式，但是他们这么做，在一定程度上是因为它们是排他性的仪式，而且能够被用于阻止非洲人成为工人。”[③] 因此可以说，“被介绍给非洲人的那些发明性传统是统治性的，而不是生产性的”。[④] 它的重要功能便是赋予正在形成的权力与附属形式以迅速为人接受的象征形式。

这样一来，非洲政治家、文化民族主义者、历史学家们，从殖民时期传统的发明中获得两项含糊不清的遗产。一是从欧洲输入的发明的传统，它在欧洲本身大多已消失，但在非洲的一些地方对统治阶级文化仍有影响。二是由殖民官员、传教士、进步的传统主义者、年长者和人类学家发明的整个系统整理的“传统的”非洲文化。[⑤] 于是“年长者往往诉诸

---

① ［英］霍布斯鲍姆、T. 兰格：《传统的发明》，顾杭、庞冠群译，译林出版社2004年版，第270页。

② 同上书，第283页。

③ 同上书，第270页。

④ 同上书，第293页。

⑤ 同上书，第335—336页。

‘传统’来维护他们对农村生产资料的支配地位不受年轻人的挑战。男人往往借助‘传统’来确保男性对作为经济资产的妇女的控制不会由于妇女在农业地区生产中不断提高的地位而有任何削弱。各个种族和社会群体组织中的最高首领和统治贵族们诉诸‘传统’以维持或是扩大他们对臣民的控制。本地人则借助‘传统’来确保定居的移民不会获得政治或经济权利”。①

尽管非洲社会的发明性传统——无论其是由欧洲人发明还是由非洲人作为回应而自己发明的——都歪曲了过去，带有人为建构性，但这些传统不仅为白人提供了发号施令的模式，还为很多非洲人提供了“现代”行为的模式。② 殖民者通过整理、发明和传播非洲的这些传统，使原本灵活多变的习俗变成了确定无疑的东西，并以此作为建立新社会的资源。这些发明的传统已成为重要的社会现实，在以后的历史中留下了难以消除的印记。

三　传统的建构性与公民服从

无数的历史和现实昭示着传统的建构性存在。传统的创造在许多国家出于各种目的而被狂热实施，这种传统的大规模生产包括官方的和非官方的实践，前者是政治性的，主要存在于国家或有组织的社会与政治运动之中，或是通过它们实现的。后者是社会性的，主要通过并非如此正式组织起来的社会团体，或其目标并非是明确的或自觉的政治性团体，例如俱乐部和互助会，而无论它们是否也有政治功能。③ 被发明的“政治”传统，是更有意识的和深思熟虑的，它很大程度上是由怀有政治目的的机构所承担，这些被发明的政治传统实际上便成为驯化公民的重要工具。

首先，传统的发明常常成为政治统治合法性的叙事化谋略。对合法性的一些要求也可以通过叙事化的谋略来表达，因为即使那些抛弃它们自己的传统，并企图破除社会传统的政权也不可能没有传统。所有的政权都要求和鼓动人们相信它们那种源于社会过去的合法性，即使那些声称革命旨

---

① ［英］霍布斯鲍姆、T. 兰格：《传统的发明》，顾杭、庞冠群译，译林出版社 2004 年版，第 327 页。

② 同上书，第 271 页。

③ 同上书，第 338 页。

在破除家庭、学校和教会传统的政权也不例外。纪念民族历史上的英雄和重大事件、装饰民族史上的圣地、缅怀民族史上伟大的民族事业先驱者和历史事件，是这一传统合法性的部分内容。① 对政治统治合法性的要求还包罗在描述过去并把现在视为永恒宝贵传统一部分的叙事之中。于是传统被制造出来以产生一种社群归属感和超越冲突、分歧、分裂经验的历史归属感。这些叙事是由官方编年史家和个人在日常生活中述说的，其作用在于为掌权者行使权力作辩护，使无权的其他人顺从。比如，讲话、纪实、历史、小说、电影被制作成叙事材料，用以描绘社会关系并揭示行动结果，使之确立和支撑权力关系。日常生活中比比皆是的许多世俗叙事和笑话，通过损人利己的嬉笑来加强事物的外观顺序。即使在讲述叙事或接收他人讲述的叙事时，我们也可能被纳入一个象征过程，并服务于建立并支撑统治关系。②

其次，传统的发明成为政治权威驯服公民的重要载体。社会控制的最精巧方式之一就是观念控制。在奴隶制和封建制时代，统治者建构出各种君权神授的传统理论，以引导、强制、规范社会成员服从现有政治安排。无论统治者是如何获取政权的，它们都会用各种传说、神话、徽章、礼仪等不断强调并证实他们的统治身份。值得一提的是，各种仪式的传承实际上就是传统的发明。比如，崇拜活动原本是宗教信徒自发地、开放地表达对崇拜对象情感和态度的方式，但是到公元 150 年左右，基督教的崇拜仪式中便逐步形成了一些固定化的模式，例如进行仪式时使用的语言、祭品的种类、领取圣餐时的姿势和顺序等。于是原本表达情感的自觉心理活动演变为逻辑的程序，这种对“规范”仪式要求的不断演练和重复，对信徒们起到了规训作用，也强化了这一组织群体的凝聚力。各国在重大国庆日举行的阅兵表演仪式，一般也都形成了固定的传统模式，这种政治仪式中其实包含了展示国威、操练民众、巩固权威、增强认同等多方面的政治诉求，是统治者精心策划组织的表演活动。还有各国政治领导人的宣誓就职仪式，也是借助于传统的发明来巩固统治者执政地位的。当然，与古代

---

① ［美］E. 希尔斯：《论传统》，傅铿、吕乐译，上海人民出版社 1991 年版，第 249—250 页。

② ［英］约翰·汤普森：《意识形态与现代文化》，高铦等译，译林出版社 2005 年版，第 67—69 页。

那些虽然神秘但目的明确的政治仪式相比，现代的政治仪式更加“工于心计”、“含糊暧昧”，它们在现代高科技媒介的帮助下，以更加隐晦的形式伪装起来，影响更为深远。总之，那些发明的传统，特别是一些政治传统，往往都是经由统治者严格挑选或把关的，一经确立它们便承担起意识形态的教化功能，整合人们的思想，促进社会团结，增强政治认同感，使人们在对传统的传承中更好地服从当前统治。

最后，传统的发明还常常成为统治者驯化外部世界的工具。在全球化进程中，各国政治势力都在谋求自己的全球战略，其中文化殖民在当今国际政治中运用较多。文化殖民的具体手法是灵活多样的。手法之一是以自身文化为基础构建普世价值。每一个民族都有自己的民族文化和价值追求，然而，一些经济和文化皆取得强势的国家和民族，常常将自身的文化和传统界定为普世价值，从而向其他国家民族进行强势推进和渗透。他们以“现代”、“文明”自居，蓄意将被殖民国家的传统文化贴上“落后”、“野蛮”、“非理性”的标签，丑化被殖民国家民族的传统文化，进而在推进现代化的大潮中，以自身的文化系统改造被殖民国家的文化传统，并在那里建构起新的文化传统，实现文化殖民与政治殖民的“合谋”。手法之二是将本国的某一传统嫁接到被殖民国家，以服务于其殖民统治。比如在欧洲向非洲殖民的过程中，非洲既未向其征服者提供固有的帝国体系，也没有为他们提供现存的有关荣誉和地位的主要仪式。非洲和欧洲统治体系间的已有联系只能建立在君主制层面，于是，英国人在非洲比他们在英国更加广泛地使用了“帝国君主制”的观念。其中有关一个无所不知、无所不能和无所不在的君主的“神学理论”，几乎是呈现给非洲人的帝国意识形态的唯一内容。[①] 这种理论宣传既可以使白人的统治显得合理，又可以树立起帝国的意识形态。英国殖民者希望借助白人与黑人同属于大英帝国的观念促使非洲的酋长、长老等人与他们合作。文化殖民的手法之三是，以被殖民国家的传统为纲领，根据新形势的需要建构起属于被殖民国家的传统，从而更顺利地实现其殖民统治。比如，19 世纪殖民统治前的非洲人处于多种“部落”认同中，“绝大多数非洲人都在多种认同之间摇

① ［英］霍布斯鲍姆、T. 兰格：《传统的发明》，顾杭、庞冠群译，译林出版社 2004 年版，第 271 页。

摆，有时将自己界定为这一酋长的臣民，有时是那种教派的成员，有时属于这一氏族，有时又是那一职业行会的成员，这些相互重叠的联系与交流的网络扩展到广大地区之中。因此‘部落’制度的界限和其中的权力等级制并没有在概念层面上界定非洲人”。[①] 英国殖民者为了与非洲政治、社会、法律制度之间建立联系，便针对非洲部落认同的具体情况，为非洲发明了其本土的部落传统。部落被看作是拥有共同语言、单一社会制度和已确立的习惯法（所谓非洲的习惯法也是殖民者的发明）的文化单位。正如每一个欧洲人都属于一个民族一样，根据新部落传统规定，每一个非洲人都属于一个部落。因此可以说，“现代中非部落并不完全是殖民统治前之过去的残存物，而在很大程度上是殖民官员和非洲知识分子的殖民创造”。[②]

当然，发明一个传统要比发明之后调整以及使之更灵活容易得多。这些传统的发明如果缺乏真正的群众共鸣，就无法动员公民自愿参与。也就是说，有意识的发明最终能否成功取决于它被公众接受的程度。

第三节 卡里斯玛的祛魅与再造

现代性已经对一个传统的世界进行了“祛魅”，魅力型统治已经日薄西山，政治领袖也从“卡里斯玛”变成了理性的权威。然而，卡里斯玛的衰落并不意味着它的完全消失，在现代社会它依然存在，现代卡里斯玛最典型和特殊的表现形式是法西斯极权主义。

一 卡里斯玛的祛魅与衰落

卡里斯玛式权威是制度的创新者，作为一种统治模式，它在定义上与持久的组织制度格格不入。彻底的卡里斯玛型领袖敌视规则并试图改变或颠覆日常传统，但是门徒们却总是希望看到领袖人物的非凡地位保存于日常生活中。于是就出现了对卡里斯玛的神圣性期待与日常化要求之间的两难。实际上，在韦伯的观念体系中，卡里斯玛存在着“纯粹类型”与

---

① ［英］霍布斯鲍姆、T. 兰格：《传统的发明》，顾杭、庞冠群译，译林出版社 2004 年版，第 318 页。

② 同上书，第 319 页。

“实际经验”之分。纯粹的卡里斯玛主要存在于组织形成的初始阶段，具有特殊性和不稳定性。在实际世俗生活中，随着组织规模的扩大，卡里斯玛型领袖本人也渐渐希望这种被尊重的情形和支配者的地位能够长久维持，其门徒们也常常憧憬将卡里斯玛从一种个例的、昙花一现的、随机的并在非常时刻降临于非凡个人身上的恩宠，转变为一种日常的持久性拥有。[①] 于是日常制度不断再生产，制度权威则努力将系统维持在刻板化的轨道上。这样，制度化的卡里斯玛特质存在于社会的例行功能运作中，从而将卡里斯玛的特质赋予平凡的世俗角色，使得在社会生活的方方面面都有一种弥散性的卡里斯玛存在。

就卡里斯玛的制度化生成而言，王权的发展便是魅力制度合法化在历史上的一种特别重要的情况。卡里斯玛从其诞生时起就兼具神话和现实的二重性。历史上政治魅力的合法化曾经借助王权的发展来实现。起初，王国到处都是好战的王公。王权产生于魅力型的英雄主义。在从开化民族的历史中所熟知的王权的特点里，王权并非“政治”统治在发展史上的最古老的形式，而是一种超过家族权力的、原则上有别于家族权力的权力，因为它首先不是致力于领导人们同大自然进行和平的拼搏，而是领导着一个人的共同体同其他共同体进行暴力斗争的权力。王权的前身是所有那些保障帮助摆脱异常的外在和内在困境，或者成功地进行重大行动的魅力的体现者。早期的首领即王权的前身，还是一种模棱两可的人物：一方面是父权家长制的家庭或宗族首脑；另一方面是狩猎和战争的魅力型领袖、术士、求雨神棍、医师或仲裁法官。这些魅力的职能并非总是、但往往分裂为同样多的特殊魅力和特殊体现者。除了由家族权力产生的、基本上是行使经济职能的和平首领（宗族首领）外，常常还有狩猎和战争的首领，于是同前者相比，后者是在有自愿的追随者参加的卓有成效的征讨中，他的英雄主义经过考验，在胜利和战利品的基础上赢得的（在亚述的国王的碑文中，还列举战利品的数字，包括混杂着被打死的敌人的数字，剥下的他们的皮贴在城墙上表示被征服地方的范围，猎物以及带回用于建筑目的的黎巴嫩雪松）。这时，魅力型地位的获得，不考虑在宗族和家族共同

① ［德］马克斯·韦伯：《韦伯作品集Ⅲ：支配社会学》，康乐、简惠美译，广西师范大学出版社 2004 年版，第 280 页。

体里的地位，根本没有任何性质的规则。这种在魅力和日常生活之间的二元主义既存在于印第安人当中，例如在伊罗克森同盟之内，也存在于非洲，但在其他地方也屡见不鲜。①

其次，选举也是卡里斯玛产生的一种制度形式。韦伯特别强调卡里斯玛型领导在代议制政府中的作用：由最有权势的随从者们的指定而挑选继任者，以及通过公众的欢呼拥戴认可这一挑选，是西欧的一种代议制度的发端。一旦社会团体采取了挑选领导人物的做法，而不依赖最初意义上的卡里斯玛型领导，这种选择就变得与选举规则息息相关，而选举规则由社会传统或法律原则予以合法化。历史上这样的选举规则有两种。由于有权势的诸侯封臣或宫廷官吏或僧侣承接了或是被赋予了优先指派的权利，他们对继任者的挑选逐渐变成了一种寡头特权，而以大众的欢呼拥戴来表示接受这一选择则变得无足轻重了。这种寡头特权在天主教教会中、神圣罗马帝国中以及许多城市中得到发展。在这些城市里，诸统治家族通过内部选任而挑选出主要官吏，把市长或地方当权者的身份地位降为“平辈中的首席”，并完全排斥了整个社群的参与。另一种选举类型则对下述原则逐渐加以完善：最高统治者必须由公众的欢呼拥戴予以认可。这个原则往往从欢呼拥戴一位卡里斯玛型领袖人物，演化为由被统治者选举出一个新的统治者。但是，充分发展的代议制度仅仅发生在西方文明中，而且是非常缓慢地发生的。②

再次，教育成为再造卡里斯玛的重要手段。卡里斯玛是持久制度结构中一个经常出现的因素，因为权力的行使与某个具体人物及其与众不同的品质紧密相关。一旦魅力的能力变成一种业务的品质，这种品质可以通过某种手段转让授予，开始是通过纯粹魔法的手段，那么这就已经走上了这样的道路，即魅力的能力从一种对其占有只能由试验和验证的、但是不能传授和学会的恩赐，变为某些原则上可以得到的东西。这样一来，魅力的

---

① ［德］马克斯·韦伯：《经济与社会》下卷，林荣远译，商务印书馆 1997 年版，第 481—482 页。

② ［美］莱因哈特·本迪克斯：《马克斯·韦伯的思想肖像》，刘北成等译，上海人民出版社 2002 年版，第 328—329 页。

能力就变为教育的可能的课题。[1] 也就是说，卡里斯玛资质可以变成教育的对象。这种教育的目的在于通过整体人格之重生而唤醒具有卡里斯玛担当者的能力并对其资格进行试炼、确证与选拔，于是卡里斯玛逐渐演变成一种业务或是职业的品质和象征。当然教育打造出的卡里斯玛与原始卡里斯玛的爆发有着天壤之别。一方面，程式化的卡里斯玛教育很难培养出卡里斯玛原先的颠覆性和创造性，愈发成为统治者资格的附属工具和大众消费的固定程序；另一方面，卡里斯玛的教育不是出于卡里斯玛的自发演变，它往往沉溺于既定路线，或是培养出清一色的专业技能相同的职业机器，并通过种种手段给卡里斯玛打上了商标，最后又转化为传统或是官僚机构的固定模式。这种卡里斯玛资质向专门化教育的发展，导致了卡里斯玛的“祛魅”。

最后，在现代化的过程中卡里斯玛还不断遭遇理性化的挑战和冲击。随着近代西方社会的科学技术、法制化和市场化的发展，“实验科学和理性判断取代了迷信巫术和无知，以契约和货币为基础的市场经济摧毁了牧歌式的田园生活和乡土社会中的家庭关系，高度组织化的、职能分化的科层制度取代了传统社会的组织（行会、乡村社区）”。[2] 卡里斯玛在这一社会背景下也日益弱化。理性化被看成是整个现代化过程的实质和根本，而以往社会留下的种种传统则成了理性化或现代化的死敌。在马克斯·韦伯看来，“所谓理性化可以概括为一种原则，那就是按照一种统一的中心准绳，将所有事物（尤其是信仰和行动）都纳入一个统一的、前后一贯的逻辑系统之中，以最有效的科学手段来实现人们的理想目标。这和传统社会注重人伦关系、与生俱来的地位、乡土感情等原则是完全相反的”。[3] 希尔斯指出，“当前发达国家和不发达国家的一大批文人学者和政治家都在坚持和追求一种已经自成传统的‘发展’理想（‘dynamic’ ideals）。这是一些要求人们积极地、有意识地摆脱信仰和行动的实质性传统模式的理想。它们意味着应用抽象原则的理性，以及彻底地运用经验知识来实现

---

① ［德］马克斯·韦伯：《经济与社会》下卷，林荣远译，商务印书馆 1997 年版，第 483 页。

② ［美］E. 希尔斯：《论传统》，傅铿、吕乐译，上海人民出版社 1991 年版，译序，第 7 页。

③ 同上。

这些社会中迄未达到的目标。在西方社会中，‘发展’理想要求人们与传统的观察方式和行事方式决裂。达到理性化理想的那个过程的名称本身就相当重要；人们给它起了‘现代化’的名称”。① 在现代化大潮的推动下，人内心的激情和冲动逐步让位于按部就班的理性化安排，个人在整个社会大机器面前显得束手无策。原初卡里斯玛所能够创造出的狂热与期待也日益被这个冰冷的世界所消融。形式化的、非个人关系的因素上升到支配地位，人犹如机械动物一般冷漠和压抑，整个社会生活陷入程式化的包围之中。在这种情况下，对于卡里斯玛来说，只要它进入一个社会的持久性制度机构，它就让位给传统的权力和理性之社会化的权力。因此，“卡里斯玛的衰落”是一个重大的历史发展趋势。②

二 现代卡里斯玛与公民服从

卡里斯玛的衰落并不意味着它的完全消失，在现代社会它依然存在，只不过以另一种方式影响着社会政治生活和公民服从。现代卡里斯玛的最典型和特殊的表现形式是法西斯极权主义，其中德国纳粹主义、意大利法西斯主义、日本军国主义是世界法西斯主义的三大主要形态。

最初的法西斯运动是墨索里尼于1921年3月在意大利组织起来的，然而其根源存在于第一次世界大战之中。法西斯运动所采用的各种思想和口号在那些遭受战后幻灭和萧条的打击以及对意大利的欧洲二等强国地位极为不满的人们中间具有相当普遍的感召力。在整个欧洲和拉丁美洲，存在着许多仿效墨索里尼黑衫党的组织。在20世纪30年代，几乎每个欧洲国家都有一个法西斯主义政党，尽管它们在意识形态和纲领上各不相同。③ 就其政策和风格而言，法西斯主义运动具有极端爱国主义、极端民族主义和疯狂军国主义的性质。简单地说，法西斯主义极权统治下公民服从的方式是个人服从集体，集体服从领袖。

法西斯极权主义下公民服从首先建立在领袖崇拜的基础上。领袖人物

---

① ［美］E. 希尔斯：《论传统》，傅铿、吕乐译，上海人民出版社1991年版，译序第8页。

② ［美］莱因哈特·本迪克斯：《马克斯·韦伯的思想肖像》，刘北成等译，上海人民出版社2002年版，第347—348页。

③ ［英］戴维·米勒、韦农·波格丹诺主编：《布莱克维尔政治学百科全书》，邓正来主译，中国政法大学出版社2002年版，第266页。

的出现是极权主义的一个关键方面，他们通过运用暴力来清洗那些不同意某项政策或者可能对他们发动抵制的人，从而侵占了从前属于法庭、政治会议或专门化的国家官员的权力。这一切的实现都离不开警察和军队对领袖个人高度的心理归属感以及绝大部分民众的积极支持。就领袖人物在极权统治中的作用而言，一般群众可能非常脆弱，易受领袖人物所鼓吹的象征符号的影响，他们以偶像并通过激情的口号而思维，对领袖保持超常的信任，尽管领袖可能对他们实行处罚政策。民族主义情绪高涨时救世主的特点现在以极端的形式赋予了领袖人物，而信任则源于他真正的权威性。① 于是领袖集民族精神、意志和美德为一体，对领袖的崇拜，是法西斯主义的仪式和基础。

那么，现代卡里斯玛是如何建立起领袖崇拜的呢？身为一位领袖，如果想要让自己创立的宗教或政治信条站得住脚，就必须成功地激起群体想入非非的感情。群体无时无刻不在幻想，如果能够让他们在崇拜和服从中找到自己的幸福，就能够让他们随时准备为自己的偶像赴汤蹈火。② 概括而言主要有以下四点：首先，对群体的想象力善加利用，为群体提供一个鲜明的形象，使之产生幻想；其次，当群体开始沉湎于妄想中时，就要果断而大胆地对其进行洗脑，以夸大其词、言之凿凿、不断重复的方式来煽动群众的情绪；再次，当群众开始陷入狂热之后，则要以领导者的面目出现，为他们指出方向，用信念来激励他们，使得他们重新开始想入非非，并在其中找到属于自己的幸福；最后，当这些工作完成之后，领袖的崇拜已经被初步建立起来，剩下的工作就是建立一套行之有效的机制，来完成

---

① ［英］安东尼·吉登斯：《民族—国家与暴力》，胡宗泽、赵刀涛译，生活·读书·新知三联书店 1998 年版，第 355—356 页。

② ［法］古斯塔夫·勒庞：《乌合之众——大众心理研究》，戴光年译，新世界出版社 2011 年版，第 81—82 页。在这一点上，我们仍然可以在历史中找到例子。当我们回顾罗马帝国的历史时就会发现，维系这个庞大帝国存在五个世纪之久的因素根本不是武力，整个帝国的武装力量，只有区区三十个军团，然而却能够让整整一亿人俯首听命。这里面的秘诀就是偶像崇拜，而神就是皇帝本人！通过少数人的操纵，皇帝成为了罗马伟业的人格化象征，他就像神一样受到了全体人民的一致崇拜。只要在罗马帝国的疆域之内，即使是最小的城镇也设有膜拜皇帝的祭坛。根据史料显示，在基督教兴起之前的许多年里，罗马帝国的所有城市里，都建造了纪念奥古斯都皇帝的神殿。为了维持这种机制，每个城市还专门选举了一名大祭司，他是当地的首要人物，权力与威信都要凌驾于市政官与治安官之上。参阅［法］古斯塔夫·勒庞《乌合之众——大众心理研究》，戴光年译，新世界出版社 2011 年版，第 81—82 页。

对宗教感情的维护。①

墨索里尼曾是社会主义政党的组织者和宣传家，他能以极大的干劲和宣传上的成功来娴熟地应用发动群众运动的技巧；他精通如何使用象征手法和准军事组织仪式，如统一的制服、群众游行、示威进军；他还擅长利用有关青年运动的整套道具和舆论控制，来加强自己的个人领袖魅力以及作为独裁者所拥有的政治权力。② 希特勒无论在大众革命战略、大众宣传和政党组织的应用方面，还是在对大众传播媒介、民族主义象征和口号的控制上，都是极为成功的。他充分利用德国人对极权式独裁统治和战斗荣誉的偏好，以及对凡尔赛列强的报复心理，鼓动德国青年；运用有关大众革命的全部手段以推动其病态的反犹主义的种族主义目标，并培植他作为"新革命"领袖的个人魅力及其权力。③

其次，法西斯极权主义下的公民服从是在法西斯意识形态的推动下实现的。法西斯主义的意识形态包括："相信上帝特选的民族集团享有高于其他所有种族和少数民族的至上地位；个人完全服从于绝对领袖或元首领导下的绝对国家；取缔所有的次级自治机构；摒弃议会民主制机构及其价值观代之以法西斯主义独裁制；彻底反对和平的国际主义；把扩张主义和征服外邦的对外政策当作国家的自然'命运'。"④ 他们甚至明确主张："战争已在多方面证实了索列尔、米歇尔斯、帕累托和勒邦所表述的观点行之有效，即：民众需要神话，他们只想服从，而民主只是一种烟幕。"⑤ 法西斯主义注重人民的紧密团结与统一，重视列队前进、阅兵式以及制服，用歌声和火炬，用对体力、暴力和残忍的崇拜取代了自由讨论。⑥ 意识形态控制的重要目的在于塑造一种紧密且封闭的集体性共同体。这个共同体之建构必须严格地区分内外的威胁，或所谓的共同体的"敌人"，这些"敌人"包括犹太人、共产主义或社会主义党人、英法的腐败的物质

① ［法］古斯塔夫·勒庞：《乌合之众——大众心理研究》，戴光年译，新世界出版社 2011 年版，第 81—82 页。

② ［英］戴维·米勒、韦农·波格丹诺主编：《布莱克维尔政治学百科全书》，邓正来主译，中国政法大学出版社 2002 年版，第 266 页。

③ 同上书，第 267 页。

④ 同上。

⑤ 同上书，第 269 页。

⑥ 同上。

文明，以及身心障碍者等。只有在伟大领袖的领导下，灭绝这些腐败的因素，才能建立起一个健康、强壮的共同体。[①]

这些意识形态的观念对社会民众，尤其对青年人的感召力是很强的。在这些意识形态的影响下，民众普遍认为，只要意志坚强，具有主观奋斗精神，就没有办不成的事情；意志的实现需要权力的支持，人生的目的在于通过掌握和运用权力来扩张自我。希特勒的自传体《我的奋斗》一书极力鼓吹，只要有坚强的意志和主观奋斗的精神便可以战胜一切。许多希特勒信徒深受毒害，以此作为个人的精神食粮，追随“领袖”，甘当侵略战争的炮灰。这种理论无视社会现实和客观规律，拒绝理性思维，蔑视广大民众，是一种极端自大狂妄的荒谬邪说。日本军国主义则鼓吹日本传统的武士道精神，号召民众对天皇和主人绝对效忠，大力宣扬“宁为玉碎，不为瓦全”的勇敢作战精神。事实证明，这些思想“洗脑”在后来的法西斯行动中发挥了重要作用。

最后，法西斯极权主义下公民服从依靠强权和暴力。对法西斯主义而言，暴力和战争是绝对的，“战争构成了法西斯主义者的全称命题”。[②] 他们认为，只有战争能使人的能量达到最高状态并在有勇气面对它的人身上打上高贵的印记。[③] 于是，寻求“永久和平”的康德式信念和社会主义者“以战止战”的宣言，被“战争、战争再战争”这样一种法西斯主义特别幻想的战争理想与映像所取代。[④] 进而，法西斯主义者借助暴力系统要求对单一的领袖效忠，以诉诸利他主义的宣传方式来正当化对个体的压迫，于是日本军国主义奉行“强权政治、武力征服”。墨索里尼主张武力能战胜一切，“强权就是公理”，无论在国内还是在国际社会，都必须实行强权统治，进行武力征服。希特勒在这方面的影响更大，通过纳粹的准军事恐怖组织，如冲锋队、党卫军和后来的盖世太保，希特勒政权得以肆无忌惮地实施血腥而又暴虐的大规模恐怖主义，如集体屠杀、种族迫害和种族

---

① 蔡英文：《政治之罪恶与宽恕的可能性：以汉娜·阿伦特的解释为焦点》，载于刘擎编《权威的理由》，新星出版社 2008 年版，第 297 页。

② ［英］马克·尼古拉斯：《法西斯主义》，袁柏顺译，吉林人民出版社 2007 年版，第 29 页。

③ 同上书，第 27 页。

④ 同上书，第 29 页。

灭绝，同时在1933年纳粹革命后的最初几个月内将所有有组织的群众性政治反对派的支持基础完全铲除。于是1933年以后，控制整个德国社会的实际和潜在的巨大权力已落入纳粹党之手，并且以极为惊人的速度发展成为极权主义权力。[①] 所有这些运动都将大众革命的战略同残忍的极端民族主义、对非理性、违法乱纪和暴力的推崇，以及反共狂热混杂而成的反动的意识形态结合起来。

那么，法西斯主义是否已随世界反法西斯战争的胜利而消失了呢？尼古拉斯认为："将法西斯主义看做是一种结束于1945年或1945年左右的历史现象，这样会鼓励一种危险的遗忘：没有看到法西斯主义是现代性的一种特征，没有看到法西斯主义仍未寿终正寝。"[②] 其实，无论多么了不起的人物，也不管他曾经做出过多大的贡献，一旦被民众推上"神坛"成为绝对政治权威，民众如木偶般对其俯首称臣、顶礼膜拜，那么法西斯主义的人间悲剧必将重演。政治领袖不是"圣人"，也不是"人间神"，他们同普通公民一样存在着权欲、性欲、物欲等"凡人欲望"，他们手中的权力必须在合法轨道上运行才不致上演人间悲剧。如果民众仍沉迷于对政治领袖的盲目崇拜，那说明这个民族的思维和心态就仍然停留在前现代政治伦理中，这样的国家就不是真正意义上的现代国家，其民众就难以称得上是现代公民，而是神权观念和皇权思想支配下普遍处于奴役状态的臣民。

---

① ［英］戴维·米勒、韦农·波格丹诺主编：《布莱克维尔政治学百科全书》，邓正来主译，中国政法大学出版社2002年版，第267页。

② ［英］马克·尼古拉斯：《法西斯主义》，袁柏顺译，吉林人民出版社2007年版，前言，第4页。

第三章　主义与修辞:公民服从的话语谋略

政治统治与话语密不可分。现代政治生活的一个重要事实是，统治者主导了政治事件和行为的意义阐释权，垄断着社会事实和历史事件的解释权，这种阐释或解释的关键并不在于是否与真实相符或与社会成员的亲身体验相合，而在于阐释或解释本身成为一种权威话语，并且被加之于社会成员身上。这种经由统治者对被统治者在物质和道德上的优势所形成的支配性话语，构成了政治社会中的各种话语霸权，它试图封闭对社会现实进行其他说明或解释的可能性，使个体归属、依赖和屈从于统治集体。此外，统治者还充分运用各种政治修辞手法以增强话语表达效果。于是在各种主义话语的精心编织以及政治修辞手法的灵活运用下，统治者建立起专属于己的政治话语霸权，鼓舞或强迫人们理所当然地采取行动，以最大限度地实现公民服从。

第一节　从“谎言”到“主义”

一　“高贵的谎言”

“说谎”是一个古老的伦理问题，也是一个政治问题。“说谎”不仅涉及“说”的内容的真实性，还包括说谎的对象，以及说谎的表达方式。因此，“谎言”不仅是形而上学中真之为真的映显，而且如何说本身就是一个人道德底色的彰显；对谁言说、怎样言说同时构成了政治性生活的基本事件。在柏拉图的《理想国》中，有一段关于“高贵的谎言”的叙述，这个“谎言”已成为思想史上一个重要议题。

柏拉图为什么要编造谎言？“高贵的谎言”还是不是谎言？“谎言”如何变得“高贵”呢？

柏拉图借助于腓尼基人的传说叙述了一段关于国家统治秩序的“谎言”。[①] 就谎言的目的而言，它不完全是彻头彻尾的谎言，因为它对人有时大有裨益：对于发疯乱来、胡搅蛮缠和傻头傻脑要干坏事的朋友来说，谎言可以像“有用的药物”那样，起到治疗和预防作用。“只有城邦的统治者可以说假话，为了应付敌人或城民，为了城邦的利益，其他人都不能这么做。然而，当个人对城邦的统治者说假话，我们会说，他犯了种类一样但性质更严重的错误，如同病人对医生或运动员对教练不说出自己身体的真实状况，或某人对船长不说出有关他们的船和其他船员的事情，不说他自己或他同船伙伴目前的情况怎样。”[②] 就谎言的内容而言，这个传说表明，人都是由大地母亲孕育而生的。虽然大家都是一个城邦中的兄弟，但有这么一位塑造神，凡是人们中具有足够统治能力的人，他在这些人的生产模型中加了金子，因此这些人最有价值。他给所有的助手加了银子；给农夫和其他手工业者加了铁和青铜。尽管所有人都来自相同的模型，人们自己却只能生育出基本上和自己本性相同的后代。当然，也存在这样的可能，金质的父亲生出一个银质的儿子，或金质的儿子产生于一个银质父亲等等。这位神灵首先并且特别着重地告诫占据统治地位的人们，没有任何东西如此需要他们充当优秀的卫士，也没有任何东西如此迫切地需要他们去维护，那东西就是他们的后代，以及这些后代灵魂中的组成成分。如果他们的后代生来只有青铜或铁的素质，这些后代就应该去当手工业者或农民；如果后代具有金质，就应当推荐他们去当城邦的卫士；如果后代具有银质，就应当推荐他们去当随从助理。一旦铁质或铜质的卫士出来捍卫城邦，城邦将会毁灭。[③] 这个故事是对一种自然等级秩序的隐喻，柏拉图认为，在城邦中每个人按照自己的天性做好各自分内的事情，这个城邦才是和谐正义的。就谎言的限制条件而言，这种特殊的谎言是一种“处方药”，必须严格管理。用苏格拉底的话说，这种对人有用的药必须交给医生，一般人绝不能染指。

这个谎言之所以高贵，主要在于它完全服务于城邦的统治。一方面，

---

① ［古希腊］柏拉图：《理想国》，王扬译注，华夏出版社 2012 年版，第 125 页。

② 同上书，第 89 页。

③ 同上书，第 126 页。

如果成员们真的相信了传说内容，承认自己的生命源自土地，这就很容易在他们与城邦之间建立起天然的血缘纽带，成员们也会对城邦抱以无限忠诚，必要时甚至会献出自己的生命。另一方面，如果成员们承认现有社会阶层的划分是由神所赋予的金属元素所决定的，那么每个阶层的成员都会安于现状、安分守己、各居其位、各尽其职：农民工人辛勤劳作，安心生产；战士们热爱城邦，誓死卫国；被统治者心甘情愿服从统治者的管理，毫无觊觎之心；统治者认真履行职责，决不滥用公权。如果所有成员都具有忠诚、本分这两种美德，那么城邦的政治统治无疑将极其有序、稳定和和谐。苏格拉底明确承认，这个传说只是一种统治工具，是由最具理性的哲人制造出来，并通过强制手段令城邦成员相信。虽然不真实，却是为了实现终极正义而被制造出来，正因如此，苏格拉底才把神话称为“高贵的谎言”。

也就是说，柏拉图对话中的这个“高贵的谎言”是为完成高贵秩序的教化才被迫言说的。在苏格拉底看来，高贵的实现所呈现的真使得谎言在言辞中所彰显的假被消解，谎言在政治生活中的重大意义消解了其内容上的虚假性，其高贵之处在于它完全是着眼于国家利益的。换言之，谎言一旦披上高贵的外衣，就不再是谎言了。

在今天的政治生活中，是否依然存在“高贵的谎言”呢？答案是肯定的。为了培养公民的忠诚和顺从，为了证明领袖的神圣和正义，一个又一个谎言被炮制出来。每一个都是为了国家的利益，每一个都是“高贵的谎言”。目前为止，世界上曾经存在过的绝大多数政体，都是靠“高贵的谎言”来维系的。在编织、利用“谎言”方面，历代统治者远比苏格拉底更具热情，只不过今天这些“高贵的谎言”是以各种“主义”话语的身份出场的。

二 “主义”话语

社会生活秩序的建构，需要一套意义的解释系统，以便确定基本的生活法则和生命取向。话语不仅反映和描述社会实体与社会关系，话语还建造或“构成”社会实体与社会关系；不同的话语以不同的方式构建各种至关重要的实体，并以不同的方式将人们置于社会主体的地位。[①] 其实早

① ［英］诺曼·费尔克拉夫：《话语与社会变迁》，殷晓蓉译，华夏出版社 2003 年版，第 3 页。

在古希腊城邦时期，话语便成为国家权力的关键和重要的政治工具，希腊人后来把话语的威力变为一个神：说服力之神“皮托”（Peitho）。那时，话语意味着针锋相对的讨论、争论、辩论。所有那些原来由国王解决的属于最高领导权范围的涉及全体人利益的问题，都通过论战来解决。它要求说话者像面对法官一样面对听众，最后由听众以举手表决的方式在论辩双方提出的论点之间做出选择。这样，政治和逻各斯就有了密切的相互联系。政治艺术主要就是操纵语言的艺术。[①] 话语的强大社会功能使得话语分析成为人们关注的焦点。

“主义”是指人们极力推崇和强力推行的理想或主张。“主义”话语是带价值论断的社会化思想言论，这些论述以某种知识学的论证来加强价值论断的正当性，以此促成不同程度的社会化行为。“主义”话语要么为某种社会行动辩护，要么鼓动某种社会行动，具有社会行动的功能，成为社会实在的一个结构因素。[②] 并不是任何思想论述都具有“主义”话语的性质，只有当某种思想话语进入社会化推论和诉求时，或当某种由个体提出的思想论述要求社会法权时，思想论述方才转换为“主义”话语。[③] 简而言之，“主义”话语是以谋求社会法权为旨归，运用知识学方法来证明，并带有特定价值倾向性的政治与社会思想言论。所有的“主义”话语都有阶层归属、群体归属，并与个体和集体的信念及利益相关。“主义”话语一经形成，便极力谋求对政治、经济与社会秩序的支配。

“主义”话语的纷繁复杂是现代社会的一个基本现实。“主义”话语是世界观的现代样式，与古代社会不同，现代社会世界观的表达更多地带有个体性和社群分化的浮动性，同时现代社会的激剧变动使“主义”话语或“某种世界观”层出不穷。[④] 一般而言，正当性论证及其实在形态的建构，总是由知识人承担的。古代社会的知识更多是宗教性的，知识精英们大多具有宗教身份，如先知、长老、智者、儒生、僧伽、卡里斯玛等。

---

① ［法］让－皮埃尔·韦尔南：《希腊思想的起源》，秦海鹰译，生活·读书·新知三联书店 1996 年版，第 37—38 页。

② 刘小枫：《现代性社会理论绪论——现代性与现代中国》，上海三联书店 1998 年版，第 198 页。

③ 同上。

④ 同上书，第 268 页。

现代社会制度和文化秩序的转型，亦是知识类型和承担制度与秩序之正当性论证的知识精英阶层的转型。掌握以现代型经验理性为基础的社会科学知识的专家，成为社会制度和文化秩序之建构和正当性论证的承担者。由于现代社会的高度分化，现代知识精英阶层的一体化程度远不如古代的宗教型知识人；亦由于超越秩序的理念被拒斥，现代社会知识系统的一体化程度亦不如古代的宗教性知识系统。因此，“主义”竞争不可避免，并会持续紧张。[①] 许多“主义”话语者以极富煽动性和优越性的论述来确证自己的主张，促成非理性的革命式变革的社会行动，或以救世主性的社会化形式运用知识论述，加剧社会政治冲突，最终导致专权政治统治。[②] 寻求古代式的一体化文化秩序已不可能，可以寻求的是，如何使“主义”竞争或韦伯的“诸神之争”具有一个合理化的秩序。[③] 也就是说，让各种社会集团产生相互依赖的意识，意识到自己“主义”论述的特定社会时空位置及其限制。[④]

三　作为意识形态的“主义”话语

一旦“主义”话语获得社会法权，就成为意识形态。[⑤] 简而言之，“意识形态是具有符号意义的信仰和观点的表达形式，它以表现、解释和评价现实世界的方法来形成、动员、指导、组织和证明一定的行为模式或方法，并否定其他一些行为模式和方式”。[⑥] 通俗地说，意识形态就是一种官方话语或国家精神。它的基本功能在于，提升主导价值，引领政治社会化过程，强化政治统治的合法性基础。

一般认为，“意识形态”一词是法国18世纪启蒙时期一位哲学家特莱西首先使用的。他在1796年杜撰出这个术语来表示一种可能存在的

① 刘小枫：《现代性社会理论绪论——现代性与现代中国》，上海三联书店1998年版，第285页。

② 同上书，第279页。

③ 同上书，第285页。

④ 同上书，第279页。

⑤ 据此，刘小枫主张将话语分为三个不同层次：个体言说、“主义”论述和意识形态。参见刘小枫《现代性社会理论绪论——现代性与现代中国》，上海三联书店1998年版，第198页。

⑥ ［英］戴维·米勒、韦农·波格丹诺主编：《布莱克维尔政治学百科全书》，邓正来主译，中国政法大学出版社2002年版，第368页。

“观念科学”，这种科学从未得到发展，但该词是有用的。拿破仑一世时代之后的法国和德国的作者都用它来意指两种事物。对于他们而言，意识形态是一种既是理论又是政纲的系统世界观，它体现出一种逻辑或观点上的一致。但它也可能是一种扭曲之见，因为它完全背离了实证客观而只是体现了理论家的情感、恐惧、欲望或错觉。因此，意识形态是一种用曲解的方式对世界进行的解释，而这种曲解就存在于曲解者的心智和表达之中。①

“意识形态”自特莱西提出后，在两个世纪的概念旅行中主要有两条路径。一条是从特莱西的理性主义观念出发，“以启蒙运动为开端，经过迪尔凯姆（Durkheim）到近来结构主义和经验主义的修订，它强调社会意见的一致本性，对真理作玄想式的阐释：真理与现实相对应，观察和理性应能使所有拥有善良意志的人，通过运用与自然科学中所确立的方法并非截然不同的社会科学方法，认识这现实”。“第二条路径起源于德国，最初与黑格尔、马克思联系在一起，经过曼海姆（Mannheim）下溯至哈贝马斯。在这里，强调的不是经验观察，而是创造真理。各种社会被视为被矛盾撕裂开的、变化着的实体，而非由稳定的一致同意结合在一起。不相信存在任何‘客观的’方法来决定什么是真实的人，倾向于采用一种融贯的真理理论。这在社会问题上尤其如此，自然科学的方法被认为不适用于解决这些问题。”② 这两条路径的主要差别在于，前者将意识形态视为一种观念的科学，从社会的统一性出发解释社会矛盾，而后者则从社会的矛盾性出发批判社会的统一性。因此，意识形态的功能也发生了变化，前者将意识形态视为从理论角度缓和甚至弥补社会矛盾的工具，后者则将意识形态认作社会矛盾的本质，同时也是双方进行斗争的理论工具。③

人们为什么需要作为意识形态的“主义”话语呢？首先，意识形态可以帮助人们更容易地对待现实。加迪斯认为，“意识形态为理解复杂的

① ［英］戴维·米勒、韦农·波格丹诺主编：《布莱克维尔政治学百科全书》，邓正来主译，中国政法大学出版社 2002 年版，第 367 页。

② ［英］大卫·麦克里兰：《意识形态》，孔兆政、蒋龙翔译，吉林人民出版社 2005 年版，第 12 页。

③ 王海洲：《合法性的争夺》，江苏人民出版社 2008 年版，第 92 页。

现实提供简单的模式。意识形态指示着历史运动的方向。意识形态靠言辞赋予行动以正当性。因为意识形态履行着这些功能，所以形形色色的意识形态吸引着各国领导者，以它们来指导行动”。[①] 也就是说，在人们认识和改造世界的过程中，意识形态能够帮助人们认识世界的面目，从而引领社会前进的方向；通过社会动员巩固社会政治秩序、增强社会团结；通过对政治统治合法性的论证，维护当政者的政治统治。其次，意识形态有助于社会一体化的形成。意识形态的权力就是借助于对某种形式的知识或学说的掌握，甚至借助对信息或行为规则的掌握，对其他人的行为施加某种影响，使得一个群体的成员得以做出某种行为。那些掌握知识的人——无论他们是传统社会的神职人员，还是世俗社会的科学家、工程师或是所谓的知识分子——的社会重要性在于，正是通过他们所传播的知识或是他们所尊崇与教诲的价值，每一个社会群体才得以通过意识形态凝聚为一体，从而推进整个社会的一体化进程。[②] 最后，意识形态源自生活世界。意识形态不是空中楼阁，它的实际价值和功能在于解决和处理“与人类攸关的问题”。如果一种意识形态不再能够满足人们的生存和利益要求，那么它将被另一种新崛起的意识形态所取代并逐渐被消解，或者它将努力实现自我转型，将自身包糅在新继起的意识形态而成为其中的因子。因此，无论人们是否喜欢意识形态，都必须面对而无法逃避。

总之，意识形态集“主义”与“问题”于一身，它的标准是实用，而不是逻辑。[③] 它主张为了人类的需要去描述和规范一些事情，既要使某些活动或安排合法化，又能将个人整合起来，使之能够为了一定的目标而团结一致。[④] 人类可以选择或拒斥“主义”，却无法回避和逃脱与人类攸关“问题”的控制。正因为人类历史发展的实际需要以及社会成员自身

---

① ［美］雷迅马：《作为意识形态的现代化：社会科学与美国对第三世界政策》，牛可译，中央编译出版社2003年版，序言，第7页。

② ［意］诺伯特·波比奥：《民主与独裁：国家权力的性质和限度》，梁晓君译，吉林人民出版社2011年版，第81页。

③ 比如，芬利认为，在古代意识形态意味着稳定，一种避免冲突常发，尤其是内战那种极端形式的冲突的能力。参阅［英］M.I. 芬利《古代世界政治》，晏绍祥、黄洋译，商务印书馆2013年版，第172页。

④ ［澳］安德鲁·文森特：《现代政治意识形态》，袁久红等译，江苏人民出版社2005年版，第24页。

存在与发展过程中遇到的诸多问题，才促使意识形态得以形成，并随着现实的发展而变迁。人可以在不同的意识形态之间做出选择，却无法完全摆脱意识形态的控制，从意识形态中完全解放出来。同样，“任何一个阶级如果不在掌握政权的同时对意识形态国家机器并在这套机器中行使其领导权的话，那么它的政权就不会持久”。①

第二节　意识形态话语与公民服从

意识形态话语作为一种具有操作性的价值输送系统，其主要目的在于通过塑造和改变民众的思维方式，以获得他们对输送者合法性的自愿认同。那么，作为一种权力关系的表达、建构和实践方式，意识形态话语是如何从合法性中获得推动力？又通过何种行动展现出来？它与公民服从之间存在何种关系？或者说，在公民服从中，究竟有没有意识形态意义上的操纵行为？如果有，它是以何种方式实现的？

一　主体建构与意义生产

1. 主体建构

主体是构成意识形态的基本范畴。② 阿尔都塞认为，“人生来就是意识形态的动物”③，“没有不借助于意识形态并在意识形态中存在的实践；没有不借助于主体并为了这些主体而存在的意识形态”。④ 意识形态正是通过对个体自我意识与身份认同的建构把“个体”变成“主体”。所有的意识形态都是通过主体这个范畴发挥功能的。

主体与个体是两个不同的概念。英国学者 J. 费斯克（John Fiske）认为，“个体为自然所产生，主体为文化所产生；个体理论关注人们之间的差异性并将这些差异解释为自然本性。相反，主体理论则关注人们在社会中的共通经验，这种经验是解释（我们认为）我们是谁的最为卓有成效

---

① 陈越编：《哲学与政治：阿尔都塞读本》，吉林人民出版社 2003 年版，第 338 页。

② 同上书，第 361 页。

③ 同上书，第 362 页。

④ 同上书，第 360 页。

的方式”。[①] 简言之，主体不是自然物，而是某种社会建构。比如女性可能具备男性的主体性，黑人可能有白人的主体性，工人阶级可能有中产阶级的主体性等。[②] 因此，只有用主体代替个体，才能真正理解意识形态对社会成员的影响。

意识形态通过语言载体把自然个体教化成主体。人是通过语言认识客体世界并与之打交道的，整个客体世界都飘浮在语言中。澳大利亚学者安德鲁·文森特（A. Vincent）指出：“我们生活于语言世界中，语言决定我们是谁、是什么。”[③] 从人的成长过程看，个体从自然人成长为社会人、文化人不可避免地要接受以语言为媒介的教化。语言不是空洞的，在政治社会化的过程中它总是自觉或不自觉地以一定的意识形态为导向，作为接受者的公民实际上在潜移默化中接受特定意识形态的支配，公民个人主体性的实质由意识形态的主体性取代。当然，当公民没有认识到自己生活在意识形态中时，他们的主体性就是虚假的；反之，当他们开始反思自己置身于其中的意识形态时，他们的真实的主体性才开始显现出来。[④]

意识形态把个体变为主体的过程还通过建构人们的世界观、自我意识和身份意识来完成。意识形态不仅是社会生活的重要组成部分，也是个人自身的组成部分；它不仅在国家和社会的宏观层面发挥作用，而且也在个体的微观层面运作。所有的意识形态都试图把具体的个人呼唤或传唤为具体的主体。“在实践中被自然化了的意识形态标准不仅仅为我们构造了世界观，也构造了我们的自我观、我们的身份意识以及一般意义上的我们同他人、同社会的关系意识。于是，我们每个人都作为意识形态中的一个主体被构造。”[⑤] 意识形态通过赋予人们解释世界的特定视角与意义的方式来建构人的主体性即社会身份，从而将权力与知识联合起来。“意识形态在引导我们以某些方式解释世界的同时，就建构起了我们的主体性，亦即

---

① ［英］J. 费斯克：《英国文化研究和电视（上）》，汪民安译，载于《世界电影》2000 年第 4 期。

② 同上。

③ ［澳］安德鲁·文森特：《现代政治意识形态》，袁久红等译，江苏人民出版社 2005 年版，第 26 页。

④ 俞吾金：《从抽象认识论到意识形态批判》，载于《天津社会科学》1995 年第 5 期。

⑤ ［英］J. 费斯克：《英国文化研究和电视（上）》，汪民安译，载于《世界电影》2000 年第 4 期。

社会身份，它是权力和知识之关联结构的组成部分。单个主体在政治和心理上的社会化，有助于维持一种意识形态，有助于保全其解读和观察世界的方式，有助于将其特定的意义赋予我们所解读和观察的世界。"① 可见，意识形态是通过建构人们的世界观、自我意识、身份意识和身份认同，使人们在自觉或不自觉地回答"我是谁"、"我们是谁"的过程中形成自身的主体性。

意识形态在建构人的主体性的社会维度方面是多功能的。意识形态不仅在主体形成的社会维度产生作用，而且在塑造主体的欲望与心理方面起到控制、激发与治疗的作用。格尔茨认为，由于"社会持久的不良整合"造成了"无所不在"和"不可取消"的"社会摩擦"。② 这种摩擦或社会张力在个体人格层面上表现为心理张力和个人不安全感。"社会的不完善与性格冲突正是在社会角色的经验中被发现并被互相加剧"，而"意识形态是对社会角色的模式化紧张的模式化反应"。它为由社会失衡造成的情感波动提供了一个"象征性的发泄口"。③ 可以说，一定意义上，意识形态填补了现实与理想之间的情感鸿沟，因而确保角色的扮演者不会在灰心及绝望中放弃。④

意识形态通过文化符号建构出来的意义系统与意义模式，实现协调人的主体性的社会维度与心理维度。在现实政治生活中，利益问题、心理问题和文化问题相互交织在真实的社会交往与社会结构中。整个社会场域充斥着各种文化载体的符号，这些文化载体符号渗透在作为社会实践主体的利益活动和心理活动之中，成为联系、协调人的主体性的社会维度与心理维度的纽带与中介，而且作为文化与消费的意义体系取得了当代消费社会的统治地位。人们可以借用意识形态，通过文化符号建构出来的意义系统和意义模式深刻反思当代消费社会，特别对其无节制地激发人的欲望以及

---

① ［英］丹尼·卡瓦拉罗：《文化理论关键词》，张卫东等译，江苏人民出版社 2005 年版，第 5 页。

② ［美］克利福德·格尔茨：《文化的解释》，韩莉译，译林出版社 1999 年版，第 242—243 页。

③ 同上。

④ 同上书，第 244 页。

将“无休止的诱惑”作为“主导性的社会关系”的观念进行批判。[①] 这有助于人们对消费社会的意识形态保持一种理性的自觉和价值的批判。

2. 意义生产

意义本身是建构的产物。英国文化研究学派的代表人物斯图亚特·霍尔认为，意义不在客体、人或事物中，也不在词语中，而是由被表征的系统建构出来的。[②] 这种“建构过程”比发现意义本身还重要。一般来说，意义在不同的情境中总是会变化的，意义是人们通过对事物的使用、一定的情境以及表征的方式生产出来的。意义始终存在着“双重属性”，差异中有同一，同一中有差异，“意义”不停地被生产，被重新解读，始终处于变化流动中，既是同一的又是有差异的，在这一过程中，不同的权力、话语在这里冲突、碰撞和对话，而通过碰撞和对话，不同意见可以达成一种“共识”。

意识形态是一种创造物。意识形态是一种有目的意义生产，在不同的历史语境中具有不同含义。在大众传媒时代，意识形态的生产则是由书籍、广播、电视、广告等媒介实践来完成，在不同的社会和现实语境中，不同的作者、观众和媒介机构会生产、制造和解读出不同的“意义”。统治者正是利用这一特点，对意识形态进行有目的的意义生产，而意义生产的重要工具是语言。“语言既不是各种意义的传送者的也不是它们的接受者的财产。它是被共享的文化‘空间’，在这一空间里，意义的生产（也就是表征）通过语言而进行。意义和信息的接受者不是一个被动的屏幕，可以在上面准确和清楚地投射出原来的意义。‘获得意义’既是意指实践，也是‘置入意义’。说者和听者或作者和读者由于经常转换角色，是一个始终是双边的、始终是相互影响的过程的积极参与者。”[③]

在意识形态意义生产的过程中，现代大众传媒发挥了重要作用。大众传媒是不同社会利益阶层达成“舆论共识”的重要阵地，因为它不仅要服务于统治阶级，也要顾及其他阶层群体的利益。现代社会利益矛盾冲突

---

① ［法］吉尔·利波维茨基：《空虚时代——论当代个人主义》，方仁杰、倪复生译，中国人民大学出版社2007年版，第2页。

② ［英］斯图尔特·霍尔编：《表征——文化表象与意指实践》，徐亮、陆兴华译，商务印书馆2003年版，第21页。

③ 同上书，第10页。

复杂，舆论共识的形成往往要经历对抗、谈判和协商的漫长过程，但它的作用在于解决冲突、支持政府，并且当个人有所违反的时候向他们施加压力，舆论的效力总是不断地在新的场合中被发现：无论是在《圣经》还是在《荷马史诗》的讲述中，或是在远古时代没有文字记载的法律条文、神话故事里，以及尼伯龙根谚语中都可以找到。[①] “一个能让权力持续统治舆论和法律的方法便是，特定阶级或权力集团的利益能够结盟或者等值于大多数人的普遍利益。这个等价系统一旦实现，少数人的利益和多数人的意志就能够‘达成一致’，因为它们可以同时符合于各方都同意的舆论。舆论就成为一个媒介、一个调节器，这个在权力和共识之间的必然联盟（或等值）就通过舆论而得以实现。”[②] 总之，现代大众传媒通过出版物、广播和电视，每天用一定剂量向每个公民灌输民族主义、沙文主义、自由主义和道德主义等等，[③] 在不同阶层、群体间达成了“共识”。

意识形态常常借助于一些具体化的叙事谋略来进行意义生产。比如将一项过渡性的历史事态叙述为永久性的、自然的、不受时间限制的，以此来建立和支撑统治关系。通过将过程描绘为近代自然的事物掩盖其社会与历史性质，这样，作为具体化的意识形态就包罗了消灭或模糊社会—历史现象的社会与历史性质。在这种自然化谋略下，社会与历史产生的一项事态可以被处理为一种自然事件或者自然特点的必然结果，例如社会造成的男女分工可以被描绘为心理特点与两性区别的自然产物。再比如，将人为社会历史原因造成的地区性干旱洪涝等问题，归结为自然环境问题。此外，还可以通过把社会—历史现象被描绘为永久不变和不断重现的，以此来剥夺它们的历史性质。风俗、传统和体制看来似乎无限伸展到过去，它们具有难以打破的刚性，无论追溯它们的起源，还是寻求结果都是无法实现的。它们已经包罗在社会生活之中，它们的非历史性质也已被普遍确

---

① ［德］伊丽莎白·诺尔—诺依曼：《沉默的螺旋》，董璐译，北京大学出版社 2013 年版，译者序，第 7 页。

② ［英］斯图亚特·霍尔：《“意识形态”的再发现——在媒介研究中受抑制后的重返》，杨蔚译，《媒介批评》第一辑，广西师范大学出版社 2005 年版，第 202 页。

③ 陈越编：《哲学与政治：阿尔都塞读本》，吉林人民出版社 2003 年版，第 345 页。

认。简言之，意识形态可以在建构和重复中使偶发事件永恒化。[①]

二 话语独白与操纵说服

1. 话语独白

作为各种概念和词语体系的语言，话语是使人服从的最主要手段，人正是通过概念和词语领悟世界和社会的。[②] 意识形态话语作为一种具有操作性的价值输送系统，它不仅能够自圆其说，而且能够依靠其具有能动作用的实践器官提供富有攻击性的解释，从而令对象无法拒绝或者干脆接受其理论灌输。

意识形态首先通过对话语权的争夺和控制来迫使公民接受和服从。话语权能赋予话语主体向客体单向表述的力量，比如讲述历史，国王、掌权者、君主和他们胜利的历史，从而通过法律的延续，在这权力的中心及其功能的表现之中使人和权力合法地联系起来。再比如，在历史话语中通过光荣的典范和功勋令人难以忍受的强烈程度来使人慑服。这些话语在现实中常常还与特定的仪式结合起来，从而成为权力的操纵者和巩固者。[③] 意识形态通过对话语权的掌控，以不容争辩的态度扼制或者干涉了其他话语系统，形成话语霸权。政治学意义上的话语霸权特指一个具有政治权力的主体对其他政治话语体系的敌视和强势的阻遏干涉行为。[④] 它不一定表现为直接的威慑，往往在一个话语影响和对抗的层面上体现出来。霸权的关键是取得从属阶级的认同和被动顺从，这是比制裁和强迫更为有效的阶级统治方式。正是意识形态霸权的普遍性、深入性确保了社会和平，并将政府的强制性机器推至后台。唯有当自发性认同失去效用、社会危机来临时，国家才会公开诉诸暴力。[⑤]

意识形态话语霸权的重要表现是话语独白。“独白是政治权力为保卫其

---

① ［英］约翰·汤普森：《意识形态与现代文化》，高铦等译，译林出版社 2005 年版，第 73—74 页。

② ［俄］谢·卡拉－穆尔扎：《论意识操纵》，徐昌翰等译，社会科学文献出版社 2004 年版，第 104 页。

③ ［法］米歇尔·福柯：《必须保卫社会》，钱翰译，上海人民出版社 1999 年版，第 60 页。

④ 王海洲：《合法性的争夺》，江苏人民出版社 2008 年版，第 135 页。

⑤ ［美］詹姆斯·C. 斯科特：《弱者的武器》，郑广怀等译，译林出版社 2007 年版，第 382 页。

权力和秩序使用的强势话语述说形式”,[①] 在这种述说形式中，一方常常是占据绝对优势的独白者，如强大的国家、强势政府和执政党等；另一方则常常是以低姿态的聆听来协助独白者在程序上完善其话语统治的合法性的普通社会成员。作为一种话语形式，独白有其存在的客观意义。意识形态常常借助操控的施行建构独白性的话语秩序。在其述说的过程中，旁若无人的独白无须得到受众的允许或认可，即使在独白的间隙偶尔征求意见，那也是象征性的，对独白的内容影响甚微。[②] 也就是说，“一旦某种话语全权意识形态化，个体性话语就不可能有容身之地”。[③] “人民意识形态话语对意识规范力量是超强的，即使不考虑其他为其所用的政治强制手段。那种想在人民意识形态的总体言说中保持个体言说的企图，最终证明是失败的。”[④] 正因为如此，政治精英们经常使用独白式的话语，通过各种话语操纵技术，表达政治霸权的命令，以不容辩解的姿态宣布和维护自身的权威。

意识形态独占话语舞台时常常高调宣扬自己的立场。意识形态操控中的独白除了对手或敌人之外没有任何同台之人，它一方面向另一种与己相悖的意识形态宣战；另一方面又为自己的立场高调宣扬，从而成为“一种能提供政治认同及引导民众政治态度的符号模型”。[⑤] 除此之外，统治者还在价值系统中主观地设置一个敌人的形象，并执着于通过价值同化武器摧毁这个敌人，通过价值灌输和意识覆盖削弱价值系统中的反对声音，甚至成功劝说敌人的皈依。有时，这种独白的宣战行为来自于意识形态本身所具有的原始意蕴，“人们在任何一个历史发展阶段随时随地向他们的对手表示的不信任和怀疑，都可以被看作是意识形态这个概念的直接先

---

① 王海洲：《合法性的争夺》，江苏人民出版社 2008 年版，第 136 页。

② 同上。

③ 刘小枫：《流亡话语与意识形态》，载于刘小枫《这一代人的怕和爱》，华夏出版社 2007 年版，第 263 页。

④ 刘小枫：《流亡话语与意识形态》，载于刘小枫《这一代人的怕和爱》，华夏出版社 2007 年版，第 270 页。此处的“人民”是一种总体性的称呼，是每一个体不得不认同的，并听起来自然地拥有肯定价值的道义正当性。参见刘小枫《流亡话语与意识形态》，载于刘小枫《这一代人的怕和爱》，华夏出版社 2007 年版，第 266 页。

⑤ ［英］戴维·米勒、韦农·波格丹诺主编：《布莱克维尔政治学百科全书》，邓正来主译，中国政法大学出版社 2002 年版，第 369 页。

驱”。[①] 相比而言，自我宣扬则是政治权力为建构权威和合法话语体系的本职工作。[②]

国家权力的主人常常是意识形态话语的独白者。尽管意识形态的具体内容是变化多样的，但在话语秩序的建构上，它始终体现的是国家意志。在实际运作过程中，意识形态的话语独白通常都在权威而合法的环境中以强大的公共权力为后盾，建立、维护以及不断扩展国家意志。[③] 其实，“某种话语类型与现实政治权力的结合，并导致对另一种话语类型的政治迫害，亦是话语本身的一种生存论规定”。[④] 在独白中占统治地位的意识形态不仅“在产生意义的方式上是无可匹敌的”，而且在其促成的历史过程中，为所有人“建立了某种共同的规范和前景”。[⑤] 持异见者的政治无力感不仅来源于本身缺乏强大的社会动员能力，同时还来自于整个政治秩序内充斥着的“一元性的正义感”对其形成的普遍约束。独白不愿也不会认识到“只有在多元性的声音中，理性的同一性才是可以理解的”。[⑥] 因此，意识形态操控中的独白话语具有高度有效性，它以其封闭的诉说方式垄断了公共话语权。[⑦]

2. 操纵说服

话语体系具有潜在的影响、组织和操控政治社会存在和发展的权力。就意识形态操纵的目的而言，萨托利的表述非常直白：“意识形态是精英们操纵的一种关键性的杠杆，用以实现政治动员和最大可能的对群众的控制。在我看来，这就是意识形态对我们如此重要的主要原因。”[⑧] 拉斯维尔则认为，在资本主义出现及发展的过程中，“少数派”的每次胜利都与

---

① ［德］卡尔·曼海姆：《意识形态和乌托邦》，艾彦译，华夏出版社 2001 年版，第 71 页。

② 王海洲：《合法性的争夺》，江苏人民出版社 2008 年版，第 136 页。

③ 同上书，第 137 页。

④ 刘小枫：《流亡话语与意识形态》，载于刘小枫《这一代人的怕和爱》，华夏出版社 2007 年版，第 260 页。

⑤ ［美］米米·怀特：《意识形态分析与电视》，载于［美］罗伯特·C. 艾伦编《重组话语频道：电视与当代批评》，麦永雄等译，中国社会科学出版社 2000 年版，第 159 页。

⑥ ［德］哈贝马斯：《后形而上学思想》，曹卫东、付德根译，译林出版社 2001 年版，第 139 页。

⑦ 王海洲：《合法性的争夺》，江苏人民出版社 2008 年版，第 137 页。

⑧ ［英］大卫·麦克里兰：《意识形态》第二版，孔兆政、蒋龙翔译，吉林人民出版社 2005 年版，第 75—76 页。

对“多数派”的理想的诱导、掌握及转变联系在一起。“从‘神授君权’到‘人权’，从‘人权’到‘无产阶级专政’，这些就是现代世界政治史上几次主要的词汇变化。每一次都使一种长期以来被作为一种空想的希望的反抗语言变成合法制度的语言——一种意识形态。统治精英就是通过将元音和辅音进行各种新的组合而从人民大众中获得忠诚、血液和税款的。”[①] 作为一种思维改造的工具，只要社会中存在着矛盾和冲突，尤其是群体性的观念和利益冲突，意识形态的操纵说服功能便即刻发挥作用。[②] 事实上，政治精英正是通过各种意识操纵方式，将意识形态塑造成公民服从的精神领袖，从而为合法性做出了不容置疑的价值辩护。

在实践中，意识形态操纵的具体方式首先是传播。例如，在无产阶级革命和建设的过程中，列宁就曾肯定了不同阶级之间的意识形态对立，并且把马克思主义视为工人阶级意识形态的重要组成部分引入斗争之中，而社会主义的知识分子就充当了工人阶级意识形态的塑造者和宣传者，并以政党的形式介入政治斗争，使得意识形态成为阶级斗争的武器和场所。[③] 对列宁来说，资产阶级意识形态的力量在很大程度上是由于它对传播其思想的机构的控制。葛兰西也指出，“统治阶级的世界观被它的知识分子传播得如此彻底，以致变成了整个社会的‘常识’和它居于其中的‘情感结构（structure of feeling）”[④]，所以他主张：“一个政党应是一个教育机构，它能提供一种反向文化（counter - culture），这种反向文化的目标是在直接夺取国家权力之前，在市民社会的主要方面（与直接的政治机构相对而言）取得优势。”[⑤] 每一种意识形态国家机器都以其特有的方式服务于生产关系的再生产，“政治的机器使个人臣服于政治的国家意识形态，臣服于‘间接的’（议会制的）或‘直接的’（公民投票或法西斯主义的）‘民主的’意识形态。传播机器则利用出版物、广播和电视，每天

---

① ［美］哈罗德·D. 拉斯韦尔：《政治学：谁得到什么？何时和如何得到?》，杨昌裕译，商务印书馆 1992 年版，第 92 页。

② 王海洲：《合法性的争夺》，江苏人民出版社 2008 年版，第 96 页。

③ 同上。

④ ［英］大卫·麦克里兰：《意识形态》，孔兆政，蒋龙翔译，吉林人民出版社 2005 年版，第 36 页。

⑤ 同上书，第 41—42 页。

用一定剂量向每个‘公民’灌输民族主义、沙文主义、自由主义和道德主义等等”。[①]

意识形态操纵的另一重要方式是思维改造。意识操纵往往通过人为的行为编制程序对人施加精神影响，这种影响是暗中实现的，其任务是按照权力当局所需要的方向改变人们的意见、愿望和目的。[②] 在现代政治生活中，任何一种政治制度的国家都不会放弃在这个方面的努力，因为这已经不是简单意义上的对自身民族属性和传统的保护，同时也是该国政治治理的各个环节能否按照自身的节奏运作的关键，最为极端的当然是极权主义。[③] 汉娜·阿伦特在《极权主义的起源》中描述了那些意识形态思维中所特有的极权成分：第一，意识形态对事实的情况并不怎么感兴趣，它感兴趣的是对所有的历史事件作总体解释；第二，意识形态坚持认为，要想探索普通感官可感知事物背后的“真理”，只有那些拥有意识形态入门知识的人凭借第六感官才可能获得；第三，意识形态思维以一种在事实领域并不存在的连贯性进行，它从公认的、不证自明的假设前提出发，把事实整理到一种绝对的逻辑进程中。[④] 当极权主义的意识形态成为政治权力运行的指导思想时，它将带来按其目标重建社会的后果。与极权主义相对的是民主主义，但是“意识操纵一经变成统治技巧，民主概念本身便成为纯象征性的东西了，只把它作为一种意识形态的印记来使用”。[⑤] 意识形态操纵的含义正在于，“我们不强迫你去做，我们要潜入你的心灵，进入你的潜意识，达到你自己愿意去做”。[⑥]

意识形态思想传播和思维改造的操纵功能主要是由官方媒体和意识形态国家机器（阿尔都塞语）完成的。这两类机构相互支持合作，并力求

---

① 陈越编：《哲学与政治：阿尔都塞读本》，吉林出版社 2003 年版，第 345 页。

② ［俄］谢·卡拉－穆尔扎：《论意识操纵》，徐昌翰等译，社会科学文献出版社 2004 年版，第 39 页。

③ 王海洲：《合法性的争夺》，江苏人民出版社 2008 年版，第 96—97 页。

④ ［英］大卫·麦克里兰：《意识形态》第二版，孔兆政、蒋龙翔译，吉林人民出版社 2005 年版，第 71 页。

⑤ ［俄］谢·卡拉－穆尔扎：《论意识操纵》，徐昌翰等译，社会科学文献出版社 2004 年版，第 45 页。

⑥ 同上书，第 52 页。

影响带动其他机构共同完成意识形态信息输出和植入的任务。[①] 摩西·齐默尔曼通过对大众传媒影响历史回忆——实际上很大程度上是意识形态操控——的研究中指明了这种官方与民间传媒的相互关系：大众传媒“不仅是由国家控制的电子传媒或党的机关报”，还有“除此之外的大量其他报纸、广播、电视节目和因特网服务内容，后者都为公众提供许多回忆内容和回忆启发。这些媒体可以相互中和或抵消彼此的作用，但另一方面也可以千篇一律地共同宣传某些回忆内容”。[②]

意识形态操纵有时还表现为隐性独白。统治者通过各种方式引诱交流者，并通过后者讲述其意图，这虽然在形式上并非独白，但是最终实现了独白的意图，或者统治者借助某些非意识形态化的科学理念间接实现其意识形态操纵之目的，这些实际上可称之为一种隐性独白。[③] 比如，在现代社会，随着政治治理方式的变化，在现代的专家治国体制之中意识形态也发生了与之相适合的变化。“这种专家治国思想论与其前辈相比，在某种意义上是较少意识形态的，因为它并不主张一种与‘现实’生活相背离的理想化事物或幻象，这种专家治国论同时又是更加意识形态的：它与其前辈相比，更具渗透性，更加牢固，难以动摇，因为它用经济和效率的名义压制了所有的选择，只允许对从属于一个既定目的的不同方式展开争论。”[④]

三　统一象征与合法诉求

意识形态常常通过在象征层面上构建一种统一的形式，把社会成员都包罗在集体认同性之内而不问其差异和分歧，从而建立和支撑统治关系。以象征形式表现这种模式的具体谋略有两个：标准化和统一象征化。所谓标准化是指用一套标准的框架作为象征交流的共有基础。“例如，国家当局所遵循的谋略是试图从形形色色的、语言不同的集团背景中发展一种国

---

① 王海洲：《合法性的争夺》，江苏人民出版社 2008 年版，第 97 页。

② 摩西·齐默尔曼：《以色列人日常生活中的迫害神话》，载于［德］哈拉尔德·韦尔策编《社会记忆：历史、回忆、传承》，季斌等译，北京大学出版社 2007 年版，第 244 页。

③ 张凤阳等：《政治哲学关键词》，江苏人民出版社 2006 年版，第 353 页。

④ ［英］大卫·麦克里兰：《意识形态》，孔兆政，蒋龙翔译，吉林人民出版社 2005 年版，第 100 页。

语。建立一种国语可以有助于在一个民族国家疆界内各集团之间产生一种集体认同感并在各个语言和方言之间产生一种合法的等级制。"[①] 所谓统一象征化是指通过构建统一的象征、集体认同感和归属感，并在社会成员中扩散宣传，以增强国家的集体认同。比如国旗、国歌、国徽、爱国主义教育基地和重要历史遗迹等都可以作为统一象征的政治符号。"在实践中，统一象征化可以与叙事进程交织起来，因为统一的象征可以是描述共同历史起源和表明集体命运的一项叙事的组成部分。这不但对诸如现代民族国家等大规模社会组织，而且对较小的社会组织和社会集团，都是常见的，这些组织和集团都部分地通过建立和不断重新确认一种集体认同感的象征统一化进程来团结一致。通过使人们克服不同和分歧而结合到一起，统一象征化在特定情况下就可以服务于建立和支撑统治关系。"[②] 这样一来，意识形态就如同一种社会凝合剂，把所有公民整合进社会秩序。

运用象征策略建构神话是意识形态的又一特点。为了更好地实现公民服从，统治者常常通过建构和演示有关群体和国家的大量"神话"，以增强公民的政治认同。例如，"有关起源于同一祖先的神话、国家神圣伟大的观念和对民族特性的赞美，就是要在人们内心确立起共同的、统一的国家与民族意识。那些国家象征符号，如领袖人物的画像、徽章、国旗、国歌或纪念碑等，则进一步将国家人格化和具体化，使人们能在感官所及的实在对象中感受和想象国家"。[③] "社会神话是一种激励力量，支撑着建立在它基础之上的道德禁令和理想的未来。它的目的是激励人的行为、保持人的意志。它们或许以科学的形式表现出来，但其本质特征在于触及约束集体动因的集体的、非理性的力量。"[④] 墨索里尼在鼓吹民族精神时说："我们已经创造了自己的神话。这个神话就是信念，是激情。就其本身而言，它是否现实是无关紧要的，但它是一种鼓舞，一种希望，一种信念，一种勇气，在这个意义上它又是真实的。我们的神话就是民族，是民族的

---

① ［英］约翰·汤普森：《意识形态与现代文化》，高铦等译，译林出版社 2005 年版，第 72 页。

② 同上。

③ 马敏：《政治象征》，中央编译出版社 2012 年版，第 233 页。

④ ［英］马克·尼古拉斯：《法西斯主义》，袁柏顺译，吉林人民出版社 2007 年版，第 12 页。

伟大性！……对于我们而言，民族不仅仅是领土，还是某种精神的东西……民族的伟大性在于它将精神的力量转变为现实。”① 此外，种类繁多、反复操演的政治仪式（如周期性庆典、宣誓与效忠、授勋与奖赏，甚至领导人的追悼与葬礼等等）也常常成为演示灌输国家神话与民族意识的重要政治活动。

意识形态的盛行与合法性紧密相连。作为一种晚近的历史概念，意识形态盛行的重要原因在于，当时社会的宗教、习俗、法律和政制等系统相对单独价值观的原子化已经无法满足政治统治在价值灌输上的统一要求，而意识形态恰恰提供了一种能够包容且整合这些理念的有效途径，使得政治权力能够以全覆盖的方式对社会产生整体性影响。在此情形下，任何单独的价值冲突都可以被视为意识形态冲突的一部分，比如民族、地区、宗教、市场、教育以及日常生活等社会各方面发生的冲突展现出了不同的价值观念，并且成为意识形态斗争的场所，这样意识形态便直接或间接地和政治合法性相联系。②

合法性是意识形态理念系统的生命力所在。意识形态从其诞生时起，便致力于谋求社会法权和政治合法性，它对合法性的诉求在如下两个方面进行：一是维护意识形态发布者的合法性；二是取得接收者对其合法性的信仰。“这两者分别从自上而下和自下而上两个方向突显出合法性在意识形态中的重要地位——无论意识形态以何种方式表现出来，在其发挥作用的一刹那，合法性就生成了。”③ 合法性是意识形态追求的重要目标，并为理解意识形态的真伪问题提供了理论视角。就意识形态的“真”而言，它始终围绕合法性的获得而努力，从不放弃和偏离；就意识形态的“假”而言，当合法性的诉求存在对抗时，要想同化对方社会群体成员的价值观，有时不得不通过构建一个“虚伪”的愿景替代对抗者之间的冲突来实现。“从合法性的生成之中，我们摈弃对意识形态的内核究竟是‘真’还是‘假’的理论探索，而是根据其在合法性的存取中变幻不定的面容将意识形态的真假及其转化视作一种策略性的需求，其中的关键在于对抗

---

① ［英］马克·尼古拉斯：《法西斯主义》，袁柏顺译，吉林人民出版社 2007 年版，第 34 页。

② 王海洲：《合法性的争夺》，江苏人民出版社 2008 年版，第 91 页。

③ 同上书，第 103 页。

双方在利益认同中所持有的实用主义态度，进而意识形态成为一种将不平等的权力和资源进行合理分配的特殊方法。”①

四　情绪渲染与政治动员

意识形态非常注重对公民情绪的渲染。“为了更好地奋斗，承受牺牲，人们需要意识形态的激励，他们需要某些东西成为信仰的对象。”②作为一种价值信念系统，它通过将人们内心企盼和渴望而又模糊不清的思想意识以它特有的口号、原则等的形式清晰地阐述出来，为人们描绘美好的社会愿景；通过诉诸具有鼓动性的社会发展的宏大目标，并从理论上系统论证这种目标和理想的优越性和可实现性，从而激发起所有社会成员的信心和热情，鼓舞人们尽最大的努力来达成意识形态所设定的目标，要求人们致力于改变世界，并坚定他们实现目标的决心。

激情是意识形态发挥影响作用的重要法宝。意识形态不同于抽象的哲学探索，后者总是想方设法地消解激情，而意识形态最重要的、潜在的作用在于激发人的情感。意识形态的具体内容常常体现为一系列充满激情的信念，它不满足于在人们的沉思中求得生成，而是通过强调必然性来调动社会成员的激情，并动员他们付诸行动，全面改造生活方式。现实生活中，除了宗教、战争以外，很少有其他形式能够像意识形态那样把人的情感能量激发出来。宗教在符号化人的情感的同时也使它们枯竭了，它把来自现实世界的情感能量大多转化成了祈祷文、礼拜仪式、圣礼、信条和宗教艺术。与此相反，意识形态则使这些情感融合到一起并把它们引向了政治。③可以说，意识形态本身就是一种凝聚剂，把各种政党、派别、群众都聚合在一起，鼓动人们为了美好的未来承受个人的牺牲和痛苦。从意识形态诉诸群众及社会运动来考虑，意识形态在当代社会具有巨大能量，群众往往被意识形态的激情所驱使，前仆后继地奋斗。毋庸置疑，一些极端的意识形态甚至可以把群众带入疯狂的境地。

这种情绪渲染的过程也是政治动员的过程。其实意识形态无时无刻不

---

① 王海洲：《合法性的争夺》，江苏人民出版社2008年版，第103页。

② ［美］迈克尔·罗斯金等：《政治科学》，林震等译，华夏出版社2001年版，第105页。

③ ［美］丹尼尔·贝尔：《意识形态的终结——五十年代政治观念衰微之考察》，张国清译，江苏人民出版社2001年版，第459—460页。

在进行政治动员，这也是意识形态对政治合法性发挥作用的另一途径。它通过充满激情的政治动员，鼓励人们为了实现社会的长远目标而对眼前利益做出调整或牺牲，将社会共同利益和目标置于个人利益和目标之上，引导人们为实现共同目标不懈奋斗，从而在社会政治实践中将人们的愿望和理想转化为巨大的政治能量，以达到有效实现预期的政治目标和理想目的。在意识形态的政治动员过程中，公众往往有意无意地忘记以理性原则来评判政治中的姿态是否与理性一致，反而更易受到情绪的感染。当一种意识形态有效地实现了其政治动员功能后，它可以极大地提高社会整合度，凝聚民心，塑造出社会成员的精神力量，防止思想的分化，特别是反动观念的形成和扩散，有效地保持国家和社会的稳定和统一，最大限度地促使公民服从。

第三节 政治修辞与公民服从

在政治生活中，除了意识形态话语谋略的运用外，统治者或政治精英还非常重视政治修辞手法的使用。修辞，就其本义而言是指在语言活动中利用多种语言技巧对言语加以修饰以提升表达效果的一种语言行为。政治修辞是指政治主体在政治过程中为了实现政治说服、获得政治行为的合法性而对一定政治语言和表达方式的运用，也即政治主体运用政治语言所构成的恰当措辞、神话、隐喻，或采用各种修辞格、修辞手段等进行政治说服的过程。为了使公民更加积极地服从既定政治安排、履行政治义务，统治者会借助政治修辞的技术和策略为自身统治的合法性进行辩护。

一 政治统治中的政治修辞

政治修辞与赤裸裸的暴力政治相对立，是文明政治的体现和治国安邦不可缺少的政治力量。我国南北朝时期的文学理论批评家刘勰在《文心雕龙·论说》中指出：“一人之辨，重于九鼎之宝；三寸之舌，强于百万之师。”任何政治统治的维持，除了暴力强制下的被迫服从之外，还需要社会成员起码程度的自愿服从。为了“唤取”公民对政治统治权力的自愿服从和支持，就必须借助一定的语言和言语行动，按照权力实践的需要向公民灌输特定的价值观念和政治评价标准，建构起一个社会在文化和意识形态方面的同一性，增强公民的政治认同。在这一过程中，政治修辞的技术、策略问题就成了事关权力能否具有合法性、可否被顺利运行的重大政治问题。[①]

获得政治权力的过程伴随着政治修辞的过程。马克思和恩格斯在《德意志意识形态》中指出："每一个企图取代旧统治阶级的新阶级，为了达到自己的目的不得不把自己的利益说成是社会全体成员的共同利益，就是说，这在观念上的表达就是：赋予自己的思想以普遍性的形式，把它们描绘成唯一合乎理性的、有普遍意义的思想。进行革命的阶级，仅就它对抗另一个阶级而言，从一开始就不是作为一个阶级，而是作为全社会的代表出现的；它俨然以社会全体群众的姿态反对唯一的统治阶级。"[②] 列宁在《怎么办?》一书中指出："工人本来也不可能有社会民主主义的意识。这种意识只能从外面灌输进去。"[③] 也就是说，工人阶级不可能自发地产生无产阶级革命觉悟，需要由马克思主义者从外部加以灌输。既然需要灌输，当然也要有修辞，让人民认识到无产阶级革命的人民性和正确性。古往今来，任何一种政治统治都在谋求其合法性的地位，没有一个政权是能够离开政治修辞而获得政治权力的。纵观世界政治史，各政权在进行合法性论证时，要么声称它代表着神明进行统治，要么声称它代表着人民的利益等，在进行革命政治动员时，革命者常常以"人民的解放和幸福"为政治愿景，以增强普遍民众的心理认同和参与热情。最终，不管是通过暴力方式，还是和平方式掌握政权的，执政者都会借助各种政治修辞，对其政治权力的正当性和正义性进行阐述，促使社会成员接受、支持、拥护其所获得的政治权力。[④]

维持和运行政治权力的过程也离不开政治修辞。普遍的、最低限度的公民服从是任何一个政权得以维持和运行的基本前提，而政治权力只有转

① 刘文科：《权力运作中的政治修辞——美国"反恐战争"（2001—2008）》，人民出版社2010年版，序，第1—2页。

② 《马克思恩格斯选集》第1卷，人民出版社1995年版，第100页。

③ 《列宁全集》第6卷，人民出版社1986年版，第29页。

④ 比如，在中国历史上，从"汤武革命，顺乎天而应乎人"开始，历朝历代都有自己的政治修辞，但总体上都是以"天命"作为政治权力的合法性来源。在西方历史上，古代奴隶主政权被说成是神赐的；封建世俗政权被说成是上帝赐予的；而资产阶级的政权被说成是人民订立契约的结果，人民为了追求自由、平等和幸福才建立了政府。

化成政治权威，才能获得公民的普遍认同。在树立政治权威的过程中，统治者常常依托一定的价值理念，以及体现这种价值理念的制度化形式来证明自身政治权力的合法性。为了更好地维持和运行政治权力，统治者还必须精心构建起满足社会成员内心需要的政治修辞，并在其中进行政治理想和价值信仰的渗透，使得社会成员在潜移默化中形成符合统治者需要的价值观，认同并服从统治者的政治权力。比如美国《独立宣言》就有这样的表述："我们认为下述真理是不言而喻的：人人生而平等，造物主赋予他们若干不可让与的权利，其中包括生存权、自由权和追求幸福的权利。为了保障这些权利，人们才建立了政府，而政府的正当权利，则是经被统治者同意授予的。"[①] 这样的政治修辞符合社会成员的心理需要，容易被他们认可和接受，并有利于在统治者与社会成员之间建立起价值观念上的一致性，基于这种政治修辞之上的政治权力在运行的过程中也将更易获得社会成员的支持。

政治修辞是政治统治合法化的必要途径。政治修辞是政治过程的必要组成部分，"任何人都不可以没有它，它要么能够用来传播治国法则，要么肯定事关一个王国"。[②] 在政治社会中，不同个体、群体之间的利益诉求、价值信仰、政治态度等存在诸多差异，统治者为了获得社会成员对其统治合法性的承认，都会运用特定的政治修辞进行政治宣传。当然，在不同的社会发展时期，政权合法性论证的政治修辞方式和内容也是不同的。比如，在君主专制的历史时期，"奉天承运，皇帝诏曰"可以为封建皇权的合法性以及普通民众的政治服从行为提供充分理由。美国前总统乔治·W. 布什（George Walker Bush）以"反恐"为理由发动了针对阿富汗和伊拉克的战争，并把阿富汗战争和伊拉克战争说成是"反恐战争"，也是为了证明其行为的正当性。[③] 马克思和恩格斯在《共产党宣言》中也通过

---

① ［美］罗伯特·艾萨克编著：《美国政治思想经典文献选读》（影印版），北京大学出版社 2004 年版，第 88 页。

② ［英］昆廷·斯金纳：《霍布斯哲学思想中的理性和修辞》，王加丰、郑崧译，华东师范大学出版社 2005 年版，第 71 页。

③ "二战"期间，就连日本也把对中国和其他亚洲国家的侵略说成是"进入"中国和其他亚洲国家，或者说是进行"大东亚圣战"，其目的在于建立"大东亚共荣圈"，使日本人民相信日本政府的行动是正义之举，而非侵略活动。可见，政治行动无论是正义的还是非正义的，政治行动者都要以"正义的理由"来获得其合法性。

政治修辞论证了社会主义代替资本主义的历史必然性，从而证明无产阶级革命及无产阶级专政的正当性，即证明了无产阶级上升为统治阶级的合法性。其后，无产阶级革命领袖及其政党在领导革命运动和建设的过程中，常常采取群众易于理解的、喜闻乐见的语言修辞形式，让自己的主张能够为大多数人所接受，并更好地进行群众的说服教育工作。比如邓小平在《中国共产党第十二次全国代表大会开幕词》中把“建设有中国特色的社会主义”比喻成“走自己的路”，① 这种比喻生动贴切，把深奥的道理形象地表达了出来，使中国人认识和理解了什么是“有中国特色的社会主义”道路，增强了“有中国特色的社会主义”理论的说服力。可见，政治修辞是政治权力合法化过程中必不可少的重要途径，缺少了这一基本环节和重要途径，政治权力的存在与运行将受影响，政治统治的合法性也难以获得或维持。

政治修辞可以通过对广大受众对象的唤起从而产生社会力量。很多时候政治修辞的受众对象原本在政治秩序里处于“没有合法声音”的无权境地，正是政治修辞主体使他们有了“声音”，得以被组织起来投入政治活动，并通过这一途径获得权力。简单地说，受众的权力是在修辞过程中通过和修辞者的配合而产生的。在这一过程中，修辞者向广大受众提供的思想观点所具有的力量与在科学领域中产生的力量不同，它不是按其真理价值，而是按其所具有的动员力量来衡量的。也就是说，修辞者的说辞越是有效地“动员”起公民群体，他的说辞所表达的思想观点就具有越大的象征力量。② 布迪厄曾对言辞的象征力量、受众拥有的政治力量和修辞者个人拥有的政治权力之间互相转化的复杂过程做了进一步澄清。他指出，这一过程的关键环节是政治代言人“通过自己的言辞使一个团体获得了意志、计划、希望和前途”。而这一点“只有当被致辞者在他的言辞中辨认出他们自己”时才能实现。受众成员一旦通过对修辞者言辞的认同而获得了政治意志和政治参与的计划，很快就形成了一股势力。而这一

---

① 如何进行革命和建设，这是中国政治与社会转型过程中重大的理论问题和实践问题。邓小平把这比作人走路，就家喻户晓了。因为走路是人人都做、都懂的行为，用来表示革命和建设的方式与方法，人们一下子就懂了。

② 刘亚猛：《追求象征的力量：西方修辞思想的思考》，生活·读书·新知三联书店 2004 年版，第 140 页。

新势力的形成反过来又赋予这一言辞更强的象征力量，使言辞的潜能得到了实现。[①]

二 政治修辞的语言类型

在政治统治的过程中，为了更好地实现既定政治目标，政治主体在政治修辞的运用上是独具匠心的，针对不同的政治内容、政治对象和政治情景，政治主体也要选择不同的语言类型。总体而言，这些语言类型包括：说服型、法理型、行政型、交易型和施压型。

1. 说服型政治修辞

政治修辞的核心内容是对公民进行劝说和动员，说服型的语言是政治修辞中最基本的语言类型。说服型政治修辞的运用场合主要包括：公共政策出台前的说明会、选举活动、立法辩论、听证会、行政政策决策过程，以及政治过程所有方面的协商讨论。在所有这些情景中，总是存在一些人试图说服另外一些人接受他们的立场。这种政治修辞通常更明显、更直接地指向公共大众，而语言的发出者一般是少数人。他们是权力拥有者，或者是更广意义上的精英人物或政治活跃分子。[②]

说服型政治修辞首先建立在理性分析的基础上。理性是政治修辞的重要论据，也是政治修辞主题和内容上的逻辑支持，理性政治信息的传达过程就是一个说服论证的过程。在政治修辞过程中，政治修辞主体需要运用政治语言传达理性的政治信息，也就是关于某一政治事务的本质内容是什么，传达理性政治信息的目的是希望说服受众从逻辑上接受政治修辞主体所说的事实及事物的真相。如果说某一政治修辞活动是成功的，那么它就内在地隐含着政治话语是理性的或符合逻辑的。理性是政治修辞的重要论据，但在政治权力运作过程中，政治理性的运用有着不同于一般理性的特

---

① 刘亚猛：《追求象征的力量：西方修辞思想的思考》，生活·读书·新知三联书店 2004 年版，第 141 页。

② 值得注意的是，这种语言所使用的概念在“形式”上具有很强的稳定性，而其外延和内涵却是出奇地不稳定和模棱两可，如“民主”、“共产主义”、“正义”、“公共利益”等。没有其他语词比这些术语更容易地表明人们在使用这些术语时所作出的不同理解了。但是，人们都满怀热情、正式或非正式地使用由这些术语构成的语言，除了传播混乱的语义之外，一定还具有其他的社会与政治功能。参阅马敏《政治象征》，中央编译出版社 2012 年版，第 129 页。

征。一般理性以追求科学真理为依归，而政治理性更多体现为对政治利益的追求，是社会的主观产物。从这个角度说，政治理性相对于科学的真理而言，是非理性。但从政治社会的范围来看，政治理性是政治利益的表现，是社会发展的客观产物，它至少在政治学的范围内可以看作是“理性的”。所以说，在政治生活中，一旦理性遇上政治理性，政治理性往往占据主导地位。“当利益与理性发生冲突时，就会决定甚至向最明显的理性真理挑战。”① 正如霍布斯在《利维坦》中所言：“我毫不怀疑，如果‘三角形三角之和等于两直角’的学说和任何人的统治权威或具有统治权的一些人的利益相冲突，这一学说即使没有争论，也会受到镇压，即有关的人尽可能地把所有的几何学书籍通通烧掉。”②

说服型政治修辞非常注重情绪渲染。政治修辞主体为了完成政治说服，需要使受众的情绪处于某种其所需要的状态之中。正如亚里士多德所言，情绪作为政治修辞的论据就是使受众处于某种心境。“因为我们在忧愁或愉快、友爱和憎恨的情况下作出的判断是不相同的。”③ 因而说服型政治修辞并不完全是逻辑的或理性的，它也具有情感的因素。一般而言，政治修辞在开场白部分需要赢得受众的注意力，保证受众处于某种顺从和接受的状态，使受众处于希望听下去或读下去的愿望之中，以便准备聆听政治修辞主体接下来必须说的东西。在此基础上，需要做到的是必须刺激受众情绪并煽动受众情绪，设法唤起受众更猛烈、更狂暴的情感，使得公众以情绪的冲动削弱其政治评判的理性思维。正是由于情绪的这种易变的特点，而且情绪会影响受众的判断力，所以政治修辞主体总是设法改变或驱使受众，以便受众“变得不再受慎重的考虑和判断力的支配，而完全由冲动的头脑和混乱的情绪所控制”。④ 于是，政治修辞主体借助于受众情绪的易变性和易受操纵性，使受众在情感上与政治修辞主体产生共鸣，或者说产生情感认同。这样，受众在情绪的支配下所作出的判断将会是政

① ［英］昆廷·斯金纳：《霍布斯哲学思想中的理性和修辞》，王加丰、郑崧译，华东师范大学出版社 2005 年版，第 363 页。

② 同上。

③ 苗力田主编：《亚里士多德全集》第 9 卷，中国人民大学出版社 1994 年版，第 338 页。

④ ［英］昆廷·斯金纳：《霍布斯哲学思想中的理性和修辞》，王加丰、郑崧译，华东师范大学出版社 2005 年版，第 125 页。

治修辞主体通过情感诉求进行影响的结果。也就是说，通过调动受众的情绪，使每一件事在受众看来就像是他们自己所想象的那样，从而最终改变他们的看法。这样，政治修辞主体就使受众与其站到了一边，从而实现政治说服的目的，并能够获得政治支持和合法性。对于这种历史与现实，达尔精辟地总结道："虽然操纵性说服的道德水准被认为远在理性说服之下，但在哲学和意识形态的论述中，人们常常以伟大的目的为理由来证明本质上坏的手段是合理的。因此，柏拉图为了建立他的理想国的目的而鼓吹操纵性的说服。所有的政治运动，从左到右的，都在步柏拉图的后尘。"①

2. 法理型政治修辞

法理型政治修辞主要表现在宪法、条约、成文法、法案及有法律约束力的司法判决之中，也就是人们所说的"法言法语"。这种政治修辞的总体语言风格是客观和精确，结构上一般由概念、定义与命令组成。一般来说，法规反映了公共意志，语言表达清楚明了，而且具有强制执行性，即使对于模糊的、不可知的未来情形也是如此。在现实政治实践中，法理型政治修辞常常建立在对既定法律法规的解读基础上，其话语表达中较多运用法律概念和法学专业术语，借助法律话语的严肃性和公正性，增加其政治功能的发挥。每年都有无数的法律议案被庄严提出，这些议案在细节上给人以非常模糊的感觉，但外行的公众却会对它们推崇备至；这些议案条款在具体情况下的可适用性也一直在法官、律师和行政官僚中存在争论，但他们仍会以一种庄严、神圣的态度去实施这些条款。②

一般而言，明确的规则既不需要解释，也不需要就其含义进行争论。从语言的规范性意义上讲，成文法律法规所确定的标准应该表述为追求某一特定的目标（如保持高就业水平、恢复对外经济往来、反对种族主义）或具体化为数字（每小时 60 公里的速度限制）。但由于法律法规、条约等的辞典性含义与其实际运作几乎是毫不相关，非专业的公众对这类语言或很少接触，或难以理解。于是广大公民对法律法规的理

---

① ［美］罗伯特·达尔：《现代政治分析》，王沪宁、陈峰译，上海译文出版社 1987 年版，第 59 页。

② 马敏：《政治象征》，中央编译出版社 2012 年版，第 134—135 页。

解往往建立在这些法律工作者和政治精英的解释上。由于解释本身并不存在任何普世、客观的检测标准，所以这种语言的弹性或模糊性既不是偶然的，也不是附属或衍生的，而是固有的。因此，对与这种语言直接相关的那些人来说，模糊性与灵活性就成为他们使用这种语言时可资利用的最为有用的特征，模糊性法律话语的解释权常常掌握在政治精英口中，而对普通民众来说，这样的变化最大程度上也只不过被认为是对神话式规则和信条的一种偶然的、应予谴责的背离。[①] 当然，法理型政治修辞表面上似乎是遵守逻辑规则的，但有时也会因为概念术语意义的不确定性而在实质上违反推论规则，这种政治修辞并不一定总是传播真实的信息，而是常常故意隐瞒、歪曲或篡改信息，并回避其言辞的逻辑推导，目的在于使接受者的思想或行动符合修辞者的主观意图，带有很强的主观操纵性。

总体而言，法理型政治修辞对公民服从的影响作用一定程度上是借助于法的权威性实现的。不管政治精英们如何进行解释，公民们有所畏惧的仍是来自法的威严。法理型政治修辞既为使公民认同存在一个精确、客观和可操作的法律定义的假设提供了认知基础，也为有组织的群体证明他们的行为提供了强有力的依据。政治精英一旦掌握了对法律法规和公共政策的解释话语权，并在实际政治生活中赋予某一政策或某一议题法的元素，就会增强公民对这些政策或议题的认同度。总之，法理型政治修辞在意义上的灵活性和情感上的高度理性，为政治精英提供了良好的话语空间，也为公民服从提供了强有力的理由。

3. 行政型政治修辞

行政型政治修辞是以行政组织的名义发表的各类命令式的政治话语，或是政治主体向广大社会成员传达的各类政治权威性意见和要求。[②] 一般而言，政治生活中的税务征收、法律施行和官僚系统的运作都需要通过语言的行政功能来实现。行政型政治修辞具有明确性和指令性，它是由国家

---

① 马敏：《政治象征》，中央编译出版社 2012 年版，第 134—136 页。

② 其语言风格与法理型政治修辞相似，但两者在两个主要的形式构成要素（语言的创造者与听众）方面和在大众的回应方面，它们之间却存在很大差异。马敏：《政治象征》，中央编译出版社 2012 年版，第 136 页。

通过法律和习俗，由工作机构或组织施加给人们的，它在商业、教育、社会管理等领域中发挥了重要的作用。

行政型政治修辞常常体现为一种“官话”或“官腔官调”，虽不是起源于普选的立法机构，但常常是由被任命的官僚所报告和使用的。行政官僚是一类较特殊的政府官员，因为他们只是照章办事的办事人员，没有宣称自己是在履行贯彻和体现公共意志的政治义务。而被选举出来的政治官员不但需要在其使用的说服型政治修辞中，而且还需要在大众所要求的政治姿态中反复表明他们是在执行公共意志。换言之，行政型政治修辞是向特定公众或部下传达命令的一种语言，它要求受众遵守这些指令并马上执行。因此，官僚们强烈的权威意识和潜在的专断性就不可避免地成为这种话语的典型特征。①

行政型政治修辞的意义明显地包含着一种权威和一个行为专断的封闭性团体。从这种意义上看，军队命令和军事法规是行政型政治修辞的一个极端例子，而士兵对它们的无条件服从则构成了对这种语言的最一般和典型的回应模式。另外，这种语言类型也意味着一种封闭式的群体。对这种语言的意义，置身其外的人通常是难以理解的。这种费解在法理型语言中是被允许的（因为法律同意解释），但在行政型政治修辞中却会遭到责难（行政命令不允许有其他解释，只有执行）。所以，在创造者与受众这些形式要素上的不同，可以解释这两种政治修辞所蕴含的种种差异。②

行政型政治修辞对公民服从的影响是借助行政系统的权威性和专断性发生的。它的语言风格常常是，告诉公众要做什么，应如何生活等，它拒绝漫谈式的商讨，注重行政效率，经常通过“必须”、“一定”之类的句式来表达其对公众的指导性或命令性意见。在这种政治修辞下，公民时常会感觉到自己所面对的不是单一政治主体，而是整个行政系统，因而没有争论余地，服从似乎是唯一合时宜的选择。在这种政治修辞中有时带有明显的操纵性。修辞主体通过鼓动性的行动口号，统一民众的思想和行动，使得当政者的施政意图得以最有效地实现。

---

① 马敏：《政治象征》，中央编译出版社2012年版，第136—137页。

② 同上书，第137页。

当然，也有例外的情况。有时公民会以愤怒和幽默等情绪化的方式对行政型政治修辞做出回应：比如嘲笑官僚的行政行话，指责、批评行政话语中的专制特征。这时，另一些对某项行政政策不满的人往往会充分利用大众对官僚和官话的此种普遍反应模式反向传播自己的政治意图，以赢得大众的支持。比如，在议员竞选或代表选举过程中，候选人会充分利用公民的这些心理反应，站在行政修辞批评者一方，以表明自己与大众相一致的态度，并试图从这种证明中获得自身的一些政治收益。

4. 交易型政治修辞

交易型政治修辞主要是指在政治交易者之间进行的语言，对话双方以一定的利益交换为基础，力求形成某种政治共识。在政治生活中，政治精英为了换取公民在某些有争议的问题上认同自己所持的观点，或者在某一有分歧的关键问题上按照自己的意愿“去异”，他们会尽可能多的就双方共同感兴趣的问题与对方“求同”。也就是说，为了争取公民对他们的认同，政治精英们往往首先表明自己对公民的认同态度。交易型政治修辞的语言风格不是强制性的，而是协商性；它不是以居高临下的语气发布的，而是以平等协商的对话进行的。①

交易型政治修辞对公民服从的影响往往是通过利益的交换获得的。在政治过程中，政治交易的实例很多。比如在竞选活动中，候选人与选民之间经常存在利益的交换，候选人通过承诺当选后对选民的利益回报来争取选民的选票，或选民以选票为筹码向候选人提出特定的利益诉求，再比如立法活动中代表们的协商与合作、重大会议前政客们在权力分配中激烈的讨价还价、行政管理中的行贿和受贿，以及在政策偏好相互冲突的政府部门间所进行的谈判与协调等等。根据西方政治的特点，美国著名政治学家伯恩斯把政党领袖、政府首脑和立法领袖称为交易型领袖。他认为大多数

① 交易型政治修辞同说服型政治修辞一样，也是要获得对某种政治主张的支持。但这两种语言在运用的场合、涉及的当事人及它们所传达的意义等方面存在根本的差异。第一，交易者提出的是一种交易，而不是一种请求；第二，用于交易的价值在性质上是对立的，而不是共享的，且在数量上是相近的，否则就难以达成交易；第三，交易双方的角色地位相似，不然也不会有交易；第四，交易要尽量避免公众的回应，而不是诉求于公众，所以政治交易总是在小范围内达成；第五，交易是在对等物的交换过程中完成，而不是通过某种理性前提建构完成的。马敏：《政治象征》，中央编译出版社 2012 年版，第 139 页。

领袖和群众的关系是交易型的，即领袖接近群众是着眼于物物交换：以工作换选票，或以其他形式的补偿来报答竞选中的资助。交易型政治修辞是政治过程中一种必要的催化剂，它推动着政治过程的运转。用于政治主体之间交易的具体内容是多方面的：社会职位、经济利益、政治荣誉等都可以成为双方交易的对象，可以说在现代多元化政治中，交易行为已经成为政治领导者与普遍公民之间关系的核心，政治精英们在充分了解公民利益诉求的基础上，大量使用交易型政治修辞，为公民服从创设了条件。

当然，对于政治交易，一些人也许熟悉，但人们对此却持很不相同的态度。也就是说，一些政治交易事例可能声名狼藉，而另一些则会得到广泛认可，甚至被称赞备至。有时候，政治交易被视为明智的“政治人”努力、精心捍卫公众利益的成果，而在另一些时候，又可能被认定是无耻的“利益人”以牺牲公众利益攫取私利（例如，串通合谋、行贿、秘密谈判或内定候选人名单等）的腐败行径。判断一项政治交易到底属于前者或是后者，并不取决于某种普适规则，通常只能在交易所处的具体情景中，或者将其置于更为宏观的政治系统中做出仔细观察，才会有所收获。然而，从某种意义上说，所有的政治参与者其实都在致力于交易，以增进其人员、机构或小群体的利益。结果当然是人们常常用怀疑而不是赞许的目光来看待这类行为。因为在这些事例中，情景和语言都强调交易的私下性质，并以此来规避大众的监督。①

5. 施压型政治修辞

施压型政治修辞是指修辞者通过对受众施加各种有形无形的压力来促使他们按照自己的意愿改变态度或观点的一种政治语言。在实际政治过程中，政治修辞者“对受众施加压力的最含蓄、因而也最有效的方法是，暗示自己所主张的观点或做法：要么是不言而喻或不言自明的真理；要么是所有思维正常、富有理性的人一致同意的；要么是所有富有人性的人会不加考虑就予以接受的，等等。这一暗示使得任何受众成员在其表达异议之前都不得不有所顾忌，担心自己是否真的不明事理、思维失常、违反人

① 马敏：《政治象征》，中央编译出版社 2012 年版，第 139—140 页。

性或者会被别人看成是这样”。[①]

施压型政治修辞的表现方式之一是将“特定受众”置换成“普世受众”。这也是西方政治修辞实践中的一种常见手法，即论辩者虽然面对的是一个特定群体，但他们在政治修辞中诉诸的却是“普世受众”，其目的在于使修辞者针对特定受众提出的道理、论据、证据和论证本身，演变成面向过去、现在、将来的所有人不容置疑的普遍真理。修辞者通过只选择那些似乎具有一切头脑正常、富有理性的人都能识别出的事实性、真实性、客观正确性的论据，排除一切特殊性或个性化的论据，表明他是在向一个普世的而不是特别的受众提出自己的论辩。在这种强势的政治修辞下，受众感觉面对的是使人无法抗拒的真理，所有的论辩似乎都是多余的，个体公民虽然有思考和选择的自由，但这种强制性的理性限制已经剥夺了他们质疑既有言辞的可能。在这种情况下，如果仍有不认同或不愿意接受者，那么他们可能面临着将会被归为愚昧或反常的那一类，甚至有被贴上非理性、弱智、无知者的标签，存在被取消对话资格的危险，从而自外于普世大众。[②]

施压型政治修辞的第二种表现方式是隐晦施压。对修辞者来说，不加掩饰或稍加掩饰的威胁常常成事不足、败事有余，要想使受众认同其言辞，修辞主体需要迂回表达，或仅稍微暗示假如不让修辞者得手，对手可能会碰到某些麻烦。因此，修辞者常常保持合情合理的外表，并强调听众不必感到有任何压力。当我们听到“不用说，你们有全权决定你们自己的立场”或者“当然，你们自己知道什么对你们是可以接受的，什么是无法接受的”这类使人感到宽慰的话时，事实上说话者很可能正在以某种隐晦的形式发出威胁。这些形式中很常用的一种是从情感上对受众施加压力，即所谓“诉诸同情的论辩”。例如，修辞者通过使受众明白他们要是不接受所提出的论点将会给他带来何等的痛苦和失望，使受众感到十分为难，实在不忍心说“不”。埃墨伦和格鲁登道斯特将这一做法看成是一种“道义讹诈”，在这种形势下，受众往往感觉到自己几乎不可能质疑或

---

① 刘亚猛：《追求象征的力量：关于西方修辞思想的思考》，生活·读书·新知三联书店 2004 年版，第 114 页。

② 同上书，第 114—116 页。

否定既有观点。[①]

施压型政治修辞的第三种表现方式是强调自我观点的不证自明性。对于某些事实上存在争议的观点，修辞者往往会坚定地宣布其不容置疑的神圣性，他的意图是阻止受众或对手对此提出任何问题或表达任何疑问，拒绝有关那个观点的正常争论，从而回避了自己应负的证明该观点正确的举证责任。这种政治修辞常常带有这样的导语："以下这一点大家都一清二楚……"、"当然，完全没有必要指出……"、"没有一个头脑正常的人会否认……"这些导语暗含了对那些不能领会该观点不证自明性的受众的批评。然而在实际上，它们可能只是旨在掩盖论点本身的虚弱性的烟幕。因此，这类修辞实际上是修辞者试图推卸捍卫自己论点的义务的一种信号。还有一类导语："我可以向你们保证……"；"就说是我说的……"；"我实在想象不出还能有与此不同的意见……"；"我对此确信无疑……"。修辞者通过为自己所陈述的论点提供个人担保，使持不同看法的人主动放弃自己的怀疑态度。因为对修辞内容的任何怀疑都表明了对修辞者的见识和诚实的不信任。因此，如果修辞者对提出的论点确信无疑，坚决捍卫，原来心存疑虑的受众往往因修辞者不容争辩的态度而相信它接受它，因为他们深信修辞者一定有充分的把握提出足够的理由或证据来证实那个看法。[②]

各种类型的政治修辞具有明显不同的政治功效，在一个具体的政治系统和政治情境中，政治精英们会适时适地地采用某一种或某几种政治修辞类型，以最大限度地促使公民认同服从特定的政治安排。不同的政体形式下，政治精英们对政治修辞语言类型的偏好是不同的。比如说服型政治修辞因其道德上独一无二的地位而深受民主政体的推崇，公民进行相互的理性说服，自愿接受讨论结束时做出的集体决策所产生的义务，这是许多民主思想的理想内涵。在许多雅典人眼中，理想的城邦应该具有这种品质。像伯里克利这样的天才领袖们在公民大会上施展的影响力，也完全依靠他们非凡的理性说服能力，因而古希腊、罗马发展起来的一套修辞学传统和

---

① 刘亚猛：《追求象征的力量：关于西方修辞思想的思考》，生活·读书·新知三联书店2004年版，第117—118页。

② 同上书，第118—119页。

演讲艺术成了现代竞选民主思想的内涵和表现形式。再比如，在经历了19世纪剧烈的阶级冲突之后，现代工业社会的工人同资产者的斗争已变得更加“仪式化”了，即冲突各方都更愿意在既存的社会框架内和遵守游戏规则的情况下以讨价还价的方式争取自己的利益。因而，“凡事皆可商量”的交易型政治修辞的广泛使用，成了工业社会的主要特征。与此相对，各种极权主义政体则非常擅长使用行政型政治修辞和施压型政治修辞。因为强调社会的一致和对权力的服从，行政型政治修辞的权威性和专断性更能满足其要求，而基于平等协商的交易型政治修辞和以理服人的说服型政治修辞则不受欢迎，因为极权社会不需要理性说服，它们更相信“服从就是一切”。它们有的只是在逻辑的外套之下的操纵性说服，尤其是诉诸情感的操纵性语言。①

三 政治修辞的修辞谋略

除了语言类型的选择外，政治精英们在运用政治修辞时，还非常注重具体修辞手法的使用，以进一步增强其表达效果。

1. 特定用语、文法和句法的使用

政治修辞的所有政治用语必须符合一定的政治思想传统，符合受众的政治心理。从神话、象征、意识形态角度来看，它们之所以能够说服人甚至束缚人，都是采用符合规定的政治语言作为载体来表达其政治文化的。不同的神话、象征和意识形态具有不同的政治用语体系。比如，中国传统政治修辞多用“道”、“天”、“人”、“君臣”、“民本”、“社稷”等政治用语，而西方资本主义的政治修辞多用“正义”、“民主”、“自由”、“权利”、“主权”等政治用语。马克思主义的政治修辞多用“资产阶级”、“无产阶级”、“革命”、“社会主义代替资本主义”等。美国“反恐战争”中的政治修辞多用“恐怖主义”、“反对恐怖主义”、“战争行为”、“正义”、“邪恶”等。法西斯主义政治修辞中多用“精英”、“权威”、“权力意志”、“服从”、“领袖”、“民族”、“战争”等。对于普通民众而言，“自由”、“民主”、“人道”、“正义”、“公平”等很容易引起他们的情感共鸣，从而产生价值认同，因而政治修辞者会在政治演讲、政治动员、就

---

① 马敏：《政治象征》，中央编译出版社2012年版，第142—144页。

职演说等公共表达中会较多地运用这些词汇。比如美国历届总统都非常重视对“自由”这个词的运用。布什在第二任总统就职演说中，共计使用了2083个词汇，而“自由”就出现了49次，例如“美国自由未完成的伟业”、“自由的承诺”、“自由的事业”等等，这意味着每100个词汇就有超过两个是“自由”。因此，每一种政治用语体系都是一种政治用语框架，都有自己的独立性和内在的逻辑意义与逻辑体系。这些政治用语使人们的政治心理和政治行为在其所表达的逻辑意义和逻辑体系中进行活动。超出一定的政治用语体系，就会使人们的政治文化体系发生变化，使政治心理和政治行为转变为另外的状态，也很难产生说服力。①

政治修辞讲究各种文法与句法的适当使用。其中最常用的是名词化和被动化。具体而言，当句子或句子的一部分、行动和行动参与者的描述都改成了名词时，名词化就出现了，比如政治修辞者常用“禁止进口”代替“总理已经决定禁止进口”；当动词改为被动形式时，被动化就出现了，比如政治修辞者常用“嫌疑犯正在被调查”代替“警官正在调查嫌疑犯”。名词化与被动化使听者或读者集中注意某些主题而牺牲其他主题。它们删除行动者和代理者，把过程叙述为没有产生它们的主体的事物。它们也通过消除字句的结构或改成进行式从而不提具体的时空背景。这些以及其他文法或句法的使用可以在特定情况下把社会—历史现象具体化而服务于建立和支撑统治关系。把过程叙述为事物，删除行动者与代理者，把时间构建成现在式的永恒延伸，这些都是在社会历史中心重建“没有历史”的社会维度的许多方式。② 再比如法西斯主义者认为：“一个试图去驱动群体的演说者，必须滥用激烈的断言。要夸张、要断言、要诉诸不断重复，永远不要试图通过推理来证明任何事情，所有这些都是演说者在公众会议上众所周知的论辩方法。”③

2. 虚饰化和美化

就修辞的本义而言，它指在语言活动中利用多种语言技巧对言语加以

---

① 刘文科：《权力运作中的政治修辞——美国“反恐战争”（2001—2008）》，人民出版社2010年版，第65—66页。

② ［英］约翰·汤普森：《意识形态与现代文化》，高铦等译，译林出版社2005年版，第74页。

③ ［英］马克·尼古拉斯：《法西斯主义》，袁柏顺译，吉林人民出版社2007年版，第7—8页。

修辞以期达到尽可能好地表达效果的一种语言行为。也就是说，修辞的原初意图中就包含着对言辞中不利因素的掩饰。因此，在政治实践中，许多词语具有多重含义，政治精英们通过细微的、甚至难以察觉的意义转换，或者通过掩饰、否认或含糊其辞加以掩盖的方式来建立和维持统治关系。比如，政治修辞者常常赋予一些社会现象或社会关系以正面的评价，这方面的例子很多：用“恢复秩序”来描述暴力镇压；用“新生中心”指代集中营或监狱；用“分别发展”取代体制化的不平等；用“客籍工人”指代被剥夺公民权的外国劳工。[①] 再比如美国的历次对外战争中，总是首先丑化对方，凡是美国的敌人都被描绘成运用暴力征服他人的暴君，或者是整个世界安全的威胁力量。美国总是理性、正义与和平的使者，它出兵作战只是同非理性的邪恶力量或原始征服欲驱使的野蛮作战。在美伊战争前夕，美国以伊拉克藏有大规模杀伤性武器并暗中支持恐怖分子为由，单方面对伊拉克实施军事打击，在战争动员时美国总统布什把反恐政策道德化，大量运用道德与宗教言辞以赢得正义性，并自称美国的行动是为帮助伊拉克人民建立一个自由、民主政权的“正义之举”，[②] 同时暗示打击恐怖主义是一场道德战争，这种道德价值观不仅为美利坚人所共有，而且为全人类所共享。这样的政治修辞既抢占了道德制高点，增强了总统的宪法地位，也有利于增强总统的政治权威和权力的合法性。

西方历史上政治修辞虚饰化和美化的一个事例是，意大利的修辞学家罗兰迪诺在13世纪60年代撰写了一部雄心勃勃的《帕多瓦编年史》，主题是该城霸主罗马诺的埃兹利诺的兴衰史。这部作品在结构上全然是修辞学的结构，因为，在每一个具有重要意义的环节都附有以典型的书信写作技巧写的信函和演讲。其实罗兰迪诺更关心的是利用人们所熟悉的城市编年史的格式来传达直接的政治信息。事实上，他所著的《帕多瓦编年史》的全部内容旨在歌颂共和自由——说明有必要将共和自由当作至关紧要的

① ［英］约翰·汤普森：《意识形态与现代文化》，高铦等译，译林出版社2005年版，第70页。

② 到2010年8月美国战斗部队撤出伊拉克为止，历时7年多，美方最终没有找到所谓的大规模杀伤性武器，反而找到萨达姆政权早已将其销毁的文件和人证。2011年12月18日，美军全部撤出。2015年英国前首相布莱尔在接受CNN采访时，承认了2003年伊拉克战争中的情报错误，并表示了道歉。

政治价值，有必要在共和自由受到危害时为之战斗。①

此外，政治修辞者还会通过各种比喻的方式对实际政治目的和统治关系进行虚饰化。比如“政治共同体”经常被修辞者拟人化，赋予其一种“虚拟的人格”，称为 Body Politic，甚至有时会直接将其视为一位女性，这一点可以从 Motherland 的使用上看出来。这种修辞的使用不仅仅增强了话语的直观性，更重要的是它还增强了话语的说服性，因为当我们面对的不再是冷冰冰的抽象而是一位慈祥的母亲时，我们所能做的或许只能是尽我们的所能去保护她、尊重她，听她的话而不是忤逆她。再比如英国前首相玛格丽特·撒切尔夫人常被描述为“铁娘子”，这个隐喻赋予她超人的决断力和坚定性。

值得注意的是，在政治修辞中“国土”常被人们赋予重要意义。一般来说，在有关国家的全部神话中，“国土”在用来动员人们达到国家认同的政治目标中占有重要地位。“国土”是构成国家实体不可或缺的物质要素，但人们对国土的看法或许可以说更为重要，它已成为“集体的表象”。领土意识在部落、城邦和封建领地等许多共同体中已经存在，但只有在民族国家出现后，国土的重要性才被大大强化。人们将“国土”与“祖国”、爱国主义神话联系起来，它被人格化、主体化，而不再仅仅被看作一种外在的东西、一种客体。“祖国”一词，本身就意味着把世代联系和与土地的联系自动统一起来，祖国既是祖先的土地，同时也是公民即儿女们的母亲女神。祖先的土地是祖国观念的基础，也是爱国主义神话的中心。② 但爱国主义实际上已把热爱土地扩大到更大的范围，从而使持各种政治主义的人都可以用爱国主义神话向人民发号施令。例如，对于那些拥有悠久历史的民族，祖国是明确划分的一部分空间，在那里，人们闭关锁国、抵御入侵者。这时，爱国主义神话主要是防御性的，很少宣扬对外征服。法兰西、中国的情况就近似这种概念。然而，国土的表象如果伴随“文化边界”或“历史边界”的概念，就会具有一种进攻性和侵略性，即以文化或历史原因为名战胜在那里立足的占领者，重新夺回影响。德国的

---

① ［英］昆廷·斯金纳：《近代政治思想的基础》（上），奚瑞森、亚方译，商务印书馆 2002 年版，第 63 页。

② ［法］莫里斯·迪韦尔热：《政治社会学——政治学要素》，杨祖功、王大东译，华夏出版社 1987 年版，第 58—59 页。

“生存空间论”、英国人控制海洋的战略，就是要求一个无限膨胀的领土表象。当领土被看作是一种掠夺物时，人们也就放弃了祖国观念而滑向帝国观念，其扩张含义毫不逊色。此外，当把一寸一尺的国土赋予神圣性时，爱国主义也就容易被曲解为国家暗示人民必须做出牺牲。正是通过生命的付出，国家意识得以复苏，爱国主义神话获得再生，国家在人们的头脑中变得更清晰、更深刻。①

3. 分化和排他

政治修辞中并不总是追求统一化，有时根据特定的需要，统治者会有目的进行分散化。也就是说，统治关系可以不必通过把人们统一在集体中建立起来，而通过分散那些可能对统治集团造成有效挑战的人和集团，或者通过使潜在反对势力直面邪恶、有害或可怕的目标。其谋略之一是分化，即强调人们和集团间的区分、不同和分歧，强调这样一些特性，这些特性使个人和集团分离，并阻止他们对现有关系构成有效挑战或者在权力行使中成为有效的参与者。其谋略之二是排他。具体来说，就是先人为建构一个邪恶的敌人，然后再呼吁人们共同排斥和抵制它。这种谋略往往与统一化的谋略相重叠，因为敌人被视为一种挑战或威胁而要求人们必须团结统一起来。20 世纪二三十年代的纳粹材料中对犹太人和共产党人的描绘，或者斯大林时代把持不同政见者定为“人民敌人”，都是排他的事例。再请看发行量巨大的英国《太阳报》一篇社论中的话：在评论火车司机工会“英国机车司机与司炉工联合会”1982 年夏季的一次可能的罢工时，《太阳报》提醒读者说，那家工会可能会搞垮它们自己的产业但“永远破坏不了我们”，因为“福克兰群岛战役很清楚地表明，没有人能破坏这个国家”。这则评论使用了一种复杂的谋略，把“机车司机与司炉工联合会”说成是向全国挑战的他人，而且把这种对立夸大成福克兰群岛战争的冲突势力，因此把该工会等同于威胁人民的一股外国势力，而面对逆境的人民必须团结起来，并强调他们抵抗邪恶的意志。②

---

① 马敏：《政治象征》，中央编译出版社 2012 年版，第 234 页。

② ［英］约翰·汤普森：《意识形态与现代文化》，高铦等译，译林出版社 2005 年版，第 72—73 页。

综上所述，统治者或政治精英通过特定的用语、文法和句法，采取虚饰化、美化、分化和排他等修辞手法，说服鼓动公民，以实现公民服从的目的。政治修辞不再是“大树底下的民主”，不再是“群众大会上的演讲”，也不再是“教义中隐晦的启示”。它经过更新和细化，演变成为真正意义的媒体政治，落实到社会舆论与政府的关系，直至公民的权利。专家、学者以及新闻界大多依附于社会政治的主导意识形态，他们与政府之间求得平衡，各取所需。普通公民只是政治传播过程中被动的接收器，成为政治修辞的被动接受者和实践者。因此菲利普·佩迪特提醒我们：“语词并不总是带来好处。语言能力使得推理、代表与联合成为可能，但同时也带来了负面的影响。它造成了人类激情中的巨大灾难，使得简单的动物——人类原本正是这种动物——中生长出了怪兽。”① 应该说，修辞的这一阴暗面也给使用修辞的政治话语带来了无尽的麻烦，指责者甚至主观地否定了公民服从义务的存在性，这样公民服从就被人为地转化为一种想象性形态。

尽管现实生活中确实存在着大量精心编织的主义话语和政治修辞，统治者也借此建立起专属于己的政治话语霸权，鼓舞或强迫人们理所当然地采取行动，以最大限度地实现公民服从。但是，我们并不能因此而将公民服从贬斥为修辞本身，进而否定公民服从的义务。事实上，真正的公民服从不是一种政治修辞，也不是一种想象，它具有其自身的正当性。

---

① ［爱尔兰］菲利普·佩迪特：《语词的创造：霍布斯论语言、心智与政治》，于明译，北京大学出版社2010年版，第110页。

第四章　意愿与责任:公民服从的政治哲学追问

服从到底是公民应尽的义务，还是统治者强加给公民的枷锁？一直以来，公民服从都是困扰政治哲学家的突出问题，也成为不同时代、不同流派思想家争论的重要问题。那么，一个国家到底有何正当理由要求本国公民服从这个国家及其法律？一个公民基于何种理由承担起一个国家的权利义务关系才是正当的？什么能够解释有效法律和合法权威的约束力？为了回答这些问题，政治哲学家们提出了同意理论、公平理论以及自然责任理论等不同的解释路径，对公民服从进行一般性追问。然而每一种解释方案都遭受不同的批评，三种主要理论之间也是纷争不断，但这些解释却使得人们对公民服从的思考更加深入。

第一节　同意与服从

一　同意理论的提出

在西欧漫长的中世纪，苏格拉底舍身取法的行为及其服从理论逐渐远离人们的视线，基督教的“君权神授”思想跃居社会主导价值。不管是政治理论家还是普通大众都对圣·保罗的学说深信不疑。“让每个人都臣服于统治当局吧。因为，除了上帝没有权威，人世间既存的统治是上帝授权的。因此，抵制统治当局，就是抵制上帝的指令，抵制者必遭报应。”[①]国王的政治权威被认为是上帝授予的，公民对国王的服从义务也是上帝强

---

① 转引［美］A. 约翰·西蒙斯《道德原则与政治义务》，郭为桂、李艳丽译，江苏人民出版社2009年版，第53页。

加的，无论是国王的举动，还是臣民的行为，对政治纽带或者政治权威的产生都不起任何作用。换句话说，除了无条件服从外，臣民对政治权威正当性的任何反思都是多余的。①

这种消极服从观念受到以“人本主义”为核心的文艺复兴运动的强烈批判，正是出于对君权神授理念的反叛和斗争，同意理论及其相关的政治权威学说，在17—18世纪动荡与反叛的潮流中兴起。从中世纪末期开始先后有乔治·布坎南（George Buchanan）、理查德·胡克（Richard Hooker）、阿尔色修斯（Johannas Althusius）、格劳修斯（Hugo Grotius）以及17世纪早期的约翰·弥尔顿（John Milton）等。他们是同意理论的第一批重要作者，并且奠定了霍布斯、洛克和卢梭经典著作的基石。②

同意理论对政治义务问题的解释具有强大的吸引力。尽管学者们之间的观点并不完全一致，有些甚至还存在冲突，③ 但他们都同样坚持将“同意”视为公民服从义务的重要依据。简而言之，所谓的“同意理论”，就是指所有那些主张公民的政治义务建立在审慎思虑后的个人自愿行为基础上的理论。因此，把政治义务奠定在承诺、契约、明示同意或者默许之上的那些理论，都可以被看作“同意理论”的多元分支。大多数同意理论家都认为，所有法律意义上的政治权威，也产生于公民个人经由审慎思虑之后而担当的政治义务之中，一个没有经过公民同意或者协议而行使权威的政府不具有合法性。换句话说，未经本人同意，所有人都不能被迫要求支持或服从任何强加于他的政治权力。同意理论不仅主宰了普通人，也成为哲学家证成公民服从义务的重要依据，由此而形成的一系列理论论争不断推动政治义务论的演进与发展。

---

① 实际上，西方的君权神授说可有两个完全不同的结论：一是强调君主权力的合法性（为君权辩护）；一是强调君权须受神的制约（为神权辩护，甚至有人认为从中生发出某种中世纪立宪主义的东西），教会本身曾经有过这两种不同的思想，但一般而论更加重视和强调后者。

② ［美］A. 约翰·西蒙斯：《道德原则与政治义务》，郭为桂、李艳丽译，江苏人民出版社2009年版，第55页。

③ 比如胡克对洛克的思想具有深刻影响，但他们之间并没有严格的理论继承关系，甚至理论相互之间也存在着矛盾之处，再比如我们能够发现弥尔顿强烈反对霍布斯的同意理论。

二　同意理论对公民服从政治义务的证成

典型的同意理论在推导其立场时涉及四个核心命题，它们分别是：

1. 人生而平等自由

"人生而平等自由"常常被当作"自然状态"之神话的一部分。霍布斯认为，在国家产生之前，人类生活在自然状态中，每个人都有"生而平等"的自然权利，人人都有保存自己、企求安全的欲望，但人性都是自私的，而体力又差不多，这就必然产生为满足自身要求的相互竞争。洛克认为，政治社会产生之前的自然状态自由而不放任，[①] 任何人都不能侵害他人的生命、健康、自由或财产，因为人与人之间是平等、独立和自由的，自然状态中起支配作用的是自然法。[②]

实际上，在通常提起这个命题的语境中，这个命题本身要比自然状态这一神话重要得多。那么，当人们宣称"人生而平等自由"的时候，其确切的意思是什么呢？这个命题最经典的表达莫过于卢梭了。在《社会契约论》中，卢梭开篇便道出了那脍炙人口的语句："人是生而自由的，但却无往不在枷锁之中。自以为是其他一切的主人的人，反而比其他一切更是奴隶。"[③] 当卢梭宣称人"生而自由"的时候，并不意味着一个人出生的时候，可以随心所欲，无所顾忌，也不是说人的行动没有任何道德约束。[④] 实际上，卢梭的关切点是政府在某些领域中对个人施加强制力的合

---

① 洛克的自然状态与霍布斯的自然状态的相同之处在于：一、尽管洛克区分了自然状态和战争状态，但自然状态还是战争状态的寓所，而且是唯一的寓所；二、自然法的根源、内容和目的，可以用自我保存一词来概括；三、洛克提出，公民政府是自然状态的不便之处的适当补救。两者的不同之处在于：洛克的自然状态不像霍布斯的那样凶残，洛克没有像霍布斯那样说每个人都是每个他人潜在的谋害者。自然状态中威胁生命的元凶不在于人们有互相伤害的倾向而在于他们自然条件的匮乏和艰难。在此基础上，两者所提供的补救办法也不相同：洛克的公民政府远比霍布斯的更少独裁的特征，同时洛克给予财产这个主题以更多的注意。参阅［美］列奥·施特劳斯、约瑟夫·克罗波西主编《政治哲学史》下，李天然等译，河北人民出版社 1993 年版，第 557—558 页。

② ［英］洛克：《政府论》下篇，叶启芳、瞿菊农译，商务印书馆 1964 年版，第 6 页。

③ ［法］卢梭：《社会契约论》，何兆武译，商务印书馆 2003 年版，第 4 页。

④ 当然，卢梭有时候也不否认自然道德纽带的存在。但是，在他看来，需要自然法来解释社会契约的有效性，必须把这个观点看作一种逻辑混乱的东西。［美］A. 约翰·西蒙斯：《道德原则与政治义务》，郭为桂、李艳丽译，江苏人民出版社 2009 年版，第 57 页。

法性问题。他强调，所有的人在这些领域中都有自由行动的权利，只有人们自愿放弃权利，同意政府的控制，政府才能在这些领域中合法地强迫个人。①

通常来说，人“生而自由”的断言，其意思与宣称人拥有“自然权利”类似。我们在宣称一项“自然”权利的时候，首先是指所有人因其天性而享有的权利；其次，“自然权利”不是自愿行动的产物。②当然，人“生而自由”并不意味着人拥有一种“自由的自然权利”。因为在同意理论中，人仍然被置于“自然法”的规则制约之下，人的“自然自由”不是“纯粹的”（perfect）自由，它是一种受到每个人都赋有的“自然法”规则或“自然责任”限制的自由。③这一点在同意理论者的著作中达成了共识。比如霍布斯捍卫“自然权利”时，把它看作“每一个人按照自己所愿意的方式运用自己的力量保全自己的天性——也就是保全自己的生命——的自由。因此，这种自由就是用他自己的判断和理性认为最适合的手段去做任何事情的自由”。④洛克也提出，“我们必须考究人类原来自然地处在什么状态。那是一种完备无缺的自由状态，他们在自然法的范围内，按照他们认为合适的办法，决定他们的行动和处理他们的财产和人身，而无须得到任何人的许可或听命于任何人的意志”。⑤

进而同意理论者认为，公民服从的政治义务并不是自然而然的。他们认为道德的纽带有“天生的”与“特殊的”之分，“特殊的”义务，就是那些来自个人自愿进入的某些“特殊关系或者交易”的义务。只有通过这种自愿行为，一个人才算离开他的“自由的自然状态”。这样说来，如果一个人的政治纽带是“特殊的义务”，那么他的政治义务就不可能是继承得来的，或者是打出生伊始就有的，而只能是他本人自愿行为的产物。只有一种特殊的义务才能使公民受到其居住国而不是其他国家的约

---

① ［美］A. 约翰·西蒙斯：《道德原则与政治义务》，郭为桂、李艳丽译，江苏人民出版社2009年版，第57—58页。

② 同上书，第58页。

③ 同上书，第59页。

④ ［英］霍布斯：《利维坦》，黎思复、黎廷弼译，商务印书馆1985年版，第97页。

⑤ ［英］洛克：《政府论》下篇，叶启芳、瞿菊农译，商务印书馆1964年版，第5页。

束。这是同意理论传统所认可的一个事实。①

2. 同意的目的在于自我保护

几乎所有的同意理论家都认为，同意的主要目的是保护公民免遭伤害。比如，霍布斯认为，“一个人服从另一个人的目的就是保全生命，每一个人对于掌握生杀之权的人都必须允诺服从”。② “服从的目的是保护，这种保护，一个人无论在自己的武力或旁人的武力中找到时，他的本性就会使他服从并努力维持这种武力。”③ 也就是说，服从很大程度上源于自我保全，自我保全的需要构成了臣民服从的内在逻辑。洛克认为，自然法只是对“有意遵从”它的人的自律性的要求，但无法消除违反自然法的行为所带来的不安全感，于是人们自愿谋求联合，组成社会，以避免自然状态下的诸多不便。

就这种观点的推导思路来说，主要有两种。第一种思路强调，只有当政府是经由个人“选择”后才拥有合法权力统治个人时，才能表明同意是公民服从政治义务的必要前提。这样，个人才能免于一出生就自动落入受控制的窠臼，也免于在不知不觉之中受制于暴政或者不公正的政府。这种“保护”理所当然地构成了同意理论对公民服从政治义务解释最有吸引力的一个特质。④ 第二种思路主要关注同意政府统治的逻辑结果，而对“保护”漠不关心。该思路认为，同意的方法确保一个被同意的政府永远无法合理地伤害公民，只要公民是在个人法权之中行事。个人自由地同意政府控制，其实就表明他是自愿地接受约束，也不会对这种约束有所抱怨。因此，他的同意让人们确信政府的强制措施是合法的，只要它没有逾

① 宣称人天生自由与同意理论所强调的政治纽带必须自由地设定之间，明显地存在关联性。从这个角度说，“自然状态”是一个有用的工具。它描述了人在约束他们的自愿行动之前的生存状态，并为探讨责任与义务之间的直觉区别提供了新的思路。［美］A. 约翰·西蒙斯《道德原则与政治义务》，郭为桂、李艳丽译，江苏人民出版社 2009 年版，第 59 页。

② ［英］霍布斯：《利维坦》，黎思复、黎廷弼译，商务印书馆 1985 年版，第 155 页。

③ 同上书，第 172 页。

④ ［美］A. 约翰·西蒙斯：《道德原则与政治义务》，郭为桂、李艳丽译，江苏人民出版社 2009 年版，第 61 页。

越被划定的边界。[①]

3. 服从是同意的结果

霍布斯认为，臣民对主权者的服从建立在同意的基础上。人们之所以会同意服从，主要出于两方面的考虑：一是对绝对主权者及其所拥有的惩罚权利的恐惧，二是服从所带来的和平及满意生活的希望，这是依靠自然理性对公民社会和自然状态、对和平与战争相比较后的合理结论。作为同意的自然延伸，服从是人们自由选择的结果。臣民所服从的是能够保护自身的保护者，是代表每一个人意志的绝对代表者。“借助自愿服从，霍布斯基本消除了统治与被统治之间在法理上的直接对立，而在事实上又保留了统治与被统治双方的并存关系，只不过霍布斯称之为‘保护与服从’。通过信约和授权，绝对的主权者成为相对于每一个人的公共的第三方，借此摆脱了根本契约的限制，但在成为所有人的代表之后，它也只能是全体臣民的保护者。”[②]

洛克坚持认为，民众的同意是公共权力合法性的来源。“人类天生都是自由、平等和独立的，如不得本人的同意，不能把任何人置于这种状态之外，使受制于另一个人的政治权力。任何人放弃其自然自由并受制于公民社会的种种限制的惟一的方法，是同其他人协议联合组成为一个共同体，以谋求他们彼此间的舒适、安全和和平的生活，以便安稳地享受他们的财产并且有更大的保障来防止共同体以外任何人的侵犯。无论人数多少都可以这样做，因为它并不损及其余的人的自由，后者仍然像以前一样保有自然状态中的自由。当某些人这样地同意建立一个共同体或政府时，他们因此就立刻结合起来并组成一个国家，那里的大多数人享有替其余的人作出行动和决定的权利。”[③] 洛克反复重申一条自由主义的契约原则：不经本人同意就不能把任何人置于他人的政治权力控制之下。同时他还认为政治社会只能起源于每个人的理性“同意”，而理性的核心就是个体自然

---

① 私法中“同意不生违法”的格言便充分表达了这个观念，即自愿的人不会被冤枉。霍布斯在《利维坦》中也明确提出：“对一个人所受到的任何行为，如果符合于他向行为者所表示的本身意愿，对他说来就不能构成侵害。”［英］霍布斯：《利维坦》，黎思复、黎廷弼译，商务印书馆 1985 年版，第 114 页。

② 王利：《国家与正义：利维坦释义》，上海人民出版社 2008 年版，第 75 页。

③ ［英］洛克：《政府论》下篇，叶启芳、瞿菊农译，商务印书馆 1964 年版，第 59 页。

权利向政治体的转让和集中。[①] 在个人向政治组织进行权利让渡时，生命、自由和财产等自然权利是无论如何不能让渡的。政府的核心任务在于更好地保护公民的个人权益。[②]

简单而言，只有当人们发出一个“明确信号”，表示愿意放弃自己的自然自由并受义务之约束时，服从的义务才能生效。对同意理论家而言，义务不仅需要自愿的行动，而且要求这些行动是经由审慎思虑后所采取的；一个人除非有意识地做出一种会产生义务的行为，否则便不能受到约束，而且，要求这种行为的重要意义是明确的。因此，所有义务的基础都必须是给出一个“明确的信号”，它以适当的方式表明个人对义务的承受和对权利的转让。按照霍布斯的说法，“单纯的放弃或转让权利的方式，是以某种自愿而充分的表示对接受者宣布或表明就此放弃或转让或是已经放弃了或转让了该项权利。这种表示有时光是言词、有时光是行为，而最常见的情形则是既有言词又有行为”。[③] 对同意理论家而言，因为我们的政治约定就是义务，这意味着每个人都自由地为自己选择接受政治义务还是拒绝这种义务。只有经过深思熟虑的行动，才足以表明此类义务已经被选择了。不管它是明示的还是默许的，都必须是深思熟虑之后做出的，它应足以表明，行为者自由地放弃自己做某事或者拥有某些东西的自然自由。[④]

4. 国家是为其公民利益服务的工具

国家的权威是它的公民“给予”的，公民既决定国家是否会为他们的利益服务，也决定怎样在国家之中取得自由与所得利益之间的平衡。国家和任何个人都无从自由确定他人的利益所在，只有经由本人的同意，而且唯此才能服务于自己作为公民的利益，一个人才能被正当地统治。因此，即使一个人出生在一个完美的国度中，他仍有自由不接受那种要求支

---

① 与霍布斯主张的“强权式”利维坦不同，在洛克的政治学中这一过程充分展现了个人“自愿式”的理性优先原则，否定那种吞噬一切个体意志和权利的强制。

② 由此可见，洛克所强调的理性意在以社会契约的形式将保护公民自然权利的正义原则转化为国家或政府保护公民权利的自然义务。

③ ［英］霍布斯：《利维坦》，黎思复、黎廷弼译，商务印书馆 1985 年版，第 99 页。

④ ［美］A. 约翰·西蒙斯：《道德原则与政治义务》，郭为桂、李艳丽译，江苏人民出版社 2009 年版，第 60 页。

持和服从的政治纽带，这种纽带将使他成为一个政治共同体的成员。[①] 比如，霍布斯认为，国家的权力和法律的权威之所以被证明为正当的，只是因为它们有助益于个人的安全。除非人们能够预见到服从与尊重权威会比相反的做法产生更大的个人利益，否则服从与尊重权威便是没有任何理性基础的。从这一点来看，霍布斯既是一个彻头彻尾的功利主义者，又是一个彻头彻尾的个人主义者。[②]

其实，同意理论不单单关注保护个人免受国家的侵害，尽管从本质上说这种保护性的功能处于核心地位。毋宁说，同意理论的方法，保护个人免受任何不合自己口味的政府的约束，不管这个政府是好政府还是坏政府，也不管这个政府是伤害他的还是保护他免于伤害的。就是说，受保护的主要不是个人自己，或者自身利益，而是他的自由、他的选择是否服从某一特定政府（通常来说，就是他出生和成长所在国度的政府）的自由。与不可剥夺的利益或者对利益的保护相比，同意理论家更倾向于个人承担。正是这种倾向性，使同意理论成为一种自由理论，因为自由相对于强迫幸福的优先性是政治自由主义的支柱。[③]

通过以上四个主要命题，同意理论对公民服从的义务进行了证成。这个理论专注于把承诺作为公民服从政治义务的基础模式。承诺、契约和表示同意的共同点，在于它们全都是深思熟虑的主动承担，这些都只能是有目的、有意识的行动。这个理论因其对个人选择和信仰的充分尊重赢得人们的广泛认同，它告诉我们，生于一个政治共同体既不是人们所采取的行动，也不是人们所做决定的结果，因此这一事实不应成为约束人们自由的天然条件，也不应该成为人们受所在共同体之政府管束的理由。只有这个政府本身是人们愿意接受的，人们才会因此而承担起支持或服从政府法令的义务。这样一来，同意理论让人们在选择政治忠诚时把对个人自由的保护最大化了。政治义务不能继承，不能在不知情的情形下强加，其唯一的

---

① ［美］A. 约翰·西蒙斯：《道德原则与政治义务》，郭为桂、李艳丽译，江苏人民出版社2009年版，第63—64页。

② ［美］乔治·萨拜因：《政治学说史》（下卷），邓正来译，上海人民出版社2010年版，第147页。

③ ［美］A. 约翰·西蒙斯：《道德原则与政治义务》，郭为桂、李艳丽译，江苏人民出版社2009年版，第64页。

基础只能是深思熟虑后的主动承担。承诺最接近一种无可置疑的道德要求的基础，这使得同意理论具备了其他对立理论所无可比拟的清晰性和可信度。①

三　同意理论的理论困境

同意理论在现代政治理论中占有中心地位，并且无论在哲学领域还是非哲学领域，它都获得了广泛的支持。然而，同意理论并非至善至美，其内在的理论困境同样也是明显的，因此从其提出时起质疑和批评便一直伴随着它。

第一，历史性同意的虚无性和有限性

休谟认为，政治共同体第一代成员的同意成为该国后来所有公民政治义务的来源这一点是令人质疑的。因为，从社会现实看，关于某个国家起源于臣民同意的历史证据几乎是不存在的，因为当该国的臣民一出生时便发现自己实际上不得不去服从某个已经存在的权威，就算真的存在那样的“原始契约”，那么它距离现代社会也是相当遥远以至无人能知晓的，除非能够证明“这种祖辈的同意对于其子孙、甚至对于最遥远的后代仍有约束力”②，否则它对现代社会成员的约束力是无法证明的。一般而言，除非具有明确的代理权，否则任何人都不能代替他人表达对某项契约的同意，但是我们很难想象一个最遥远的后代如何能够获得其最古老祖先明确的代理授权。

对此，同意论者洛克本人也承认，“政府并不因为对于父亲享有权力便主张对于儿子也享有权力；同样地，它们并不因为父亲是它们的臣民便把儿女也视为臣民”。③ 为了摆脱同意理论对难以证明甚至有些虚无缥缈的“原始契约”的依赖，洛克从“历史性同意”转向“个人同意”，把每个公民个体的同意视为特定政治义务产生的前提条件，从而使公民服从义务变得更加真实可信。然而，将义务来源建立在每个公民个体同意的基础上首先需要面对的便是人口的代际更替难题，因为“这一代人一旦离

---

① ［美］A. 约翰·西蒙斯：《道德原则与政治义务》，郭为桂、李艳丽译，江苏人民出版社2009年版，第65页。

② ［英］休谟：《休谟政治论文选》，张若衡译，商务印书馆2010年版，第123页。

③ ［英］洛克：《政府论》（下篇），叶启芳、瞿菊农译，商务印书馆1964年版，第73页。

开活动舞台，另一代人接着就上来；新上来的一代，假若他们有选择政府的能力（可惜人类的情况肯定不是这样的），就能自愿地经过普遍的同意建立自己文明的政体，丝毫不必考虑那些在前代人中流行的法律或先例”。[①] 这必将带来社会政治秩序的频繁动荡，不利于政治的稳定和国家的长治久安。

第二，多数同意对同意理论初衷的背离

经典的同意理论家通常认为，政府的合法性建立在被统治者的同意之上。也就是说，一个政府之所以具有合法性，只能通过其公民经由同意授予其权威而获致，只有博得所有公民同意的政府才是合法的。他们不赞同同意之外的任何权威来源，也不认为权威可以从例如特定公民那里获得。换句话说，按照同意理论家的看法，一个政府要么是合法的，要么是非法的。不过不难发现，这种说法令人不可思议地把政府合法与否转而依托于单个公民拒绝同意的可能性上面。进而言之，如果真有一位公民拒绝同意政府的权威，并因此使得他的政府变得非法，那么，其他那些同意政府权威的个人，也没有服从的义务，因为没有人要受一个非法政府的约束。同意理论家其实也很希望避免出现这种局面。这种情况的出现违背了同意理论家的初衷，于是他们纷纷采用“多数同意”来加以修正。[②]

多数同意的学说避免了需经全体同意的结果，为把政府的合法性建立在同意基础之上提供了一个路径。艾伦·格沃斯（Alan Gewirth）注意到：“很明显，不仅霍布斯，而且洛克和卢梭，在进一步为政治共同体的机构以及政府等的合法性辩护的时候，都从全体一致同意的立场上退却下来，他们把特定政府的合法性分配给多数人的选择与同意。”[③]

洛克认为，“当某些人基于每人的同意组成一个共同体时，他们就因此把这个共同体形成一个整体，具有作为一个整体而行动的权力，而这是只有经过大多数人的同意和决定才能办到的”[④]。既然任何政治共同体

---

① ［英］休谟：《休谟政治论文选》，张若衡译，商务印书馆2010年版，第129页。

② ［美］A. 约翰·西蒙斯：《道德原则与政治义务》，郭为桂、李艳丽译，江苏人民出版社2009年版，第65—66页。

③ 转引［美］A. 约翰·西蒙斯《道德原则与政治义务》，郭为桂、李艳丽译，江苏人民出版社2009年版，第66页。

④ ［英］洛克：《政府论》下篇，叶启芳、瞿菊农译，商务印书馆1964年版，第59页。

“只能根据它的各个个人的同意而行动，而它作为一个整体又必须行动一致，这就有必要使整体的行动以较大的力量的意向为转移，这个较大的力量就是大多数人的同意”。[①] “假使在理性上不承认大多数的同意是全体的行为，并对每一个人起约束的作用，那么，只有每一个的同意才算是全体的行为；但是要取得这样一种同意几乎是不可能的。”[②]

对此卢梭认为，尽管原始的契约需要全体一致的同意，但在原始契约之外，实际上是由投票的大多数人决定最终结果。卢梭的这一主张与霍布斯和洛克是一致的，即他们所辩护的立场，就是政府的合法性取决于多数公民的同意。但是，由于同意理论者坚持，当且仅当所有的公民都对政府负有义务的时候政府才是合法的，于是，卢梭、霍布斯和洛克同时必须为这样的一种观点辩护，即在多数同意的情形下，所有的公民都负有政治义务。当然，这个立场的矛盾之处在于，它使某些本身不同意政府权威的人，也要受政府的约束；多数个人的同意，足以使这些人受到约束。[③] 这个结论直接与同意理论原来所强调的政治义务——除非经由本人同意，没有一个人应受到任何政府的约束——相抵触。

关于多数同意的问题，萨拜因也揭示了其内在的诸多问题。第一，如果一个个人的权利真的是不可取消的，那么对他来说，这种权利被多数人剥夺就与被某个暴君剥夺并无区别；显而易见，洛克不曾想到多数人也可能会施以专断。第二，我们也没有任何可靠的理由可以认为，一个个人主义者仅仅因为不同意他观点的是多数人就应当放弃他私人的判断。第三，如果“公众”或“社会”真的有它自己的整体品格，那么我们也没有先验的理由可以认为，它的决定必须始终由多数人做出。早先各种关于人民主权的理论一般都认为，一个社会的“优势一方”既可以用数量来衡量，也可以用质量来衡量。一般来讲，多数之治的原则并不具有洛克所说的那

---

① ［英］洛克：《政府论》下篇，叶启芳、瞿菊农译，商务印书馆 1964 年版，第 59 页。由此引申出的问题是：如何看待“大多数人的同意”与“各个个人的同意”之间的差距。就洛克而言，他似乎是要以“各个个人的同意”作为现实中“大多数人同意”的最终依据。这也从一个侧面表明被人们称为经验论者的洛克，其政治哲学中关于“自然状态”和“社会契约论”的论证并非导源于既有的政治生活经验的实然，而是归摄于政治理想价值的应然。

② ［英］洛克：《政府论》下篇，叶启芳、瞿菊农译，商务印书馆 1964 年版，第 60 页。

③ ［美］A. 约翰·西蒙斯：《道德原则与政治义务》，郭为桂、李艳丽译，江苏人民出版社 2009 年版，第 66—67 页。

么鲜明的有效性。[①]

此外，默认同意还易于将公民个人置于一种家长式权威的统治之下。因为不管你个人是否赞同这个政府，只要多数人同意了，对于所有的国民来说这个政府就是合法的。如果你恰巧是它的赞同者，那么作为其成员你当然要服从它；如果你并不认同它，此时你也只能孩子般地服从它。由此可见，多数同意原则的内在问题是无法回避的，这已成为同意理论的一个重要软肋。

第三，默认同意对个人自愿的强制

一个人同意受制于某个政府的充分表现形式是什么呢？就此洛克提出了“明白的同意”和“默认的同意”两种形式。前者很容易理解，也毋庸置疑，那么什么是默认的同意呢？洛克提出，“只要一个人占有任何土地或享用任何政府的领地的任何部分，他就因此表示他的默认的同意，从而在他同属于那个政府的任何人一样享用的期间，他必须服从那个政府的法律。这不管他所占有的是属于他和他的子子孙孙的土地，或只是一星期的住处，或只是在公路上自由地旅行；事实上，只要身在那个政府的领土范围以内，就构成某种程度的默认”。[②] 也就是说，洛克相信居住地是默许的一个象征信号，而且默许似乎不需要严格意义上的实际表示。默许可以被观察者理解或者推断，而与同意者对自身同意的意图或者认知毫无关系。类似地，卢梭也认为国家成立以后，居留就构成了同意，居住在领土之内就得服从主权。

关于默认同意的相关观点实际上成为同意理论的最大争议点。首先，古往今来大部分社会成员很少对国家权威真正明确表示过同意，[③] 虽然也没有明确表示不同意，但通常他们很少关注或关心国家权威。洛克通过“默认同意”情境的设置，将沉默的大多数自然纳入同意理论中，并使其承担起了自己的政治义务。对此皮特金强调说，洛克把同意的内涵扩大到“几乎无法辨认”的地步，这样就使公民的同意实际变得不由自主了。她

① ［美］乔治·萨拜因：《政治学说史》下卷，邓正来译，上海人民出版社 2010 年版，第 219—220 页。

② ［英］洛克：《政府论》下篇，叶启芳、瞿菊农译，商务印书馆 1964 年版，第 74 页。

③ 这种明确表现出来的同意更多的可能只有在移民办理移民手续的过程中有过放弃原有国家国籍而愿意承担移入国政治义务之宣称。

指出，既然同意包括我们所做的一切举动，那为什么还要费劲强调它呢？除此而外，这种说法还迫使我们得出这样的结论，居住在哪怕是最为恶劣的暴君统治之下的领土内，我们也只有同意一途，而这显然与洛克的初衷相去甚远。①

其次，居住地成为默许同意的象征信号，居留行为便构成同意这一论点也很难成立。对此，休谟最早进行了质疑和批判。该观点的论述思路是这样的：居住地永远都不能构成对政府统治的默许，因为诸多的革命者、间谍、无政府主义者、流氓团伙和逃犯都有可能居住在这个国家中，如果说这些人也同意——即便是默许——他们所积极反对的政府的统治，那显然是荒唐的。②

再次，如果表示不同意的方式是不合理的，或者很难做到，或者不同意的结果对于表态者来说是极端不利的，那么，沉默或者不作为，不能被看成同意的信号。因为只有当人们拥有充分的在国家间自由迁徙的权利时，默认同意才能真正对人们有意义。因为“对于一个贫困的、不懂外语或外国风俗、靠着微薄工资维持日食的农民或工匠，我们能够认真地说他对于是否离开自己的国家具有选择的自由吗？如果能够这样说的话，那么，对于一个睡梦中被人搬到船上、若要离船则只有跳海淹死的人，我们岂不可以同样宣称他留在船上就表示他已自由同意接受船主的统治”。③显然，这样的认定方式是很难被人接受的。在现代民族国家时代，各国都已制定出严格的移民政策和相关规定，能够成功移民他国的只有极少数人。此时，如果断言这些由于各种原因不能自由移民他国的人是默认同意，这样的结论是没有多少说服力的。

此外，罗尔斯认为义务纽带是以公平的制度为预设前提的，“默认甚至同意明显的不正义制度不会产生职责。”④ 因为，“人们一般都同意：强迫做出的诺言从一开始就是无效的。同样，不正义的社会安排本身就是一

---

① ［美］A. 约翰·西蒙斯：《道德原则与政治义务》，郭为桂、李艳丽译，江苏人民出版社2009年版，第77页。

② 同上书，第88—89页。

③ ［英］休谟：《休谟政治论文选》张若衡译，商务印书馆2010年版，第127—128页。

④ ［美］罗尔斯：《正义论》，何怀宏等译，中国社会科学出版社1988年版，第332页。

种强迫，甚至是一种暴力，对它们的同意并不具有约束力”。[①] 这就意味着，并非所有的同意行为都足以产生义务，强迫做出的承诺没有约束力，因为它们不是真正意义上的自愿行为。

第四，同意的限度对权利神圣性的削弱

同意的方法确保一个被同意的政府永远无法合理地伤害公民，只要公民是在个人法权之中行事。经由个人自由同意而成立政府，便意味着他是自愿地接受政府对其行为的约束，也不会对这种约束有所抱怨。但是，即使一个人明确同意另一个人的行为，这种行为是否总是有理并不确定。因为某些行为即使是自己同意的，但也会被认为构成“伤害”，这就导致了同意的限度问题。

事实上，同意理论家们也承认个人同意之神圣性是有限度的，因而对个人自我决定的尊重也是有限度的。这些限度出现在某些自然权利是“神圣不可剥夺的”信条之中。例如霍布斯就认为，当主权者的命令不能防卫臣民的身体时，臣民就可以不服从。因为“不防卫自己的身体的信约是无效的。因此：如果主权者命令某人（其判决虽然是合乎正义的）把自己杀死、杀伤、弄成残废或对来攻击他的人不予抵抗，或是命令他绝饮食、断呼吸、摒医药或放弃任何其他不用就活不下去的东西，这人就有自由不服从”。[②] 洛克也断言，“一个人不能使自己受制于另一个人的专断权力”。[③] 对洛克而言，即使最明确地表示愿意成为对方的奴隶，也不能使一个人抵抗其主子的行为变得错误，或者也不能使主子实施奴役的行为变得正当。[④]

这里面实际上隐含着同意理论家论证思路上的一个难题。一方面，同意理论家对个人决定表现出极大的尊崇，比如同意不生违法、同意足以转让任何权利，但神圣不可剥夺的权利主张却对这种尊崇构成牵扯。比如

---

① ［美］罗尔斯：《正义论》，何怀宏等译，中国社会科学出版社 1988 年版，第 332 页。

② ［英］霍布斯：《利维坦》，黎思复、黎廷弼译，商务印书馆 1985 年版，第 169 页。

③ ［英］洛克：《政府论》下篇，叶启芳、瞿菊农译，商务印书馆 1964 年版，第 84 页。

④ 事实上，洛克拒绝绝对权力的可能性，乃是因为它意味着转让一种没有任何人拥有的可以夺取他人生命的权利。简单地说，人没有这项权利，而不是说它是一项人所拥有的不可剥夺的权利。另外，有证据表明，洛克相信，我们实实在在拥有的那些权利，从本性上说只能部分转让给他人；这倒确实在主张一种不可剥夺的权利之理论。［美］A. 约翰·西蒙斯：《道德原则与政治义务》，郭为桂、李艳丽译，江苏人民出版社 2009 年版，第 62 页。

说，为什么一个人没有使自己遭受自愿奴役的自由呢，或者，为什么一个人没有让别人剥夺自己的性命的自由？霍布斯的答案是："任何人的自愿行为目的都是为了某种对自己的好处。所以有些权利无论凭什么言词或其他表示都不能认为人家已经捐弃或转让。"① 有时，同意呈现出某种自相矛盾，一个同意被处死的人似乎使自己放弃了做出那些表示的初始目的。尽管人们对每一个自愿行动的目标都是为了行动者的某种好处这一基本前提存在不同看法，但我们仍可以接受它，并按照同意理论的精神答复如下：我们中有谁敢说即便一个人放弃了自卫权利，也不可以构成对自己的某种利益？因为，我放弃一项权利并不必然意味着它会被用来反对我。比如，在知道最好的朋友即使有权利伤害也绝不会加害于我的情况下，拿我的自卫权利跟他交换 100 美元，难道对我不会有些好处吗？但是，同意理论不允许任何人的命运一出生就自动受到任何国家支配的主要动因，乃是因为没有人可以决定别人的利益是什么。即使是一个理想的国度，它唯一的宗旨就是公民的利益。② 这样一来，同意理论中神圣不可剥夺权利的信条就显得相当突兀，因为它颇有点家长式作风的味道，而这首先是同意理论家所反对的。

以上几点是同意理论在证成公民服从义务时存在的理论困境。尽管如此，同意理论在政治理论生活中的主导地位和深刻影响是普遍公认的。如何克服这些理论困境，从而使同意理论被证明继续有效，或者如何为公民的政治义务提供另一种更加完善和强有力的证成，这些仍是当代理论工作者们思考和争论的难题。在对同意理论进行反思的过程中，理论家们提出了证明政治义务的另外一条路径——公平理论。

第二节　公平与服从

一　哈特的相互限制原则

1. 哈特相互限制原则的提出

哈特在 1955 年发表的一篇极富影响力的论文中提出了一种"相互限

---

① ［英］霍布斯：《利维坦》，黎思复、黎廷弼译，商务印书馆 1985 年版，第 100 页。

② ［美］A. 约翰·西蒙斯：《道德原则与政治义务》，郭为桂、李艳丽译，江苏人民出版社 2009 年版，第 62—63 页。

制”原则：“如果一些人根据某些规则从事某种共同事业，并由此而限制了他们的自由，那么那些根据要求服从了这种限制的人就有权利要求那些因他们的服从而受益的人做出同样的服从。”① 这一观点通常被人们称为“相互限制”原则。换句话说，如果某人在一项合作事业中受益了，那么他就必须像合作者那样遵循规则，限制自己的自由。照此而论，政治共同体就如同一项宽泛的合作计划，身处其中的每一个公民都与他们的同胞有一种相互合作的关系。② 这项合作事业运行的基本规则是法律，由此产生的收益是法治、安全等，处于这样一种合作关系中的几乎所有政府的确都曾授予其公民以重大利益，尽管每个政府所提供的利益可能在质和量上大不相同，但每一个社会成员都实实在在地从政府那里得到了好处，这种好处的获得离不开人们对自己自由的限制和对法律的服从，所以其他享受到这种好处的人也应该尽服从法律的义务。

哈特认为，虽然相互限制原则与同意理论所产生的都是特殊权利与义务，但两者的产生方式不同。同意理论建立在人要为自己的行为负责的观念基础上，相互限制原则建立在公平对待他人的观念基础上，前者产生的是人们自愿选择的行为，后者产生的是受益者与牺牲者之间的特定关系。政治义务只有用相互限制原则才能得到解释。同时，同意理论下的政治义务更多表现为公民对政府而非对其他公民的义务，而相互限制理论下的政治义务表现为具体的公民对公民的义务，如果公民不履行政治义务，受侵犯的不是居庙堂之高的抽象的政府或国家，而是身处江湖之中同我们一样平凡脆弱、有合法利益追求、需要关爱的公民。在这一点上，相互限制原则对政治义务的证成似乎更加通情达理。

2. 对哈特相互限制原则的批评

哈特的相互限制原则看似公平但蕴含诸多问题。首先，它在义务的分担上没有尊重承担人的个人意愿。如果某一公民不是出于提升其他公民的特殊福祉，而仅仅是为实现其个人利益，不管其他人是否想要得到这些利益，而强行将获取利益的义务负担分摊给其他公民，在这种情况下，其他

---

① 转引毛兴贵编《政治义务：证成与反驳》，江苏人民出版社 2007 年版，第 66 页。

② ［美］A. 约翰·西蒙斯：《道德原则与政治义务》，郭为桂、李艳丽译，江苏人民出版社 2009 年版，第 107 页。

公民是不会情愿承担义务的，更不会对摊派者表示感谢。同理，如果政府为公民提供的并不是他们所期望的利益，他们也没有拒绝的机会和权利，甚至政府所提供的这些利益未必真正着眼于促进公民的福祉，可能只是政府推进自身目标的结果而已。在这种情况下，“我们就不能硬着头皮说，每个公民由于自愿地从国家那里接受了利益而获得了义务”。[①] 还有受益者的选择权问题。受益者或许认为其他事业更有价值，此时他能否选择另外一个他认为更好的合作计划？换句话说，即使一个人有公正无私、发自良心的理由去反对某一特定的合作事业，并努力为一项替代事业争取支持，他是否也有义务为这一合作事业做出贡献？如果一些人组织了一项要求每个受益者做出贡献的合作事业，但是如果受益者因为得到这种利益而参与合作或许是不合算的，这种情况下是否每个受益者都有义务做出指派给他的贡献，即使做贡献所耗费的各项成本超出了他从合作事业中所得的利益也一样？对于产生公共产品的合作事业，应该首先征得受益者的同意，在此基础上所获得的利益才能成为产生义务的根据，如果完全不考虑对方的意愿，直接给予他某种利益并据此要求回报，一个人是否就获得了强制他人的权利？

其次，如果合作事业所产生的利益或者利益的负担在分配上是不公平的，政治义务的证成也很难成立。这里所说的“利益”主要指个人与他在缺乏社会合作的情况下相比而获得的收益，用佩特曼（Carole Pateman）的话说，关键的问题是：相对于什么而言受益了？如果与自然状态的对比是不相关的，那么明显的对比就是公民社会中群体之间和等级之间的对比。[②] 也就是说，利益和负担是否能在合作计划每一个参与人之间进行公平分配很关键。我们如何才能判定一个人从合作所带来的公共产品当中得到了充分利益？在任何一项合作计划中，人们的价值目标可以并不相同，比如：“住在豪宅里的衮衮诸公会比住在贫民窟里的芸芸众生更在意空气污染；既得利益者总是比既失利益者更关心眼前的秩序。”[③] 如果一个人

---

① 毛兴贵编：《政治义务：证成与反驳》，江苏人民出版社 2007 年版，第 175 页。

② ［美］乔治·克洛斯科：《公平原则与政治义务》，毛兴贵译，江苏人民出版社 2009 年版，第 127 页。

③ 程炼：《公平游戏与政治义务》，载于《哲学门》第一卷第一册，湖北教育出版社 2000 年版，第 141 页。

拒不承认或不相信他从某项合作计划中获得了利益，事实上我们就很难证明他是那个合作计划的受益者。也就是说，除非有充足的事实证据，否则只有当受益者本人表现出某种态度或信念以后，我们才可以说他们在很大程度上受益了，进而产生了服从的义务。

总之，虽然相互限制原则是哈特为纠正同意理论的缺陷而提出来的，但它较多谈论的只是一种施惠者角度的受益问题，并没有考虑受益者的感受和利益的均衡性。事实上，公民几乎没有机会选择拒绝国家所提供的利益，而现存的国家将政治利益与负担同时强加给疆域范围内的所有人，这是明摆着的事实。这一理论也因此遭受了各方的批评。

二　罗尔斯的公平原则

1. 罗尔斯公平原则的论证

为了摆脱哈特相互限制原则所引发的各种异议，罗尔斯加入了一些新元素，他提出至少在一个像我们这样的社会中，有一种服从法律的道德义务，这种义务是由某种普遍的正义原则或社会效用原则支撑和决定的，[①]并在此基础上提出了公平游戏原则。这一原则的主要内容是："当一些人根据规范参加了一种互利的合作冒险，就以产生对所有人的利益的必要方式限制了他的自由，那些服从这些约束的人就有权要求那些从他们的服从得利的人有一同样的服从。我们不做我们的公平的一份工作就不应当从他人的合作劳动中得益。"[②]

罗尔斯的公平原则有助于我们解释，为什么人们会负有一种他们完全看不到的公平游戏义务。"在现代世界的庞大国家中，政府似乎往往是一种遥远而陌生的力量，很难想象为什么我们身边的陌生人可以很好地成为我们合作事业中的伙伴。公平游戏原则向我们揭示了这一点，也揭示了为什么我们对他们负有义务——包括对他们所负的、遵守法律的义务——也有针对他们的权利。"[③]

---

① ［美］罗尔斯：《法律义务与公平游戏责任》，毛兴贵译，载于毛兴贵编《政治义务：证成与反驳》，江苏人民出版社 2007 年版，第 55 页。

② ［美］罗尔斯：《正义论》，何怀宏等译，中国社会科学出版社 1988 年版，第 106—107 页。

③ 毛兴贵编：《政治义务：证成与反驳》，江苏人民出版社 2007 年版，第 120 页。

那么，罗尔斯的公平原则与服从法律的道德义务之间是如何联系起来的呢？罗尔斯关于法律义务的道德基础体现在如下两种特别情形中：第一，人们有时甚至有义务服从不正义的法律；第二，即使不服从法律可能产生更多的收益，有时人们仍有义务服从法律。令人费解的是，既然服从法律的道德义务是以公平原则为基础的，那么对于不正义的法律人们为什么要服从呢？如何才能说服人们放弃更大的善而履行服从义务呢？

就第一种情况而言，按照罗尔斯的观点，在宪政民主条件下，每个人在道德上有义务服从不正义的法律。即使出于正义的考虑少数派在某项立法提案上坚决反对多数派的主张，因为他们发现多数派是在利用他们的力量和选举权谋一已之私；或者虽然多数派的提案可能使少数派的人获益，但少数派仍以不正义而反对提案。但是，不管少数派先前持怎样的态度，一旦这项法律正式获得通过他们都应该服从它。①

这一看似令人难以理解的情形如何在道德上获得证成呢？在罗尔斯看来，不管什么样的法律，只要它们不超过某些限度，人们就应当遵守它们，这是完全可以做到的。当然，这种行为要求是以一定的前提条件为保证的。

首先，人们应对制定法律规则的程序持正确的认识。严格说来，宪法程序是一种社会决策过程，它所产生的不是某种真理性的认识，而是一条要得到遵从的规则。因为即使假设每一个公民都持有相似的正义感，并一致认可某种宪法程序的正义性，但在“什么是最好的政策”这一问题上他们很难形成完全无分歧的结论。如果要在诸多相互冲突的立法提案之间进行选择决断的话，那么接受宪法程序既是明智之举，也是可行的政治策略。事实上，宪法同样是社会合作事业的一个基本组成部分，假如它是正义的，生活于社会中的人们事实上已经接受并打算继续接受宪法运行所带来的好处。基于公平游戏的原则，如果某项法律经由宪法程序所通过并在一定的限度内，那么人们便由于对正义宪法好处的接受而负有服从法律及基本规则的义务。②

---

① ［美］罗尔斯：《法律义务与公平游戏责任》，毛兴贵译，载于毛兴贵编《政治义务：证成与反驳》，江苏人民出版社 2007 年版，第 57 页。

② 同上书，第 59 页。

其次，这是一种公民对普通同胞公民的义务。公民有义务服从由宪法程序所通过的法律，即使这些法律可能带有某种程度的不正义，这种义务不是为了服从官员而产生的，而是对那些在宪法的运行中与我们合作的人所尽的义务。也就是说，这种义务是公民彼此之间所负有的义务，对于那些不履行义务的人公民有权表示不满和愤慨。当然，这种义务是以宪法及整个法律体系的正义性为前提的，只有这样公民的服从才能在宪法所规定的各种相互冲突的要求之间保持适当的平衡。“如果我们发现政治社会中的一些成员享受着几乎所有的利益而其他人却承受着几乎所有的负担，我们就可以得出结论：不仅那些承受负担的人们对国家没有义务，而且那个制度本身也存在着根本性的错误。”①

最后，多数人对少数人不存在良心上的信念制约。尽管就法律的制定过程而言，多数人通过的法规可以对少数人形成约束，也就是说，一个人可能受到他人行为的影响和制约，这种约束是以宪法的正义性以及人们对其利益的接受为前提条件的。但是诸如什么是最好的政策的某些信念，这是多数人无论如何也无权和无法让少数人从良心上接受和改变的。②

与此同时，罗尔斯还提出了两条普遍适用的正义原则：第一，社会生活中的每个人享有一律平等的自由权利；第二，如果允许不平等存在的话，那么这些不平等一定是有利于每一个人的，而且每个人在享受不平等收益的机会上是平等的。在现实的社会生活中，当理性而自利的人们就某一公共议题持有不同主张，或对社会制度的具体运作形式等基本问题观点有分歧时，也就是社会生活中出现正义方面的问题时，如果将道德限制强加于这些人，这些原则便体现出来。③

就第二种情况，即使不服从法律可能产生更多的收益，有时人们仍有义务服从法律，罗尔斯是通过纳税进行论证的。单个人不纳税不会造成严重的社会后果，但是对这个逃税者本人而言，他将从本人的这一行为大大获益。如果我们已经接受了并打算继续接受国家财政制度的好处，按照公平原则我们就必须纳税。正是由于其他人遵守了国家的纳税制度，从而产

① 毛兴贵编：《政治义务：证成与反驳》，江苏人民出版社 2007 年版，第 121 页。

② ［美］罗尔斯：《法律义务与公平游戏责任》，毛兴贵译，载于毛兴贵编《政治义务：证成与反驳》，江苏人民出版社 2007 年版，第 60 页。

③ 同上书，第 60—61 页。

生了被普遍分享的利益，因此任何人都没有理由免除自己的义务而单纯享受可能的普遍利益。①

2. 对罗尔斯公平原则的批评

对公平原则最著名的反驳是由诺齐克提出的，他通过具体的事例指出了这一原则与公民自由之间的内在矛盾。

> 现假设你的邻人（共364个成年人）确定了一种公开演讲制度，并决定创立一种公共娱乐制度，他们公布了一个名单，包括你在内，每人一天。一个人在指定给他的那天（人们可以容易地调换日期）去照管公开演讲会，在那里放唱片、发布新闻、讲他听到的逗人故事等等。在过去了138天，每一天每个当班人都履行了他的职责以后，轮到了分配给你的那一天，你有义务去值你的班吗？你已经从它受益了，偶尔打开窗子倾听和欣赏某些音乐，或者因某人的滑稽故事感到开心。其他人都已经尽力了，而当轮到你这样做时，你必须响应这个号召吗？②

第一，诺齐克认为尽管你从这种公开演讲制度中获益了，但是你还是可以不必逼迫自己一定去完成那些指派给你的任务。因为，也许对你而言，放弃自己一天自由安排的损失要远远大于别人提供的364天的娱乐。也就是说，你宁可不享受这些既定安排的娱乐，也不情愿放弃自己一天的自由生活。如果你真的持有这样的想法，当轮到你值班时，别人要求你参加，你怎么办呢？也许在你感到疲倦的深夜，你可以随时扭开收音机因听到哲学作品的朗读而身心愉悦，可是如果让你用一整天的时间去为别人朗读，也许你的愉悦感就无从获得了。不管你有什么愿望，别人都能通过由自己率先进行这一节目而给你带来也这样做的义务吗？当然这种情况下的利益你可以通过不收听来进行拒绝，可是有时某些利益却是你不可避免能获得的。比如你居住区的街道每天都有不同的人打扫，也许你并不在乎街

---

① ［美］罗尔斯：《法律义务与公平游戏责任》，毛兴贵译，载于毛兴贵编《政治义务：证成与反驳》，江苏人民出版社2007年版，第63—64页。

② ［美］罗伯特·诺齐克：《无政府、国家与乌托邦》，何怀宏等译，中国社会科学出版社1991年版，第99页。

道的整洁，但当轮到你时，你也必须去扫吗？如果你拒绝加入合作计划，当穿过街道时你必须设想它是脏的来消解自己无功受益的愧疚吗？夜深人静时你也不能收听哲学作品的朗读愉悦自己吗？①

对此，程炼先生质疑道："如果他的确从公共娱乐系统中获益良多，但仍宣称他为之付出一天是不值得的，那我们如何回答他呢？……一个人不能仅凭自己的纯粹个人说法，即他的所得不值得他放弃一天，来否认自己的义务。"② 这一点诺齐克本人也意识到了，于是他进一步提出"至少，人们想在公平原则中加进这样的条件：一个人从他人行为中的得益要大于他履行他的职责时付出的代价"。③ 在上述例子中，如果那个人在规则制定当初就明确提出自己的不同意见，或明确表示自己拒绝这样的计划，此时如果他的邻居们完全不尊重他的个人意愿强行推行这一计划，那么他就可以拒绝接受任务，也没有合作的义务。如果他一开始并没有提出拒绝，当轮到他尽义务时，他却以自己一天的劳动代价要远远大于目前所得利益为借口而拒绝履行合作义务，这种做法便有背诺言，也是不道德的。

第二，在诺齐克看来，即使一个人从他人行为中的收益大于他本人履行义务的付出，公平原则还不具有足够的说服力。比如，"你所得的利益可能只与你所付的代价相等，而其他人却可能从这一制度中获得比你多得多的利益"。④ 当这种情况出现时，你完全有理由拒绝履行义务。因为在个人的付出上，也许并不一定要与他人相同，但是在付出与所得的比例上应与其他人相称。

第三，即使一个人在合作计划中的收益与他本人的付出相当，他仍有可能反对公平原则。因为也许你可能有另一套行动计划，可是如果你参与了指派给你的合作计划，那就只能放弃你个人所想的那套方案。

第四，诺齐克认为，公平原则最根本性的问题在于它对个人自由的侵

---

① ［美］罗伯特·诺齐克：《无政府、国家与乌托邦》，何怀宏等译，中国社会科学出版社1991年版，第99—100页。

② 程炼：《公平游戏与政治义务》，《哲学门》第一卷第一册，湖北教育出版社2000年版，第137页。

③ ［美］罗伯特·诺齐克：《无政府、国家与乌托邦》，何怀宏等译，中国社会科学出版社1991年版，第100页。

④ 同上。

犯。在公平原则的实施中，公民可能在未经自己同意或不知情的情况下得到某些利益并由此背负义务，这是对公民自由的侵犯，也是不正义的。“不管一个人的目的是什么，他不可能如此行动：先给人们利益，然后要求（或强取）偿付。任何一个群体也不能做这种事。”① 也许人们根本不在乎被赋予的利益，更不愿因此而承担义务。在这一点上，诺齐克延续了同意理论的基本观点——义务必须产生于人们的同意，他坚持认为，“即便公平原则能得到系统的阐述，以致不再受到质疑，它也不能免去下述要求——要使人们参加合作和限制他们的行动，必须先征得他们的同意”。②

西蒙斯认为，受公平原则约束并需要尽责任进行合作的，主要是那些合作计划的“参与者”或“局内人”，而不应包括那些从合作计划的运作中得益的“局外人”。假如你是某个合作计划的成员，并在该计划中收入大增。当你用自己在这个合作计划中的收益给亲朋好友赠送礼品时，他们实际上也成为这个合作计划的间接受益者，但如果他们以这种方式受益，就要求他们承担合作计划中的责任，那显然是荒谬的。在西蒙斯看来，要确定一个人是某一合作计划的真正参与者，他要么必须承诺服从合作的规则，或者默认合作规则的支配，要么必须在合作计划成立之后在其中扮演积极的角色。③ 那些拒不接受的好处，以及那些我们在无意中得到或者在我们完全无法控制的局面下得到的好处，就不是我们接受的好处。要说接受好处，个人必须要么努力去争取（而且已经成功获取），要么自愿和有意获取。④

现实生活中就算存在这种接受好处的可能性，也几乎没有人这么做。西蒙斯进一步指出：“对政府的好处，我们中的多数人都没有这种态度要求或者信仰要求。至少有许多公民几乎从不注意（而且看起来不愿意去考虑）他们所得的好处。甚至有更多的人，在面对高额税收、面对可能卷入国际‘维和行动’中作战的兵役，或者面对立法干涉私生活诸情形

---

① ［美］罗伯特·诺齐克：《无政府、国家与乌托邦》，何怀宏等译，中国社会科学出版社1991年版，第101页。

② 同上书，第101—102页。

③ ［美］A. 约翰·西蒙斯：《道德原则与政治义务》，郭为桂、李艳丽译，江苏人民出版社2009年版，第111—113页。

④ 同上书，第117—118页。

时，相信从政府那里得到的好处，不值得他们为此被迫付出的代价。尽管这些信念可能是错误的，但是，它们无论如何都与‘接受’政府的公开好处南辕北辙。更有甚者，我们必须承认，即使是在民主的政治共同体中，这些好处一般也被看做从中央当局那里（以各种税收）换来的，而不是被看做接受公民同胞合作的好处。”① 由此可见，公民的“自愿性”在公平原则中常常是被忽略的。

对于政治义务与公民自由之间的矛盾，罗尔斯也是有所意识的。在《正义论》中他再次强调，公平原则的两个条件是：第一，这个制度是正义的，即它满足了正义的两个原则；第二，一个人自愿地接受这一安排的利益或利用它提供的机会促进他的利益。② 就其自愿性而言，“它们是作为我们自愿行为的一个结果产生的，这些自愿行为可能是明确地给出的或者默默地承担的，像允诺和协议，但它们不是一定要如此，像在接受利益的情况中那样”。③ 虽然在政治义务的证成中罗尔斯并没有彻底放弃公平原则，但在具体运用上变得明显谨慎了。他指出：“公平的原则只约束那些占据公职的人们，或者说，那些境况较好的，能在社会体制内部接近他们目标的人。”④ 这样一来，由于对个人自愿性的尊重使得罗尔斯的公平原则很难确立起普遍的政治义务。罗尔斯本人对公平原则的态度也显得有些犹豫，《正义论》中他似乎更倾向于诉诸正义的自然责任对公民的政治义务进行论证。

三　克洛斯科的公平原则

针对罗尔斯的公平游戏原则，克洛斯科尝试着把公平原则发展成一套成熟的政治义务理论。他认为：“服从法律的义务根植于政府所提供的、也是我们不可或缺的公共产品（public goods）。政府最主要的作用就是提供安全，主要是国防、法律与秩序，这些东西是可接受的生活其他所有方面的前提条件。因为这些利益依赖于大量公民的合作，任何一个人从道德

---

① ［美］A. 约翰·西蒙斯：《道德原则与政治义务》，郭为桂、李艳丽译，江苏人民出版社2009年版，第126页。

② ［美］罗尔斯：《正义论》，何怀宏等译，中国社会科学出版社1988年版，第112页。

③ 同上书，第113页。

④ 同上书，第116页。

上说也必须参与合作，除非他与其他人之间存在着具有道德意义的差异。”[①] 为了更好地阐述他的理论，他提出公平原则的五个主要因素：（1）共同事业或合作计划的存在；（2）由规范来协调的合作努力给那些合作者带来了利益；（3）合作要求服从各种各样的限制，因而对合作者来说是一种沉重的负担；（4）要产生这种利益，需要一定的人数——通常是大多数人，但不是所有的人——参与合作，因此服从必要限制的人不同于其他不服从限制的人（即不合作者）；（5）不合作的人也从合作努力中得到了利益。[②]

他肯定了由哈特所提出的，公平原则的道德基础是限制的相互性。也就是说，受益于他人合作努力的人也有义务参与合作。[③] 克洛斯科理论的一个特色在于提出了“可排他性益品和不可排他性益品”之分。前者是指我们可以在将它提供给一个群体的某些成员的同时，又不让特定的人得到它。[④] 后者是指这种益品一旦被提供出来，往往就必定会被提供给一定群体的所有成员，要想不让其他成员得到它就很困难或不可能。[⑤] 当然这种划分不是绝对的，而只是大体上的。一般而言，公共产品是不可排他性的。在克洛斯科看来，公平原则对于提供可排他性益品的合作计划是非常适合的，但如何用它来证明不可排他性益品合作计划呢？实际上在这种情况下，作为受益者的个人未必是自愿的，这种受益对他来说，也未必是必需的，所以在这种情况下，如果强迫他去履行相关义务，他从心里可能不太认同，甚至会觉得比较委屈。因此罗尔斯的公平原则只是将它限定在可排他性计划的运用方面。人们也将这种主张称为“限制性论证”。[⑥]

---

① ［美］乔治·克洛斯科：《公平原则与政治义务》，毛兴贵译，江苏人民出版社 2009 年版，导言，1—2 页。

② 同上书，第 37—38 页。

③ 同上书，第 38 页。

④ 比如 A、B、C、D 可以共同出力凿一口井供他们自己使用，并拒绝 E 使用这口井。或者他们可以共同出资建一个娱乐中心，而不让别人进入。［美］乔治·克洛斯科：《公平原则与政治义务》，毛兴贵译，江苏人民出版社 2009 年版，第 40 页。

⑤ 比如，国防、法律与秩序、环境保护等。［美］乔治·克洛斯科：《公平原则与政治义务》，毛兴贵译，江苏人民出版社 2009 年版，第 40 页。

⑥ ［美］乔治·克洛斯科：《公平原则与政治义务》，毛兴贵译，江苏人民出版社 2009 年版，第 41—42 页。

进而，克洛斯科提出，如果下述三个主要的条件得到了满足，公平原则便可产生推进不可排他性计划的强义务。所提供的益品必须：（1）值得受益者为提供它们而努力；（2）而且是“推定有益的”（presumptively beneficial）；（3）这种益品带来的利益与负担在分配上是公平的。①

在讲到第一个条件（即值得受益者为提供它们而努力）时，克洛斯科举了两个军事方面的事例。一是修昔底德在《伯罗奔尼撒战争史》第五卷所描述的米洛斯城，假设米洛斯人所面对的是一支不可战胜的雅典大军，如果抵抗失败了，所有人都可能被杀掉，因而此时个体公民没有合作的义务。二是1836年阿拉莫的守军被墨西哥军队包围了，守军反抗了，但最终全军覆没了，此时群体也不能使持不同意见的个人有义务参与合作去反抗。在这两个事例中，成功的反抗所带来的利益是推定有益的，但是成功的希望太渺茫，以至于参与合作所要承受的负担已经超出了反抗带来的利益。②

实际上，利益和负担的比较是非常复杂的。人们在评判一个体系的有益性，或对个人获益与负担之间进行权衡比较时，个人的主观因素对其影响很大。不同个体，他们的衡量标准和心理感受都是不同的，那么，如果他不认为自己从社会合作体系中获益了，或者他认为自己的付出要远远大于收益，那么他是否应该承担义务呢？对此，克洛斯科评论道，如果一个体系的成员因为他们为一个人提供了某些公共善，而希望将一个义务加到他身上，那么“他们必须回答：一个人必须具有哪些特征才算是从这种益品当中得到了充分的利益；并且还必须解释：为什么具有这些特征的人就在必需的意义上受益了”。③“当这些益品是法律和秩序时，这些特征是显而易见的：受益者是一个终有一死的存在者，可以推定他重视生命，而且他人的行为也有可能会危及他的人身。”④

那么，判断某物是否有益的标准是什么呢？通常法律和秩序的有益

---

① ［美］乔治·克洛斯科：《公平原则与政治义务》，毛兴贵译，江苏人民出版社2009年版，第45页。

② ［美］乔治·克洛斯科：《公平原则与政治义务》，第67页。显然这样的判断用在军事方面是不合适的，甚至是一种误导，如果每个军人都这样想，那么军事上以少胜多，反败为胜的可能性几乎不存在了，这与军人的身份是不相符的。也许在非军事方面，这一点是可以理解的。

③ 同上书，第58页。

④ 同上。

性是通过假设它们的缺失将对社会造成的后果来评判的，克洛斯科对法律和秩序有益性的解释另辟蹊径，但他的霍布斯式的解释方式没能给我们一个清晰明了的认识。一方面，根据他的解释任何法律和秩序可能都是推定有益的；另一方面，结合他对法律的正义性要求，只有“正义的”法律才是有益的。根据他对公共善的解释，只要一个人生活在政治社会中，这个社会中的法律就将施惠于他，因为法律是服务于社会中的每一个成员的，这样一来，在一个政治社会中生活与接受社会的好处便是一回事了。如果这样，我们到底根据一个什么样的标准才可以说一个人受益于国家呢？比如，对于一个富商和街头流浪汉而言，美国的法律对他们的有益性程度相同吗？后者是否真的受益于法律了？另外，国家是一个互利合作体系的论断也是令人质疑的。因为如果国家只是阶级斗争的产物和阶级统治的工具，本质上它是服务于统治阶级的，那么我们怎能如此断言它是一个互利的体系呢？事实上，如何判断一个体系是互利的本身便是很复杂的问题，因为有太多的视角或基准可以进行比较分析，这样一来我们反而很难确立一个中立的或公认的标准来进行毫无争议地评断。①

就第二个条件而言，所谓推定益品，指的是类似于罗尔斯基本益品（primary goods）② 的东西，即“根据推测，每个人都想要的东西”。③ 可有可无的益品（discretionary goods）指由合作计划提供、虽然可欲却不是推定有益的利益。根据克洛斯科的看法，公共善是推定有益的，不管一个人对它们的态度或行为如何，他必定可以受益于这些善，例如国家安全、环境保护、法制与社会秩序等。正如阿尼森所言：“在纯粹公共善被提供的地方，自愿地接受好处是不可能的，因此根据公平原则，自愿地接受好

① 程炼：《公平游戏与政治义务》，载于《哲学门》第一卷第一册，湖北教育出版社2000年版，第140页。

② 又称为：“基本的善”（primary goods），是“那些被假定为一个理性的人无论他想要别的什么都需要的东西”。这些基本的社会善主要指权利和自由、机会和权力、收入和财富等。参见［美］罗尔斯《正义论》，何怀宏等译，中国社会科学出版社1988年版，第93页。

③ ［美］乔治·克洛斯科：《公平原则与政治义务》，毛兴贵译，江苏人民出版社2009年版，第45页。

处对于产生义务是不必要的。单单受益就足以产生义务。”①

然而，推定有益这个概念的提出并不能解决所有问题。因为合作计划同时还提供“可有可无的益品”，“尽管一个现代政府所提供的一系列可有可无的公共产品或许会使 A 的生活更为便利或更为舒适，但是在这里，他没有这些益品也行这一事实似乎至关重要”。② 可是在克洛斯科看来，至少当合作计划中推定有益的产品只能与某些可有可无的产品同时提供时，这些可有可无的产品是适用公平原则的，因为在这种情况下，两种产品构成了不可分割的整体。如果一个公民有义务去帮助合作事业提供某种推定有益的公共产品，那么，除非我们可以证明合作计划本身是不公平的，或者他为支持合作计划所付出的代价超过了他的收益，否则我们就可以认定他有义务去支持合作计划所提供的那些可有可无的公共产品。

这样的解释多少有些乏力。在西蒙斯看来，如果益品的提供者在“提供推定益品的同时选择了还要提供可有可无的益品，那么这就应该由他自己来负责。他要么就免费提供这些益品，要么就设法让它们具有可排他性；他不可以将这些益品强加于人，同时又以他自己设定的价格求偿。说什么已经提供了推定益品，这似乎是这种暴政的蹩脚理由”。③ 其实对于那些可有可无公共产品的提供者来说，由于不同时候的社会成员对这些公共产品的看法有可能完全不同，所以很难说这些利益都是推定有益的。同时，社会成员从这些可有可无公共产品中的受益也未必公平，此时如果还有其他替代选择的话，究竟应该提供哪些利益，以何种方式提供，都不是很简单的问题。更为关键的是，我们必须保证可有可无的产品所需要的额外负担一定不能过于沉重，尤其不能使得参与合作计划的整体成本高于它所带来的利益，而且可有可无的产品所带来的利益与负担的分配要大致公平。也就是说，做出这些决策的过程对所有参与者来说无论如何必须是公平的。

此外，在获得克洛斯科意义上非排他性推定有益的公共物品时，人们

---

① 转引程炼《公平游戏与政治义务》，载于《哲学门》第一卷第一册，湖北教育出版社 2000 年版，第 139 页。

② ［美］乔治·克洛斯科：《公平原则与政治义务》，毛兴贵译，江苏人民出版社 2009 年版，第 94 页。

③ 同上书，第 95 页。

能否将其看作是“主动接受”实际上很大程度上与他们所持有的主观信念有直接的关联。但是克洛斯科却否认主观信念在其中的作用，他明确表示：“我认为，A 是否对合作计划 X 负有义务，这在很大程度上不依赖于他可能会具有的一些特殊信念。”[①] 客观地讲，克洛斯科的态度本身就具有很大的主观性和随意性，而且他也并没有随之提供更多具有说服力的证据来给予进一步的说明。

尽管现代政府提供的许多可有可无的公共产品的确能满足推定有益的这些标准，但这一原则仍存在被滥用的风险。当政府向社会成员提供诸如支持交通与通信、调控健康与安全、提供公园与娱乐场所以及公共教育等这些可有可无的公共产品时，我们可以认为这是其履行服务社会职能的重要表现，也不会遭受太大的阻力。因此，即使公平原则不能创设义务去支持现代政府所做的每一件事，它也的确为大多数公民创设了义务去支持我们认为一个好政府应该履行的相当多的职能。但是，现代社会非常复杂，政府承担着广泛的可有可无的职能，并不是所有的职能都能满足推定有益的上述标准。比如，A 国的生态环境治理使临界边境上 B 国的公民受益，那么 B 国的公民也要因此承担服从 A 国由此所施加的政治义务吗？这显然与我们对于政治义务的日常直觉相违背，因为在这种情境下它难以满足西蒙斯所谓的政治义务的“特殊性要求”，充其量它只能成为一种反日常直觉的政治义务。也就是说，将公平原则延伸到广泛的可有可无公共产品的提供，并得出“接受或仅仅是得到合作事业的利益有时候就会使个人有义务支持这一事业，即使这个人事实上并没有同意它”的结论可能过于轻率了。如果这种政治义务都必须要求公民加以承担的话，那么公民所需要承担的政治义务将不可避免地超过正常的承载限度，类似性质的政治义务很可能会源源不断地加载到公民身上。

对于第三个条件，即公平分配的要求，这个条件很复杂，作者规避了具体的个人，只将此讨论限于作为整体的合作计划的公平性。他认为在缺乏可靠的手段来使人们对某种公平分配观念达成共识的情况下，可以用某种公平程序从一系列站得住脚的观念中进行选择。于是作者提出了“相

① ［美］乔治·克洛斯科：《公平原则与政治义务》，毛兴贵译，江苏人民出版社 2009 年版，第 62 页。

对公平的程序”。这种程序满足了某些基本的、没有争议的公平标准；所使用的机制不是纯粹的程序正义，其结果要受到独立审查；标准是可以容忍的公平而非绝对的公平。也就是说，问题不在于这个程序是不是所有可能的程序中最好的，而是说它是不是公平到了可以接受的程度。[①]

总的来说，克洛斯科的论证思路似乎有循环论证之嫌。正如程炼先生所指出的：“他用政治社会中的政治义务的存在（例如参加国防的义务）来例证他的公平原则，又用他的公平原则来捍卫政治义务的观念。”[②] 其实，现实生活中有很多情况是不能用公平原则来衡量的。特别对那些保家卫国的爱国将士而言，他们往往承受了比普通百姓大得多的危险，却没有多得任何好处，公平原则在他们身上是得不到解释的。如果一味坚持公平原则，那么如何才能培养宁死不屈的革命品质和为国献身的爱国精神呢？如何理解舍己救人的行为呢？如果每一个公民都完全遵循公平原则而行动，那么社会大家庭的温暖将难以体现。其实公民在履行政治义务时未必总是建立在对利害得失和他人意向行为的计算上，在国家危急关头人们根本没有那么多的时间去进行比较和计算，起支配作用的往往是个人对国家的责任感和义务感，而这些才是政治共同体得以不断巩固的重要基石。

第三节　自然责任与服从

一　罗尔斯论自然责任

鉴于同意理论和公平原则对政治义务无法给出令人满意的解释，那么我们还能相信有什么理由值得我们去支持国家的政治制度呢？正如罗尔斯所言，只有当公民自愿接受一种宪法的好处，他们才会受制于这种正义的宪法。但是就现实政治制度而言，要为此寻找一个合理的解释是非常困难的。[③] 实际上，公平原则似乎只适用于公共部门的工作人员，无论怎么修

① ［美］乔治·克洛斯科：《公平原则与政治义务》，毛兴贵译，江苏人民出版社 2009 年版，第 74 页。

② 程炼：《公平游戏与政治义务》，载于《哲学门》第一卷第一册，湖北教育出版社 2000 年版，第 142 页。

③ ［美］罗尔斯：《正义论》，何怀宏等译，中国社会科学出版社 1988 年版，第 336—337 页。

正，它都有一些无法摆脱的困难。于是在 1966 年的论文《公民不服从的正当性》中，罗尔斯就开始修正其政治义务的公平原则，并把“公平竞争的义务——正义的责任”结合起来解释政治纽带。[①] 在他看来，“由公平原则指定的要求就是职责”[②]，职责也是“履行职务所要求的义务，这些义务决定着职责的内容”。[③] 职责有几种不同于其他道德要求的特征：第一，它们是作为我们自愿行为的一个结果产生的；第二，职责的内容总是由一种制度或实践确定的；第三，职责一般是归之于那些一起合作以坚持他们的制度安排的个人。[④] 除了守诺之责和应用于普通公民的政治职责外，所有的职责都能够被公平的原则包括在内。[⑤] 于是罗尔斯在公平原则的基础上提出了自然责任原则。

罗尔斯认为，支持和发展正义制度是每个人的自然义务。“这个义务有两个部分：第一，当正义制度存在并适用于我们时，我们必须服从正义制度并在正义制度中尽我们的一份职责；当正义制度不存在时，我们必须帮助建立正义制度，至少在对我们来说代价不很大就能做到这一点的时候要如此。因此，如果社会基本结构是正义的（或者具有在特定环境中可以合理期望的正义性），那么每个人就都有一种去做要求他做的事情的自然义务。每个人都负有这种义务，不管他自愿与否、履行与否。”[⑥]

对这个自然责任义务的承认主要出于两方面的原因。首先，人在社会中安全感和相关利益的获得依赖于人们相互之间的尊重。尽管原初状态中各方对相互的利益都不关心，但现实生活中别人的冷漠或轻蔑可能会消解我们的自尊和对自己目标体系价值的信任。如果社会成员都能履行相互尊重的自然义务，那么每个人都将在这种社会氛围中获益，而且这种获益所需付出的代价是较小的。其次，如果社会成员的相互尊重和帮助已成为一种公开知识，那么它将会创造出更大的社会价值。即使我们不需要这种帮

---

① ［美］A. 约翰·西蒙斯：《道德原则与政治义务》，郭为桂、李艳丽译，江苏人民出版社 2009 年版，第 131 页。

② ［美］罗尔斯：《正义论》，何怀宏等译，中国社会科学出版社 1988 年版，第 112 页。

③ 同上书，第 113 页。

④ 同上。

⑤ 同上书，第 114 页。

⑥ 同上书，第 333—334 页。

助以及我们偶尔被要求来提供帮助，这一点仍然成立。也就是说，自然责任原则的主要价值不是通过我们接受的帮助或实际受益来衡量的，而是根据我们对其他人善良意向的信任感和他人将在我们需要时给予帮助的公开知识体现的。[①] 因此，罗尔斯认为公民要服从一种正义宪法所制定的正义法规。“正如一种现存宪法所规定的立法的合法性并不构成承认它的一种充足理由一样，一个法律的不正义也不是不服从它的充足的理由。当社会基本结构由现状判断是相当正义时，只要不正义法律不超出某种界限，我们就要承认它们具有约束性。”[②]

这里值得注意的有两个问题：第一，那种要求我们接受现存安排的义务或职责未必总是有效的。当现有社会安排或多或少偏离了正义的轨道，或社会安排的观念本身是不合理的等情况出现时，自然责任的要求可能就很难执行。第二，在一个近乎正义的社会中，我们不仅对正义的法律，而且对一些不正义的法律都有服从的义务，这一点是令人难以理解的。

关于上述第二点，罗尔斯认为，在立宪会议中宪法制定过程是一种正义但不完善的程序。它的正义性表现在它始终追求一个正义的结果，而不完善性则表现为，实际政治过程中很难找到一个完美的程序来保证结果的绝对公正性，政治过程包括司法过程都是不完善的程序正义，特别在立宪的过程中票决机制已被广泛运用并成为主要决断方式。[③] 因此要绝对避免不正义是不可能的，“只要某些不正义的法律和政策不超过某种不正义的限度，我们维持正义制度的自然义务就约束我们服从不正义的法律和政策，或至少不运用非法手段来反对它们”。[④]

问题在于：按照契约论的理论，如何证明人们先前如何会同意一种将要求人们去服从那些他们认为是不正义的法律的立宪规则呢？

罗尔斯认为，第一，我们不可能在现有可行程序中找到一个总是完全有利于我们利益的程序；第二，与其达不成任何协议，不如同意其中某一程序。实际上各方在选择一种正义宪法、并采纳某种形式的多数裁决规则

---

① ［美］罗尔斯：《正义论》，何怀宏等译，中国社会科学出版社 1988 年版，第 338—339 页。

② 同上书，第 351 页。

③ 同上书，第 353—354 页。

④ 同上书，第 354 页。

时，基于自身利益的维护，人们往往会容忍或接受某些在正义感或其他知识方面带有不足的程序。① 当然这种容忍是有条件的。首先，人们所要承担的不正义负担没有超出人们的承受范围；其次，对不正义负担的承受是平均分配给社会成员的。也就是说，自然责任原则意味着人们将共同分担一个立宪制度所不可避免的某些不正义，接受这些负担只是表明人们承认由人类生活环境所强加的限制，并愿意在这种限制范围内工作。“从这点来看，我们有一种礼貌的自然义务，既不把社会安排的缺陷当作一种不遵守它们的现存借口，也不利用规则中不可避免的漏洞来促进我们的利益。礼貌的自然义务加予我们一种对制度缺陷的恰当的认可，并限制从中渔利的活动。”② 因此，对一定限度内不正义法律的服从，是一个近乎正义社会中公民的自然责任。

二　对自然责任理论的反驳

罗尔斯的这种论证是否充分呢？首先，对不正义法律的容忍会出现多种结果。一方面，既定社会秩序得以继续维持下去，政治统治的权威得以延续，社会成员基于不公正感的反抗行为被从心理和制度上拒绝，社会表现出相当的稳定性。但另一方面，如何保证这种不正义不是故意的？怎样才能保证它会大致平均分配给社会各个群体呢？在现实生活中可能更多的是不平等分配，久而久之，才会形成所谓的“弱势群体”。这种不正义似乎成为正义制度的附属品，公然主张不正义是不可避免的，会成为更多不正义的借口，从而引发更不正义的法律、政策和制度。

其次，自然责任原则没能对个人忠顺具体社会的特殊性进行解释。它把服从要求仅仅建立在法律与政治制度的性质基础之上，“只要我的国家的政府是正义的，我就应当支持并服从它。但究竟是什么东西使它成为我的国家呢？我们大多数人都认为这是政治义务的一个重要方面，因为我们并不认为自己应当支持并服从任何一个正义的政府。这种反对意见认为，自然责任理论并不能解释‘我的国家’在这方面所具有的道德力量。”③

---

① ［美］罗尔斯：《正义论》，何怀宏等译，中国社会科学出版社 1988 年版，第 354—355 页。

② 同上书，第 355 页。

③ ［美］杰里米·沃尔德伦：《特殊束缚与自然责任》，毛兴贵译，载于毛兴贵编《政治义务：证成与反驳》，江苏人民出版社 2007 年版，第 151 页。

换句话说，我们对正义制度的支持和遵守不能是无限制的。假如英国和法国都是一个正义的国家，那么按照自然责任原则，一个英国公民就得像支持本国政治制度一样去强烈地支持法国的政治制度。果真如此的话，那就不存在英国政治制度对于英国公民的特殊制约了。也就是说，自然责任理论不考虑社会个体的特殊处境，也不考虑我们的具体所作所为，而直接以我们行为对象的性质作为我们承担道德责任的基础，[①] 进而构建的是一种只针对一般人，而不针对任何具体个人的一般性的政治义务。这样一来，我们就得像尊重本国法律一样尊重其他国家的法律，像忠诚于自己的国家一样忠诚于其他的国家，像对待本国同胞一样承担起对其他国家人员的道德责任。这与我们日常的政治义务概念是不相符的。通常我们理解的政治义务是针对我们特定的国家、政府或同胞而承担的，大公无私、毫无偏差地向所有国家表示忠诚和承担责任，这样的要求我们也是难以接受的。总之，自然责任理论没有向我们阐明，我们的政治义务应如何与具体的国家及其制度联系起来。[②]

最后，自然责任原则没有解释某一具体制度是如何成为个人应该服从并支持的制度的。“它认为在大多数情况下，社会中都存在一种‘应用于我们’的制度结构，如果它是正义的，我们就有责任支持它。但是一个制度‘应用于’一人这种观念需要解释清楚。制度仅仅声称要处理一个人的情况和要求，它就‘应用于’他了吗？如果答案是肯定的，那就会有各种各样‘应用于’他的制度。”[③] 也就是说，罗尔斯的理论对政治与法律制度存在方式的解释并不充分。问题的关键在于，如果罗尔斯试图清

---

① 西蒙斯认为，国家的品质与国家要求个人服从的道德权利是“两个独立的变量”。他给过一个类比的例子：一个好的商业机构，即使它能够提供优质的服务，我也没有义务购买它的服务，没有义务为它支付账单。好的服务并不意味着我必须支付账单，因为这个服务虽然好，但与我之间没有发生特定的关系。同样，一个合理正当的国家不必成为我服从的义务，服从的义务必须是出于我的自愿同意。参阅刘擎《政治正当性与哲学无政府主义：以西蒙斯为中心的讨论》，载于刘擎编《权威的理由：中西政治思想与正当性观念》，新星出版社 2008 年版，第 359—360 页。

② 陈喜贵：《论政治义务和政治权威的证立及其困境》，载于《同济大学学报》2009 年第 2 期。

③ ［美］杰里米·沃尔德伦：《特殊束缚与自然责任》，毛兴贵译，载于毛兴贵编《政治义务：证成与反驳》，江苏人民出版社 2007 年版，第 152 页。

楚而满意地解释“应用”，那么他将很有可能不得不放弃自然责任原则所独有的东西，而接受其他诱人的说法。比如给这一原则加上“自愿接受”的前提条件，即只有我自愿接受了一种制度的帮助，这个制度才“应用于”我；或者增加“受益”的条件，即一种制度只有当它给我们带来收益时，才可以认定这个制度“应用于”我们。但是，果真如此的话，我们就是在支持“获得性政治义务”而不是自然责任了。这也不是罗尔斯本人所希望看到的，因为他提出自然责任理论的一个重要目的是要向人们弘扬一种至高的道德理念，即我们支持并服从国家法律的道德要求，完全独立于个人的情感和意愿，更不受国家是否给我们带来收益这样狭隘功利性评价标准的制约。[①] 因此，“自然责任理论让人不安的地方在于，它认为约束着我们去支持并服从一种政治组织——一个有可能会成为国家的组织——的道德要求完全独立于我们对这种约束的同意，完全独立于该组织赋予我们的任何利益（不算那些利益，即该组织作为正义组织必然会产生的利益）。我们突然发现自己面对着这样一群人，他们宣称要在我们的地域内实践正义（do justice）。为了实现这一目的，他们必须从我们这里得到一定量的服从和支持。自然责任理论就是说，仅仅由于他们所创立的制度的性质，他们就有权得到这种服从和支持”。[②]

关于这一点，西蒙斯也给予了有力反驳。他对自然责任原则的批评主要针对“对适用于我们的公正制度，我们应该尽到相应的责任，并与它保持一致”这一核心要求上。[③] 那么，如何表明一项制度（即便是正义的制度）对我们的适用性呢？西蒙斯通过一个“哲人促进会”[④] 的例子向我

---

① ［美］杰里米·沃尔德伦：《特殊束缚与自然责任》，毛兴贵译，载于毛兴贵编《政治义务：证成与反驳》，江苏人民出版社 2007 年版，第 152 页。

② 同上书，第 160 页。

③ ［美］A. 约翰·西蒙斯：《道德原则与政治义务》，郭为桂、李艳丽译，江苏人民出版社 2009 年版，第 133 页。

④ 一群宅心仁厚的人在蒙大拿组织了一个“哲人促进会”，其宗旨是为哲学家提供论文发表、创造新的工作机会以及提供特殊的失业救助等。这些好处严格按照正义的要求进行分配，当然促进会的运作得靠哲学家们缴纳的“会费”，这也是协会的唯一要求。有一天，先前仅仅在西部运作的协会决定向东部扩展，而且我接到了要求我支付会费的邮件。这个制度“适用于我”吗？按照协会的“规则”，我支付会费是责无旁贷的吗？［美］A. 约翰·西蒙斯：《道德原则与政治义务》，郭为桂、李艳丽译，江苏人民出版社 2009 年版，第 133—134 页。

们说明：第一，“从道德上讲，我没有必要追随自己所遇到的每一种‘适用于’特定人群的制度，即使这些制度是正义的。人们不能简单地把制度强加给我，不能从道德上把我跟那些制度捆绑在一起，并要求我对它奉献自己份额并且尊奉它。不管它有多么公正，都不能这样。我们可以说，如果一项制度仅仅因为我符合某些（道德中立的）要求就说它‘适用于我’的话，那么该制度‘对我的适用性是牵强的’”。[①] 简言之，一项制度的正义性并不能代替它对我们的适用性证明。[②] 第二，正如我取得某职位的不同方式，对于确定履行我的“职责”会产生特殊的道德要求一样，即使我的出生和成长都是在该制度实施的区域之内，但我的出生并不是我能掌握的，也不是我应负责任的，因此不能以“在地性的”（territorially）适用证明这个制度是“适用于我”的。[③] 第三，如果以本人同意为前提来评判某项制度是否适用于某个人的话，我们就会重新陷入同意理论的难题中。

罗尔斯以责任为中心的解释，只有在两种意义上的“适用”之间含糊其辞，才有可能达到目的。如果我们将罗尔斯在他关于正义的自然责任的论述中所用的“适用”，理解为是在地性意义的话，那么公正的政治制度的确“适用于”其领土内的所有公民。但在这种情况下，就没有理由去假设在这种制度内的任何服从和承担分内工作的特定责任，都是从“适用性”推导出来的。另外，如果我们假设罗尔斯在其关于责任的陈述中使用的是“很强”意义的“适用”的话，那么制度所适用的所有人，都将有特殊的责任去服从或者承担自己的份额。但是在这种情况下，政治制度将不会正常地“适用”于所有居住在那个国家中的人们。罗尔斯不可能脚踏两只船，要么他所描述的自然责任根本不是真正的责任，要么这种自然责任就是公民对其政治制度已经承担的有关义务。[④]

---

① ［美］A. 约翰·西蒙斯：《道德原则与政治义务》，郭为桂、李艳丽译，江苏人民出版社2009年版，第134页。

② 在西蒙斯看来，依据证成性的道德要求是普遍的、外在的、间接的、非个人的，而我实际的选择是出自我内在的要求，是个人化的和直接的，是一种依据自我约束的道德承诺。刘擎：《政治正当性与哲学无政府主义：以西蒙斯为中心的讨论》，载于刘擎编《权威的理由：中西政治思想与正当性观念》，新星出版社2008年版，第365—366页。

③ ［美］A. 约翰·西蒙斯：《道德原则与政治义务》，郭为桂、李艳丽译，江苏人民出版社2009年版，第135页。

④ 同上书，第137页。

由此可见，自然责任理论对公民服从政治义务的解释也是不充分的。

第四节　公民服从：特殊性难题与一般性追问

同意理论、公平理论、自然责任理论是证成公民服从政治义务的三种主要学说，此外还有感恩理论、团体性义务、无政府主义等理论。通过分析我们发现，任何一种理论都存在一定的局限性，公民到底是否具有服从的政治义务，各派理论家的观点究竟如何判断至今仍是人们讨论的问题之一。

其实，一种成功的政治义务理论至少能够解决两个问题：一是"特殊性问题"。也就是说，这种理论必须能够阐释一个国家与其公民之间某种特殊的道德纽带之性质与范围，能够证明在正常的政治环境下道德义务原则对公民所起的作用。二是"一般性问题"。也就是说，这种理论还必须能够证明公民服从是一项一般义务，强调公民服从的道德理由是一般理由，这种理由适用于所有人、所有社会。两者兼顾才是一个令人满意的政治义务理论。

然而，自苏格拉底以来的理论家们均未能处理好政治义务的一般性问题与特殊性问题。倡导者们往往在回答了特殊性问题后，难以应对一般性的追问，或在进行一般性追问时遭遇了特殊性难题。

就自然责任理论而言，它将政治义务理解为一般性的要求，约束着人们不考虑个体生命的特殊性，并且是针对一般的人或不针对任何人。[①] 此时特殊性难题便呈现在众人面前。几乎所有对政治义务持怀疑态度的哲学家都从政治义务一般性证成的失败中认识到，任何一般性地为政治义务提供证成的企图都是错误的，公民的服从行为或者说对法律的遵守往往都是基于某一具体的特殊理由，而并不是一般的道德理由。事实上，人们在思考要不要服从的时候，往往还会考虑应不应该服从的问题。在这个问题上国家普遍的道德理由并不能代替个人的理性判断。因为国家普遍的道德理由代表的是国家对所有人的普遍道德关系，而某个人同意与否是国家与其

---

① ［美］A. 约翰·西蒙斯：《政治义务和政治权威》，载于［美］罗伯特·L. 西蒙主编《社会政治哲学》，陈喜贵译，中国人民大学出版社 2009 年版，第 32 页。

个人之间的特定道德关系。也就是说，即便一个政治权威具有客观上的证成性，个人仍有可能依据自身的判断而拒绝服从。尤其在现代社会中，每个人对道德理由的权衡有不同的立场和角度，国家的道德理由根本无法充当个人道德考虑的唯一理由。① 因此，我们在进行一般性追问时，应该适当考虑特殊性要求。政治义务问题要追问的不是一个自然人或世界公民对所有国家、在所有法律适用的场合、遵守所有法律的道德理由。与此相反，它所要面对的是这样的场景：在一个其大多数公民都被公平对待的国家里，这个国家的所有公民、在适用法律的所有场合、遵守所有法律的道德理由。

也就是说，政治义务将基于我们的特殊交易、关系或角色，并且将是对特定的人或群体所承担的，因此它必须以一种特殊的方式，把我们跟一个特定的政治共同体或政府约束在一起。如果一项义务或责任没有以这种方式被"特殊化"，它就不可能是我们日常所说的那种政治义务。我们看到，政治义务是与遵从、忠诚、忠心和好公民身份的结合相联系的。但是我们通常不这样假设：同时完全满足许多政治共同体的这些要求是可能的。的确，这样假设是没有逻辑联系的。如果政治义务是特殊要求，这种特殊要求似乎是直接被满足的。苏格拉底仅仅是一个国家的后代，仅仅被一个国家供给日常用品，仅仅承诺"劝止或遵从"一个国家的法律。确实，即使苏格拉底具有更多的世界主义观念，他随后又向其他的国家做出承诺（或接受财物），他对第二个（或随后的）国家所承担的义务必须与他先前对雅典所承担的义务相容。但是，他对其他国家的义务无论如何真实，与他对雅典的义务相比，都必须在某些方面——也或许是在许多重要的方面——是不完善的或处于第二位的。苏格拉底真正的或第一位的义务仍将是特别针对一个特定国家，这正是特殊性要求所要求的。②

就同意理论和公平理论而言，它们对政治义务的论证所针对的是特定公民群体，而不是一般性的公民。比如，同意理论能清楚地解释在居住国中公民的政治义务，但即使在这个原则上，似乎也只有极少数的公民

---

① 刘擎：《政治正当性与哲学无政府主义：以西蒙斯为中心的讨论》，载于刘擎编《权威的理由：中西政治思想与正当性观念》，新星出版社 2008 年版，第 364 页。

② ［美］A. 约翰·西蒙斯：《政治义务和政治权威》，载于［美］罗伯特·L. 西蒙主编《社会政治哲学》，陈喜贵译，中国人民大学出版社 2009 年版，第 32 页。

（比如说移民）受到约束；公平理论中受约束的也主要是那些获得相应利益或被公平对待的公民。最终它们都无法为公民服从提供一种令人信服的一般性解释。

但是在民主社会里，每一个公民都既有某些具体的或特殊的政治义务，也有一种遵守公民权利法的一般义务。在道德哲学里，我们不仅对特定的人或国家负有义务，还对所有人负有自然责任。也就是说，在政治义务的证成中，具体的考量并不能取代一般性的追问，对特殊性要求和一般性要求的任何偏废，都会削弱政治义务理论的解释力。

特殊性难题和一般性追问是同意理论、公平理论和自然责任理论论证公民服从义务时所面对的难以克服的理论障碍。可以说，从政治义务论的角度对公民服从进行一个强义务的论证，其中的破绽必定是难以消除的，甚至有人直接提出公民服从义务是一个不可解决的问题。①

虽然现有义务论未能从根本上解决公民服从的问题，但并不意味着这个问题将被消解。对公民服从义务的证成问题也并没有因此被理论家们所放弃，在现当代学术理论研究中，公民服从仍是一个具有无穷学术魅力的问题。在当代政治义务研究中，那些强调特殊性要求的人，已开始或者把个人对源自制度的利益的接受等同为被制度正义地对待；或者把默示同意变为假设的同意，把正义制度规定为一种人们不可能会不同意的制度。自然责任理论的倡导者也努力寻找公民与国家间的“道德纽带”来弥补自己理论中特殊性不足的缺憾。种种尝试表明，除了义务论的理性论证外，我们还可以从其他视角来看待和研究这一问题，或许我们也将因此而找到新的、更成功的论证策略。

---

① ［英］莱斯利·格林：《国家权威》，毛兴贵译，中国政法大学出版社 2013 年版，第 263 页。

第五章　义务感与服从:公民服从的社会心理基础

理论上论证公民是否必须履行服从的义务是一回事，现实生活中人们内心能否形成义务感又是另一回事。对于真正的公民服从而言，义务感的生成非常重要。义务感是人们对义务的感知与认同，现代公民义务感的生成与唤起主要依赖于公民身份的确立、公民意识的形成、相互承认关系的构建、社会公正的维护以及公民美德的培育等。

第一节　义务与义务感

义务感与义务密切相关，但两者并不完全等同。公民服从依赖于义务感的生成，义务感驱使下的服从是内外一致的真正服从。

一　何谓义务感

义务产生于法律对责任的界定，是对人们行为的一种约束；义务感则伴随着对责任的意愿，是指人们对义务的感知与认同。义务感与义务并不总是同步的。

首先，公民在履行义务时内心不一定伴随着义务感。促使公民履行义务的推动力量是多方面的：个人利益的权衡、自身安全的考虑、法律法规的规制以及外力的胁迫等。义务带有一定的约束性，它在一些时候是人们所不愿从事的，因此公民在履行义务时并不必然伴随着内心的服从意愿。其实，外力约束下的被迫服从与内心真正感到的“应当”服从存在很大的区别。被迫服从意味着行为者别无选择，只能如此，否则就要放弃目标并承受相应的后果。而“应当”服从则表明行为者虽然有多种行为选择的可能，但实际上他并无选择的机会，而只能按照某种既定的要求去做。[①]

其次，公民满怀义务感所从事的行为也未必是公民应尽的义务。佩吉认为，判断某种行为是否“应当”，并不能完全依据正式的法律规定，而主要依赖于人们道德良知上的选择。例如，在鼓励一个优秀的学生从事哲学研究的同时，作为导师时常会在义务感的驱动下尽其所能帮助学生找一份好工作，当然这并不意味着导师有帮助学生找工作的义务，驱使导师帮助学生的并不是什么法规条款，而是导师的道德良知和道德判断，是经由他内心所确认的“应当”。正是这种“应当”构成了公民行为的内在真正动力。[②] 再比如，许多人感到有义务去做的，我们却不能轻易地说那种做法体现了他们真实的义务：一位家庭主妇感到有义务去尽心服侍自己的丈夫，而不改变自己的现实生活；一位黑人感到有义务在大小事情上都对白人毕恭毕敬；一位被洗脑的政治犯最终感到有义务服从自己的虐待者长期的、恶毒的施暴。[③]

义务感驱使下的行为在道德上具有善的优先性。许多人认为，那些产生于爱、产生于对某个特定的人或人群之福利的兴趣的行为，要比那些由“冷酷的”、“艰难的”和“严格的”义务感所指示的行为更善。但在罗斯看来，义务感能促使公民更愿意去实现善的欲求以及实施善的行为，因为“履行某人义务的欲求是道德上最善的动机”。[④] 举例来说，“假定某人由一种义务感推动去从事行为 A，又由对某个特定的人的爱驱动去从事另一行为 B——与 A 不相容。据推测，他认为他在从事 B 的时候就不是在

① 佩吉（Edgar Page）还举了两个简单的例子来说明被迫与应当的区别。船长肩负傍晚前入港的责任目标，但是由于天气的原因，为了实现目标，在没有其他选择的情况下他只能被迫改变航线。他在这么做的时候并不需要伴随内心的争斗与强烈的意愿，因为这是他为了实现所追求目标的必要选择。医生依照约定看望病人的情况则不同。在是否如约看望病人的问题上，医生有多种选择，他既可以如约而至，也可能由于还有别的事情要做，他不得不在两件事上选择其中的一件来完成，当然也可能什么都不做。最终他的选择只是按照其内心的“应当”而为。参阅 Edgar Page, “On Being Obliged”, *Mind*, New Series, Vol. 82, No. 326 (Apr., 1973), pp. 283—288.

② Edgar Page, “Senses of ‘Obliged’”, *Analysis*, Vol. 33, No. 2 (Dec., 1972), pp. 45—46.

③ ［美］A. 约翰·西蒙斯：《政治义务和政治权威》，载于［美］罗伯特·L. 西蒙主编《社会政治哲学》，陈喜贵译，中国人民大学出版社 2009 年版，第 25 页。

④ ［英］戴维·罗斯：《正当与善》，林南译，上海译文出版社 2008 年版，第 233 页。

履行他的义务了。我们是否可以说，如果他做他并不认为是他的义务的事情，而不是做他认为是他的义务的事情，他会做得更好呢？显然不行”。[①]那些持这一观点的人以“出自义务感地行动”所指的是遵从传统与惯例方面的规范，而不是追随心灵的温暖冲动。但是就义务感而言，它所需要的并不是“一个人被带动或被希望以某种方式行动”的想法，而是“一个人应该以某种方式行动”的想法。而且看起来很清楚，“当一种真正的义务感与任何其他动机发生冲突时，我们必须承认它的优先性”。[②] 也许我们会欣赏和青睐那些率性而为的行为和出自爱的人，但相比较而言，始于义务感而行动的人是更善的。这不仅仅是因为出自本能的感情比起义务感来是更任性、更反复无常的动机，更容易导致不当行为，而且还因为义务感往往持有一种在类别上高于任何其他动机的责任意识。如果你严肃地认为你应该从事行为 A，那么你就一定会执着地认为你做其他事来代替在道德上便是不善的了。[③]

二　义务感与公民服从

首先，公民服从在很大程度上依赖于义务感的生成。公民服从行为本身具有很强的主观选择性，尽管通过对人类社会发展历史的考察会发现，无论是在古代还是现代社会，要想国家繁荣昌盛、国泰民安，都必须以获得社会成员的认可和支持为前提和基础，但社会成员最终是否愿意服从，还取决于他们自己的行为选择。其实，人们如何服从他人或组织很大程度上是一个社会心理学的问题。通过现代技术和权力建构下的公民服从不是真正的服从，仅仅只是“被迫”的服从。当人们因受到强制而服从时，他们会自然产生这样的疑问：“我们为什么要服从?”对于真正的公民服从而言，教化和驯服的作用是有限的，真正的服从不是屈从或盲从，而是公民基于承认基础上的自愿服从。也就是说，只有当公民在不受外界强制的条件下，由内心自律判定为“应当”的行为才能激发起公民内心的义务感。义务感一旦形成并发挥作用，公民服从

---

① ［英］戴维·罗斯：《正当与善》，林南译，上海译文出版社 2008 年版，第 233 页。

② 同上书，第 233—234 页。

③ 同上书，第 234 页。

便具有了强劲的内在推动力。

其次，义务感驱使下的服从行为是内外一致的服从。义务感是人们面对其他选择的情况下主动服从某种约束的内心愿意。公民义务感是一种积极的政治态度，在这里主要表现为公民对国家政治共同体的承认，对基本政治法律制度的尊重，并在此基础上，积极配合政府的相关行动，自愿甚至主动承担社会合作成本。它没有胁迫、没有个人私利的诱惑，是公民面临多种选择时内心对其“应当”的认同。[①] 与道德义务和法律义务相比，基于公民身份产生的公民义务感，服从的是一定政治权力系统下公共生活的合作秩序，它在公共生活中的表现是主动承担社会合作成本的意愿——如守法、分担税款、服兵役等。所以，一旦公民的身份意识形成时，就会产生相应的公民义务感。在公民义务感的支配下，诸如维护国家尊严、遵守法律法规等都会成为公民极其自然的行为选择。正如当公民内心产生了遵守交通法的义务感，在生活中他便会主动严格地遵守交通规则，而不是一有机会便想方设法去“钻空子”。义务感是公民面对多种选择时的一种内心坚持，所产生的是自愿行动，就其结果和主动性而言，它已经超越了“履行”这一行为的基本要求，升华为一种自觉行动。[②]

那么，如何才能促使公民服从义务感的形成呢？概括而言，公民服从义务感的激发主要依赖于公民身份的确立、公民意识的形成、公民与国家间相互承认关系的构建、社会公正感的生成以及公民美德的培育等。

第二节　公民身份与公民义务感

服从的义务与公民的身份是相伴而来的。因此，公民身份的确立和公民意识的形成是唤起公民义务感的重要前提。

一　公民身份的确立与公民义务感

在 20 世纪 70 年代，有学者还自信地认为政治思想家已经将公民身份

---

① 薛洁、张丹竹：《公民义务感的唤起与养成——政治心理学的视角》，载于《中国社会科学报》2012 年 9 月 10 日第 B01 版。

② 薛洁、张丹竹：《公民义务感：彰显文明的政治态度》，载于《江苏社会科学》2012 年第 5 期。

这一过时的概念放入了历史博物馆,[①] 但是到了80年代公民身份却成了政治哲学的关键词之一，可以说，公民概念现已成为政治学研究领域的“行话”。从词源属性上来看，“公民”是一个来自西方社会的概念。韦伯曾说：“在西方之外，从来就不存在城市公民的概念。”[②] 西方历史上最早对公民进行定义的是古希腊的亚里士多德，在《政治学》中他指出，“凡有权参加议事和审判职能的人，我们就可说他是那一城邦的公民”。[③] 在古希腊时期，公民是城邦的基本要素，城邦就是一个公民集团。城邦虽然在发生程序上后于个人和家庭，但在本性上则先于个人和家庭，个人只是城邦的组成部分,[④] 不参加城邦政治活动者，就不是公民。根据《布莱克维尔政治学百科全书》的定义，“公民身份表示个人与国家之间的关系，在这种关系中，个人有忠于国家的义务，而国家有必须保护个人的义务”。[⑤] 可见，公民身份暗含了个体与政治的关系，一方面，政治负有保护个体的义务，即维护和保护个体的权利；另一方面，政治又依赖于个体的忠诚和责任。[⑥]

公民身份的确立是唤起公民义务感的重要前提。公民是政治人、法律人和道德人的统一体，公民身份意识是随着现代公民的出现而形成和发展的一种社会意识，它是公民对于自己公民身份及其价值的自觉反映，主要体现在公民对其自身在国家中的地位、权利、义务的自觉认识，它对公民义务感的形成具有重要促进作用。公民身份本身蕴含着对国家法律规范的认可与遵守。从成为一国公民、进入社会政治生活的第一天开始，我们便成为社会公共秩序的组成部分，我们对社会公共生活中相关法律法规的心

---

① Herman Van Gunsterrn, *Notes Towards A Theory of Citizenship*, in Pierre Birnbaum, Jack Lively, Geraint Parry (eds.), Democracy, Consensus & Social Contract, London: Sage Publications, 1978, p. 9.

② ［德］马克斯·韦伯：《新教伦理与资本主义精神》，彭强、黄晓京译，陕西师范大学出版社2002年版，第22页。

③ ［古希腊］亚里士多德：《政治学》，吴寿彭译，商务印书馆1965年版，第113页。

④ 同上书，第8—9页。

⑤ ［英］戴维·米勒、韦农·波格丹诺主编：《布莱克维尔政治学百科全书》，邓正来主译，中国政法大学出版社2002年版，第122页。

⑥ 参见拙作《对理性公民政治参与的思考——基于消极公民和积极公民理论》，载于《内蒙古大学学报》（哲学社会科学版）2012年第1期。

理认可和行为遵守是社会和政治得以正常运转的必要保障。对公民个人而言，一旦他在内心希望成为一国的"好公民"，那么这种义务感就会自然形成遵守法律和维护国家尊严的行为。"如果他（苏格拉底）不是希腊的一个公民他就不会感到有义务遵循希腊的法律；当朋友们如此焦急地劝他逃亡的时候他早就逃掉了。"① 因此"公民身份比任何其他身份都更能满足人类基本政治动力的需要——黑格尔把它称之为'承认的需要'。公民的地位意味着共同体对个体的接纳，意味着承认个体对共同体所作出的贡献，同时还意味着赋予个体以自主性。这种自主性通过一系列政治权利得到反映，总是意味着承认权利拥有者的政治能动性，尽管这些权利会因为时间和空间的巨大差异而表现得完全不同"。② 因此，公民身份的确立是唤起公民义务感的重要前提。

二　公民身份意识的形成与公民义务感

公民身份意识是公民个人对于自己公民身份及其价值的自觉反映。它是随着现代公民的出现而形成和发展的一种社会意识，主要体现在公民对其自身在国家中的地位、权利、义务的自觉认识，它对公民义务感的形成具有重要促进作用。

公民身份的社会期待是激发公民义务感的重要动力。公民总是以各种不同的社会角色（如教育者、管理者、朋友、合作伙伴等）生活在社会共同体之中，每个公民身上都交织着各种社会关系，承受着各种角色期待，而公民义务就是公民在每种身份角色下"应当"完成的事务。其实任何一个社会成员，只要他与别人交往，进入公共生活，就必然面临着各种"应当"与"不应当"，这些"应当"和"不应当"不仅构成了社会对公民行为的种种限制，更体现了社会和他人对公民角色的种种期待。正如法律并非陈述人们想要做什么，而是规定了社会希望他做什么一样。社会和他人对公民的角色期待，既是对公民行为的一种规范约束，也是激发公民义务感的重要动力因素。可以说，公民义务感的形成很大程度上正是

---

① A. P. d' Entrèves, "On the Nature of Political Obligation", *Philosophy*, Vol. XIII, No. 166 (Oct, 1968), p. 316.

② ［美］基思·福克斯：《公民身份》，郭忠华译，吉林出版集团有限责任公司 2009 年版，第 3 页。

公民对来自他人和社会的需求与期待所做出的回应。当公民意识到自己有责任承担起满足他人或社会对自己的合理需求和期待时，这种责任意识一方面会对他的行为构成一定限制；另一方面也会激励他责无旁贷地履行公民义务。当看到由于自己的努力付出，他人或社会获得了帮助、取得了进步，这种履行了义务之后的成就感又会更进一步激发公民义务感的形成。①

公民身份的主体意识是推动公民义务感形成的重要因素。传统社会中统治者和臣民之间是纵向的主体与客体的主奴关系。臣民没有独立的主体性意识，对政治权力只能无条件地服从。正如梅因所言，“个人并不为其自己设定任何权利，也不为其自己设定任何义务。他所应遵守的规则，首先来自他所出生的场所；其次来自他作为其中成员的户主所给他的强行命令”。② 现代社会所有国民之间是横向的主体对主体的平等关系，每一个人都应该获得最高的尊敬。有意识的主体感无论是在个人层面还是在政治层面，都对社会成员摆脱受害者地位的枷锁而成为完整的积极性公民至关重要。作为人的主体性之观念对确立社会成员的公民身份非常重要，也有利于维护社会成员的尊严。公民身份的主体意识代表着公民之间独立平等的社会关系，体现着公民自主、自律的行为和意志，使公民真正成为行使权利和履行义务的主体，从而不断激发他们的公民义务感。

公民身份的公共意识是激发公民义务感的又一重要因素。“公民不只是一种标签，不管一个人的法律地位到底怎样，如果没有对他与其同胞的公共纽带（civic bond）或者没有对于公共利益的意识，那它就并不是一个真正的公民。”③ 可见公民身份蕴含着深刻的公共关怀意识。公民是政治自由的主体，也是责任的主体，并且公民应该将责任付诸实践。借用保罗·贝利·克拉克的表述即：“身为公民就意味着不仅仅要指引自我生活的轨迹，也要参与界定某些生活中的普遍参数；意味着他具有这样的自觉，即我们与别人共享这个世界，我们在这个世界上生活，也为了这个世

---

① 薛洁、张丹竹：《公民义务感：彰显文明的政治态度》，载于《江苏社会科学》2012 年第 5 期。

② ［英］梅因：《古代法》，沈景一译，商务印书馆 1959 年版，第 176 页。

③ ［英］德里克·希特：《公民身份——世界史、政治学与教育学中的公民理想》，郭台辉、余慧元译，吉林出版集团有限责任公司 2010 年版，第 257 页。

界而生活，我们的个体身份相互交织，相互塑造。”① 美国前总统肯尼迪在他的就职演讲中指出：“我的美国同胞们，不要问你们的国家能为你做什么，而是要问你能为你的国家做什么？”② 对公民公共意识的培养和关注一直是共和主义积极公民理论所特别强调的。共和主义传统认为，相对于私人领域，公共领域才是公民实现自我价值、提升精神人格的场所。理想的好公民必须不断从私人领域走向公共领域，关心公共事务和公共利益，勇于承担公共职位，并在为共同体的奉献中提升自己公共善的德性。这种公民身份的公共意识反过来又进一步促使公民从心理上接受自己的国家，自觉维护国家的政治制度和法律规范，增强他们对国家的归属感和认同感，从而有助于公民义务感的形成。

第三节　相互承认与公民义务感

除了公民身份的确立和公民意识的形成外，义务感的唤起还依赖于相互承认关系的构建。这种承认一方面表现为公民对当前政治共同体和法律规范的承认，更表现为社会对公民主体地位和合法权益的承认，公民被承认的满足程度将直接影响其公民义务感的形成。

一　承认与相互承认

人是生物性的，也是社会性的，更是现实性的。在现实的世界中，人的意义不能单单从自身的独自存在中去寻求解释，也不能依靠神灵的启示来获得答案，而要从与自我相对照的他者承认中去思考。承认是一种重要的人类需求，是关于人类的主体间性的根深蒂固的人类学现实。我们不仅需要承认，还需要多种承认——政治领域和社会领域的尊重，以及家庭私密领域的照顾。如果缺乏这些相互关联的承认经历，我们就不能获得完全的“自我实现”：我们不能成为我们想成为的人，不能实现我们自己想要的生活。可以说，人正是在承认和被承认中活着的，每个人的内心深处都

---

① ［西］费尔南多·萨瓦特尔：《政治学的邀请》，魏然译，北京大学出版社2009年版，第144页。

② ［英］德里克·希特：《公民身份——世界史、政治学与教育学中的公民理想》，郭台辉、余慧元译，吉林出版集团有限责任公司2010年版，第281页。

有一种被肯定、被承认的诉求，这正是人生存的内在规定性，也是人提升自我、把握人生意义的一个必要环节。

承认作为一种观念被人们所认知和接受开始于近代。在古希腊时期，个人与社会是合而为一的统一体，离开了社会共同体，个人的价值是无法实现的；在中世纪基督教的自然法中，人基本上被看作是一种能够结成共同体的存在物，人们为了实现其内在本质都必须依附于这个共同体，并在此框架中建构伦理秩序。也就是说，直到中世纪人的主体意识基本上还未形成。自文艺复兴、启蒙运动之后，人们对自我价值、意义和自由的追求成为近代文化的主旋律，随着卢梭高呼“人是生而自由的”，人不仅上升为历史的主体，而且其主体地位随后不断彰显。卢梭尤其意识到平等对自由的必要性，他认为作为平等之基础的均衡的交往作用使人们摆脱了对于舆论的依赖，完全的交互作用使得全体人民形成共同的目的，从而承认的政治成为了可能，所以查尔斯·泰勒说：“卢梭可以被视为承认话语的先驱者之一。”①

承认，就其基本含义而言，主要指的是个体与个体之间、个体与共同体之间、不同的共同体之间在平等基础上的认可，它所强调的是各种形式的个体和共同体在平等对待要求基础上的自我认可与肯定。② 不管是前现代社会，还是现代社会，承认的要求都一直存在。所不同的是：在前现代社会更多强调个体对政治共同体的承认，而到了现代社会，随着民主化进程的推进，人们认识到不仅存在着个体对政治共同体的承认，更为重要的是，个体也需要得到共同体对他的承认和尊重。这样一来，个体之间、个体与共同体之间的相互承认关系便成为现代国家治理的重要范式。

“相互承认”理论一经提出便在理论和实践上得到不断的回应和深化，正如查尔斯·泰勒所言，“得不到他人的承认或只是得到扭曲的承认能够对人造成伤害，成为一种压迫形式，它能够把人囚禁在虚假的、被扭曲和被贬损的存在方式之中”。③ 因而可以说，正当的相互承认不仅是人

① ［加］查尔斯·泰勒：《承认的政治》，载于汪晖、陈燕谷主编《文化与公共性》，生活·读书·新知三联书店 2005 年，第 306 页。

② ［美］南茜·弗雷泽、［德］阿克塞尔·霍耐特：《再分配，还是承认——一个政治哲学对话》，周穗明译，上海人民出版社 2009 年版，前言，第 3 页。

③ ［加］查尔斯·泰勒：《承认的政治》，载于汪晖、陈燕谷主编《文化与公共性》，生活·读书·新知三联书店 2005 年版，第 290—291 页。

们的一种心理需要，而且已经成为一种政治要求；正当的承认不是我们赐予别人的恩惠，它是人类的一种至关重要的需要。[①]

这一范式的确立对现代国家治理意义重大。首先，它有助于消解主客二元的思维模式。因为启蒙运动以来，随着主体性的张扬，人们相信主体理性能力的发挥不仅能将人从自然的支配中解放出来，而且能够实现对自然和社会生活的掌控，"主体"的理性将代替中世纪的"上帝"，充当人与社会生活的规范标准和价值尺度。在这种主体立法思想的影响下，主体与世界的关系表现为一种垄断关系，"面向存在者，认识和处理对象，提出真的命题和实现意图，那么，理性就依然只能在本体论、认识论或语言分析意义上局限于其某个层面……在本体论上被还原为一切存在者的世界（即一切可以想象的对象和一切现存的事态的总体性）；在认识上被还原为认识现存事态和从工具理性的角度引用这些事态的能力；在语义学上被还原为用断言命题明确事实的言语——除了内在所把握的命题真实性之外，不允许有任何其他的有效性要求"。[②] 这种立法主体便理所当然地成为绝对者，从而使得主客二元的思维模式渗透到社会生活的方方面面。随着民主进程的推进，这种主客二元思维模式的局限性日益突出，并逐渐被人们所批判和拒绝。因为现代国家的人们反对一切压迫性的权力，社会生活的规范基础只能建立在主体间的相互承认之中，而不能建立在孤立独白性的主体性以及由此而形成的人与人之间"主客二元对立"的统治和控制关系之上。相互承认范式的确立有助于消解抽象的"立法主体"，不断地把"他"变成"我们"，维护个体之间、个体与共同体之间的平等关系。正如霍耐特所指出的："与爱、法律和团结相关的承认形式提供了主体间的保护屏障，保护着外在和内在自由的条件，无强制表达和实现个体生活目标的过程就依存于这些条件"。[③]

其次，这一范式的确立有利于社会的团结与稳定。相互承认的过程也

---

① 关于承认思想的相关论述参见拙作《相互承认与现代国家治理》，载于《四川大学学报》（哲学社会科学版）2010 年第 1 期。

② ［德］哈贝马斯：《现代性的哲学话语》，曹卫东等译，译林出版社 2004 年版，第 363 页。

③ ［德］阿克塞尔·霍耐特：《为承认而斗争》，胡继华译，上海人民出版社 2005 年版，第 181 页。

是个体与个体、个体与共同体之间承认差异、相互尊重、相互包容的过程。现代国家处于多元社会之中，它必须不断加强那种对话和交往共同体内的联合，才能增进人们的“团结”，形成和创造“更具包容性的共同体”。[①] 试想如果社会成员各自独立，互不相容，那么整个社会就会变成一盘散沙，治理的难度可想而知。因而相互承认这一范式的确立不仅是时代所趋，而且确实能够减少和制止各种形式的暴力和非暴力对社会公共生活的破坏。它还为现代社会的民主价值理念寻求了一种合理性说明，即人与人之间“共同善”理念的实际确立和人与人之间的相互认同与尊重。这就隐含着一个在实现人的自由过程中最为关键的一次解放，个人的价值、尊严及诉求得到了充分的实现。这在某种程度上构成了现代与前现代社会共同体及其合理性的根本性区别，甚至标识着一种新的生活方式的到来。[②]

最后，这一范式的确立有助于对日益强大的政府进行权力的规范和制约。按照契约论的理论逻辑，政府是自然状态下的人们按照理性原则达成的社会契约，政府的权力来源于社会成员的让渡，并且是有限的。可是在现代化的发展过程中，各国政府以“当家人”的姿态控制着社会的发展，并不断对生活世界进行殖民。面对日益强大的政府，人们对自身基本权利保障的担忧日益加剧。那么，如何才能消解这种担忧呢？相互承认这一范式的确立一定程度上可以缓解这种担忧。因为它特别注重对个体的承认和尊重，力求建构一个相互承认关系的完整性结构，一个能够自由地、批判性地讨论公共事务的治理结构。就政府而言，在这种规范的约束下，就不得恣意妄为，而必须充分尊重民意和民权，主动与社会成员之间建立良性的互动关系，这也有助于约束政府在现代国家治理过程中不至于跨越权力的边界从“天使”变成“野兽”。

二　相互承认下公民义务感的唤起

义务感更多表现在人的心理层面，事实上，公民义务感的激发与公民被承认的满足程度密切相关。在现实的社会生活中，人们常常对自我的存

① ［美］理查德·罗蒂：《真理与进步》，杨玉成译，华夏出版社2003年版，第141页。

② 李和佳、马晓艳：《现代性视域中的承认共同体》，载于《求实》2006年第7期。

在产生怀疑，面对人与人之间关系的错位和意义的迷失，人们内心当中最渴望的往往就是那份属于自己的承认。人是在承认和被承认中活着。因为，“自我的认同同时也取决于人们怎样看待自己和打算怎样看待自己——人们把自己想象成什么样的人，依据什么样的理想来规划自己及其生活”。[①] 与此同时，“人必然被承认，也必须给他人以承认。这种必然性是他本身所固有的，因而并不是对立于这种实在内容的我们的思想中的必然性”。[②] 这种“本身所固有的”对他人的承认，应该是人性中对尊严的渴望，是给予“普遍化他者”以“共同的善”。[③] 所以说，承认不应当是形式的一种摆设，因为“对等”并不意味着我们在同等程度上互相重视。[④]

在前现代社会，主体间的承认表现为一种以人身占有依附、地位等级为基本特质的单向关系。在现代社会，多元间的承认是对他者平等自由权利的承认与尊重，是一种平等互惠的双向关系。[⑤] 与前现代社会相比，现代国家的物质生活、政治诉求、人际关系、价值取向等都发生了翻天覆地的变化，传统意义上的道德共同体已不再适应社会的需要，一种能包容差异存在，认同并尊重少数的“承认的共同体”更能适应于多元的现代社会。

“二战”以后，很多西方国家出现了具有不同认同的群体之间的冲突问题，这些群体包括民族、移民、土著居民、种族群体、宗教群体、性别群体、同性恋群体等等。当这些群体将其对权利的要求诉诸公共权力时，他们对国家的法律、政策也形成了持续不断的压力和冲击，严重时甚至会形成政治灾难，对政治系统构成致命威胁。要避免这些为承认而产生的斗

---

① ［德］尤尔根·哈贝马斯：《对话伦理学与真理的问题》，沈清楷译，中国人民大学出版社 2005 年版，第 68 页。

② 黑格尔语，转自［德］阿克塞尔·霍耐特《为承认而斗争》，胡继华译，上海人民出版社 2005 年版，第 49 页。

③ ［德］阿克塞尔·霍耐特：《为承认而斗争》，胡继华译，上海人民出版社 2005 年版，第 96 页。

④ 同上书，第 134 页。

⑤ 康德所说的“人是目的”、马克思所说的每一个人的自由发展是其他一切人自由发展的前提条件等，都能在现代性意义上揭示人的存在方式以及主体间平等商谈对话所具备的社会交往关系结构。

争和冲突，必须努力构建起承认的共同体，以共同的政治、文化、契约为前提，以保障公民的权利与义务的实现与履行为依托，防止非主流群体被边缘化、被排斥或被迫同化，不仅要平等尊重作为共同权利的公民资格，而且要尊重承认和包容差异的公民资格。泰勒认为，“一个具有很强的集体目标的社会，只要能够尊重多样性，尤其是尊重不赞成其共同目标的那些人，而且能够为基本权利提供足够的保证，就可以成为一个自由社会”。①

当然，承认共同体的构建也不是随意的，这种承认不应简单地建立在共同体或成员之间的简单认同和肯定之上，而应建立在普遍公正的“承认”上，它要以交往为前提并超越交往，直接指向社会公正，排除一切异己的功利性关系。在这种承认的共同体内，成员之间相互交往、相互理解、相互尊重、相互认同、相互包容，他们视客观存在的差异为人们所应有，在共同体内实现良性循环，这样才能真正有利于共同体和人类的进步和发展。

在这种承认的共同体中，社会成员的公民义务感也将得到更大程度的激发。因为在这种承认的共同体中，尽管存在诸多差异，但社会成员都能意识到差异的普遍性和存在合理性，努力寻求主体间的平等共处。所有的社会成员地位平等，相互间以理性的态度彼此商谈、交流，构建起主体间性关系，共享平等的基本自由权利和社会政治、经济、文化资源。每一位社会成员的自由权利都得到了充分的尊重和维护，相互间平等互惠、和谐共在。在这个生活方式下，纯粹的个人主义价值理念、等级专制理念、超验的道德主义都遭到了从未有过的诘问和排斥，个人的价值、尊严及诉求得到了充分的实现，社会成员的心理满足感和对共同体的认同感都将大大提升，这些都将有助于他们公民义务感的形成。

认同尤其是政治认同对一个社会的稳定和发展意义重大，而政治认同的逻辑起点往往在于政治共同体满足个体的程度。个体对社会的满足感不仅来自物质方面，在现代国家更多地表现在精神或心理方面，其中重要的一点在于个体是否获得了社会的承认。换句话说，对社会成员“被承认

---

① ［加］查尔斯·泰勒：《承认的政治》，载于汪晖、陈燕谷编《文化与公共性》，生活·读书·新知三联书店2005年版，第318页。

的欲望”的满足程度将直接影响现代社会政治认同的构建。

基于承认基础上的政治认同一方面依赖于社会的制度保障。罗尔斯强调：“正义是社会制度的首要价值，正像真理是思想体系的首要价值一样。一种理论，无论它多么精致和简洁，只要它不真实，就必须加以拒绝或修正；同样，某些法律和制度，不管它们如何有效率和有条理，只要它们不正义，就必须加以改造或废除。”① 可见，只有当人们相信制度是公平正义的，在这种制度下他们的各种权利获得了法律承认，这时他们才会准备并愿意履行自己在这些社会安排中所应负的责任。

另一方面，这种政治认同的建立本质性地依赖于我和他者的对话关系。泰勒认为，在社会层面上，认同的形成只能通过公开的对话，而不是预先制定的社会条款。这种认识使得平等承认的政治日益成为重要的中心议题。② 也就是说，现代国家治理必须建立在一种对话关系之上，如果一个社会不能公正地提供对不同群体和个体的“承认”，压迫就不可避免了。客观地说，在现代社会中承认更多地还是应然，一种承认性、包容性的合理健全制度和对话机制还是有待争取与实现的目标。我们只有充分承认公民的自由平等，尊重公民的表达言说，实现公民的社会认同，集纳民智、维护民权、改善民生，才能建立起可靠的现代政治认同。

民主是现代社会的基石，但民主的真正实现离不开承认的政治。因为在每个人的内心深处都有一种被肯定、被承认的诉求，这种被承认的诉求正是人生存的内在规定性，对于任何一个民主社会来说，平等的承认都是不可或缺的。凡是承认存在的地方，才可能有真正的民主；凡是承认不存在的地方，专制就难以避免。

基于承认基础上的现代民主，意味着更广泛的、更平等的民主。它要求平等地对待每一个公民，尊重他们的各项权利，承认他们的合法地位。泰勒指出，“民主开创了平等承认的政治，在不同的历史时期它表现为各不相同的形式，它在当前政治中的表现是，不同的文化和不同的性别要求

---

① ［美］罗尔斯：《正义论》，何怀宏等译，中国社会科学出版社1988年版，第3页。

② ［加］查尔斯·泰勒：《承认的政治》，载于汪晖、陈燕谷编《文化与公共性》，生活·读书·新知三联书店2005年版，第298—300页。

享有平等的地位”。[①] 可以说，离开了承认，民主无从谈起，甚至会变成一纸空文。在现代国家，一个社会共同体也许会包括许多数量不定的亚共同体，在同一亚共同体内，各成员也会因对某一具体问题的不同看法形成多数与少数，而且这个多数与少数之间可能会经常变化。如果社会能对他们给予充分的承认，这样不仅能杜绝某一多数的垄断性存在，避免斗争与矛盾，同时也促进了整个共同体的和谐、进步与发展。

与此同时，承认不仅包括对基于民主程序而形成的多数意见的承认，同时也包括对反对者合法反对地位的承认，而且后者的意义更为重要。因为民主社会的文明程度很大程度上取决于一个社会对待其反对者的态度和方式。在后革命时期，衡量一个国家民主制度成熟与否的一个重要标志便是其合法反对机制的建立和完善。这种机制的建立不仅有利于对当前统治形成强有力监督，而且有利于改善“胜者为王，败者为寇”两极局面的出现和恶化，通过为合法反对提供有效渠道，避免因表达不畅而导致的政治冲突，使得执政党与反对党之间不再是水火不容的敌对关系，而是使得执政党能在一定程度上吸纳反对党的意见，不断提高执政水平，真正推动政治文明的发展。

第四节　社会公正与公民义务感

公民服从的一个重要心理因素在于个人是否在社会中获得了公正对待，因此，公平合理社会合作体系的建立对公民义务感的生成具有重要影响。

一　公正感与公民服从

公正感是人们对社会公正的心理感知和体验。[②] “公正”是人类社会

---

① ［加］查尔斯·泰勒：《承认的政治》，载于汪晖、陈燕谷编《文化与公共性》，生活·读书·新知三联书店2005年版，第292页。

② 在学界，人们主要从两个角度使用“公正感”这一概念：一是作为暂时性的心理状态，如“这样的处理结果让我产生了公正感”；二是作为一种稳定性的人格特质，如“这个人富有公正感”。前者把“公正感”作为“公正的感受”来理解，强调的是人们对于某一情景的公正性的感知和感受；后者把“公正感”看作是一种人格特质。本书主要在前一种意义上使用这一概念。

所追求的基本价值之一，更多地表现为一种心理感受或者道德评价。尽管不同的时代或处于不同社会立场背景下的人们对公正的理解是不同的。但人们对“公正”的基本共识就是人与人之间的合理社会关系。罗尔斯认为，“当制度（按照这个观念的规定）公正时，那些参与着这些社会安排的人们就获得一种相应的正义感和努力维护这种制度的欲望”。[①] 任何一个心智正常的人，只要他具备基本的人性和自然情感，就应当具备相应的公正感。在现实社会生活中，公正感具体表现为人们对个人收入、社会地位和生活状况变化等情况是否符合已有期望、是否不偏不倚、是否合情合理的主观感知，因而具有非常强的主观性。

公正感是相对的。我们生活在一个不完美的世界，所有的社会制度都具有不可避免的某种缺陷，在现实生活中，人们通常都把自己承受的各种负担与他们所了解的、别人承受的负担做比较。比如，甲相信乙和丙都在为共同事业承担责任，这一事实会增强甲的义务感，让他觉得自己也有义务去促进这些共同利益。相反，如果甲发现负担的分配是不公平的，尤其是如果他觉得他被要求去承受的负担与别人相比更多时，他的义务感就会减弱。“一个人如果认为自己经常被忽视或被剥削，他或她最终就会断定自己并非真的是该共同体或团体的成员，或者说顶多是个‘二等公民’。因此，公平感似乎解释了对成员身份的借助所提供的大多数义务感。”[②]

公正感是公民服从的重要心理支持。公民服从的一个重要心理因素在于个人是否在社会中获得了公正对待。公正感往往是个人通过比较得来的。在社会生活中基于共同体生活的需要，人们之间必须进行合作，也就是每个人都处于与他人的合作之中。在社会合作中，人们往往首先考虑的是个人可能获得的收益，并将其与个人所付出的成本进行比较，在比较中所产生的公正感会增强人们对国家社会的认同，进而促使他们生成服从国家和社会安排的义务感。如果他们发现自己的收益小于成本，或者他人的收益与自己的收益明显不公，便会产生不公正感。这种不公正感如果得不到及时有效的缓解就会导致公民产生不满和怨恨情绪，久而久之便会滋生公民不服从的行为。同时，在社会合作体系中，社会公平不仅体现在个体

① ［美］罗尔斯：《正义论》，何怀宏等译，中国社会科学出版社 1988 年版，第 441 页。

② 毛兴贵主编：《政治义务：证成与反驳》，江苏人民出版社 2007 年版，第 122—123 页。

履行义务与享用权利之间的对比平衡，而且体现在个体对社会合作成本的对等承担上。只有这样才能在全社会形成普遍的社会公正感，进而促使公民形成自觉自愿服从义务的意愿。可以说，公正感是激发人们承担社会责任和政治义务的重要心理源泉。

关于公正感与公民义务之间的关系，罗尔斯曾有所解释。罗尔斯指出："甚至有正义感的人们对一个合作体系的服从也是基于这样一种确信：即别人也要尽他们的一份职责。由于这一点，当公民相信或者合理地怀疑其他人不会尽职时，他们就会想法躲避作出自己的一份贡献。"① 也就是说，人们通常把自己承受各种负担的义务同他们对别人所承受的负担的了解相联系，人们对公民义务履行的积极性深受他们对别人应有责任承担情况的评价，一旦发现别人没有承担相应责任或履行相应义务时，他们便会因此形成不公正感，这种不公感会大大削弱他们自己服从的积极性。

二　公平合理社会合作体系的建立

在一个普遍公正的社会里，公民的公正感相对较高，反之，如果公民的公正感普遍较低，那么公民就会对社会前景缺乏信心，对政府缺乏信任，公民服从的积极性也将随之削弱，不服从的可能性会增加，进而影响社会的稳定。影响公民公正感生成的最主要因素是资源和收入分配的公平性，而要实现社会公正就必须做到起点公正、过程公正和结果公正。

1. 起点公正

起点公正，就是保证每个人都享有与人的自然或社会属性无涉的基本权利。具体而言，起点公正要求实现公民在人身权利、社会经济权利、文化教育权利以及选举权和被选举权等方面的平等。没有起点的公正，就没有真正的社会公正。它要求社会应努力排除自然的和社会的偶然因素对人们受教育和培训、就业、前途、分配、成功等机会的任意影响，建立一种开放的社会体系，各种有利的地位、职务、岗位不仅要在一种形式的意义上开放，而且应使所有人都有真正的平等机会达到它们。起点公正还要求对参与竞争与合作的人们设定公平的程序，创造共享的外部条件，遵循相同的"游戏规则"，且任何与收入相关的有利的地位和职务，成功的机会

---

① ［美］罗尔斯：《正义论》，何怀宏等译，中国社会科学出版社 1988 年版，第 336 页。

与生活前景对任何人都是敞开的，所有人都有平等的权利达到合理期望的价值目标，而不允许有任何不平等的限制。

2. 过程公正

过程公正，也就是人们所言的程序正义。从法律制度的角度讲，程序正义是区别于实体正义、形式正义的一种正义表现形式。所谓实体正义，是指人们对实体上的权利、义务和责任进行确定时所要遵循的价值评价；形式正义表现为相同情况相同对待；程序正义则体现为一种过程价值，指法律程序在具体运作过程中所要实现的价值目标。[①] 罗尔斯的程序正义理论是为实现他的社会正义而提出的，他认为，按照纯粹程序正义观念来设计社会系统，这样无论出现怎样的结果都是正义的。在程序正义的建设过程中，合理的制度设计是根本。任何社会改革实际上就是一种利益调整的过程，利益调整如果是一种“帕累托”改进，即由一部分人的利益的改善引起的群体利益的改善，而且任何人的利益都没有受损，此时的社会将是平衡和谐的。然而，经济快速发展通常带来的并不都是“帕累托”改进，更多的是非均衡发展。因而一个社会是不是和谐在很大程度上取决于有没有一个正义的社会基本结构，换句话说，也就是有没有一个正义的制度设计。如果人们认为决策程序是公正的，即使决策结果对自己不利，他们往往也会接受这些结果。

换句话说，社会正义不仅要得到实现，而且要以人们看得见的方式来实现。比如就我国社会现实而言，过程公正是指完善现有分配制度，建立健全各项法律法规，确保分配过程的科学性、合理性和合法性。要建立健全收入分配的激励机制和约束机制、规范社会分配秩序，加强对垄断行业收入的监督和管理，强化收入分配税收调节功能。要完善个人所得税制度，改变目前所得税征收与家庭消费脱钩的状况，建立普遍的个人所得税年度申报制度。要从法律、制度和政策上努力营造公平的社会环境，切实保障人们在政治、法律、机会、权利和分配上的平等地位，保证社会成员都能够接受教育，都能够进行劳动创造，都能够平等地参与市场竞争、参与社会生活，都能够依靠法律和制度来维护自己的合法权益。只要我们真正做到从法律、制度和政策上营造出公平的社会环境，就能够最大限度地

① 张凤阳等：《政治哲学关键词》，江苏人民出版社 2006 年版，第 235—236 页。

实现公平正义，避免社会利益之争的激化，使各个阶层实现共赢共荣，共享社会发展进步的成果。

3. 结果公正

结果公正，指的是分配结果应符合人们普遍认可的分配公正原则。具体而言，它是指社会的一切财富和利益要均衡分配于全体公民，使全体社会成员都能公平地分享社会发展的成果。按照罗尔斯的正义理论，收入分配的起点公平和过程公平还不是公平分配的全部，事实上，社会中不同的个体或群体即使在平等起点的基础上参与到公平的竞争过程之中，由于资质、禀赋、所处环境、对机遇的把握以及主观能动性等方面的不同，这些差异又往往会被市场机制放大或缩小，使竞争被各种随机因素和偶然因素所扭曲，从而其竞争的结果必然是不一样的，出现要么收入差异悬殊，富的愈来愈富，穷的愈来愈穷，要么由于外在的干预而出现收入的平均化。这就意味着要尽量缩小差别和实现尽可能多的平等，对那些先天不利的人，以及因初生伊始所处社会经济条件不利而不能享受较好的教育和培训的人，给予关注。通过税收调节收入过高者的收入，同时取缔非法收入。通过财政转移支付使分配倾向贫困地区，帮助贫困地区发展经济，实现城乡、区域之间协调发展。逐步建立社会保险、社会救助、社会福利、慈善事业相衔接的覆盖城乡居民的社会保障体系，保障低收入群体的基本生活需求，从而消除两极分化，实现共同富裕，保持社会的稳定与和谐发展。

第五节　公民美德与公民义务感

一定意义上可以说，公民美德意味着公民具有主动承担政治义务的意愿，它对公民服从义务感的唤起和生成具有保障作用。如果公民在承担义务时更多地依赖于公民美德，那么政治共同体便会减少对惩罚和其他形式强制手段的依赖。可见，在公民服从问题上，惩罚可能是一种必要的恶，但是公民美德却是一种积极的善（a positive good）。[①]

---

① Richard Dagger, *Civic Virtues: Rights, Citizenship, and Republican Liberalism*, New York and Oxford: Oxford University Press, 1997, p. 79.

一　公民美德与公民服从

公民美德是一个具有公民身份的个体所应具备的政治和公共美德，它是公民履行共同体义务必不可少的能力美德。正如罗尔斯如说，“如果民主社会的公民们想要保持他们基本权利和自由，包括确保私生活自由的那些公民自由权，他们还必需既有高度的‘政治美德’（我如此称谓），又愿意参加公共生活”。[①] 无论是作为目的性的公民美德，还是作为工具性的公民美德，对于公民服从而言它的在场性都是必要的。

首先，公民美德是确保政治共同体健康发展的重要基础。公民美德是一种公共美德和身份美德，它是个体以公民身份出现于政治共同体公共领域所展示的具有示范意义的社会美德，具有政治性与公共性的双重特性。它能够支持个体完成公民分内之事、自觉地维系公民身份，促使个体以公民之立场理解并参与公共事务，创造并服务于公共利益，从而确保公民所属政治共同体的发展与凝聚。“我们可以想象一个社会即使没有对权利加以正式的表达仍然可以正常运转，但很难想象一个成员之间不存在相互责任的人类共同体仍然能够维持稳定。”[②] 杰里米·里夫金和特德·霍华德指出：“个人权利要受到保护，但也不会再被当作判断社会善恶的主要标准。相反，如大多数历史情况下那样，公共义务和责任将重新成为重要的社会动机。”[③] 公民美德的一项重要内容是公民积极自愿地参与政治并对统治者保持永恒的警惕。比如，政治共同体颁布的法律只有在遵循人们变动的和不断澄清的利益和观念的情形下才会得到公民的认同。如果政治共同体颁布了一项对某一特殊群体造成歧视的法律，但是一开始这并没有被普遍地承认为一种违规，那么“在这种情况下，只有当该群体中的人或者至少是认同该群体的人打算以该群体的名义采取行动，这种违犯才有可能被普遍地承认。他们不仅仅是代表他们自己的利益发出抗议，他们表现了一种公民性，正是这种公民性引导他们起来组织该群体并表达他们共同

---

① ［美］罗尔斯：《政治自由主义》，万俊人译，译林出版社 2000 年版，第 217—218 页。

② ［美］基思·福克斯：《公民身份》，郭忠华译，吉林出版集团有限责任公司 2009 年版，第 4 页。

③ ［美］杰里米·里夫金、特德·霍华德：《熵：一种新的世界观》，吕明、袁舟译，上海译文出版社 1987 年版，第 191 页。

的怨愤；在他们的认可和行动中，他们体现了对该群体的忠诚和归属等规范”。[①] 可以说，不管是面对差异的政治，还是共同关怀的政治，公民美德都是必不可少的，法律和社会政策的公正性维护也离不开公民美德。

其次，公民美德为公民承担服从法律的政治义务提供了前提条件。法律制裁的强制力并不能保证公民对法律的主动服从，只有当公民基于“法律是公正”的认识上才能保证真正的认同和服从。更具体地说，大多数人服从的原因基于法律在程序上是公正的这一认识，它的塑造与运用建立在一种通达的、原则性强的基础上。人们并不是由于法律的制裁性而为之所震慑，而是由于法律的合法性使他们在一定限度内对法律做出了毫无疑义的服从。[②] 法律和制度只有当它们深入人心时，才能摆脱其机械性而获得生命力，它们的成功运行离不开公民美德的支持。“假如人们普遍地不认同这些制度，假如人们将它们视为异己的负担，比如，人们对那些论证其合法性的人和执行它们的人抱有鄙夷或不信任的态度；那么，这些制度还有可能保持长久吗？显然不能。没有哪种纯粹的法律制度能够经受民众高度的疏远或怀疑，也没有哪种法律体系能够在法律无法获得高度信任和尊重的情况下有效运转。”[③] 一旦法律得到了公民美德规范的支持，那么法律就不会被视为一种单纯的外在强制，而是被视为一种内化为公民美德支持的自由生活方式的构成要素，这在某种程度上构成了公民服从法律的一个前提条件。对此，佩迪特指出，只有当法律得到了合适规范的支持时，只有服从法律是由广泛的公民性所引发或巩固时，共和主义法律才能可靠地获得服从，同时人们才能可靠地享有这种法律视为目标的无支配自由。[④]

最后，法律奖惩和相关政策制裁的有效执行需要公民美德。假定理想的共和国旨在为一个适当范围的行为确定并维持奖惩：比如，这些行为可能是犯罪行为，也可能是我们想阻止政府官员们表现的行为。为了让奖惩发挥威慑作用，必须能够觉察违犯行为，必须能够指认违犯者。也就是

---

① ［澳］佩迪特：《共和主义：一种关于自由与政府的理论》，刘训练译，江苏人民出版社2006年版，第323页。

② 同上书，第322页。

③ 同上书，第315页。

④ 同上书，第322页。

说，在实际政治实践中，如果公民美德的在场性得到了确保，那么法律和相关制裁就能得到有效执行。公民美德规范不仅能够让人们主动接受服从法律的政治义务，鄙视那些不服从，而且还能够通过让人们直接表达他们的赞扬和责任来确定他们的态度，甚至随时准备为轻微的盗窃、随便丢弃垃圾或者故意的破坏行为发出控诉，在一定意义上，公民美德的这种在场性应和了传统共和主义的一个原则：自由的代价就是永恒的警惕。[①] “公认的智慧是，权力尤其需要监督，因为权力在本质上是容易腐败的。”[②] 可以说，公民美德强调的就是一定程度的警惕，也就是一定程度的奖惩约束。而对这种警惕的必要强调也是与社会控制的当代洞见完全相符的。佩迪特认为，公民美德的在场性所体现的警惕是一种火警式的监督（the fire - alarm mode of ovrsight）而非警察巡逻式的监督（the police - patrol mode of oversight），[③] 他说：“火警模式的成本是非常低廉的，它不会造成多少腐败的危险，而且它往往是更加有效的：毕竟，没有哪个警官可以监管非常大的地域。火警式监督恰恰符合富有美德（virtuous vigilance）之警惕的传统观念。它是一种天然伴随着广泛接受相应的规范亦即广泛的公民性的监督形式。”[④]

总之，如果公民具有了公民美德，那么对他们而言承担政治共同体施加的政治义务将更易于成为一种自愿行为，公民美德的内在约束力也能够确保公民更好地承担政治共同体向他们所施加的政治义务。因此，政府或政治共同体应具有保障充足的公民美德供给的能力，从而确保公民美德的持续在场性，使得履行政治义务成为一种生活的常态。因此，我们可以通过对公民美德的培育唤起公民的义务感，从而更好地实现公民服从。

二　美德培育与义务感激发

公民美德的具体内容是多样的，如勇敢、正义、奉献、忠诚、审慎等都是公民美德。那么如何才能保证公民美德的在场性呢？

---

① ［澳］佩迪特：《共和主义：一种关于自由与政府的理论》，刘训练译，江苏人民出版社 2006 年版，第 325—326 页。

② 同上书，第 326 页。

③ 同上书，第 327 页。

④ 同上。

第一，国家应该保证法律的合法性。法律只有具有合法性特征才能得到公民美德规范的支持，并进而激发公民承担服从合法法律的政治义务。一旦公民发现国家所颁布的法律不具有合法性，公民美德的基础必然会收缩。国家要想使其公民持久地发扬公民美德，一方面它要满足意识形态要求；另一方面还要满足制度性要求。具体来说，意识形态的要求是国家应该能够将无支配的自由描述为一种压倒性的价值和它的法律旨在增进的价值；制度性的要求是国家应该公开表明自己是这样一个论坛，其中论辩式民主是一个明显的、稳定的现实，并且没有人屈从于掌权者的支配：不管是当权者追求的目标，还是他们追求目标的方式都要接受普遍的审查。这种制度性条件的满足对意识形态条件的满足来说是必需的，因为再多的意识形态也无法弥补一种明显的制度性失败。如果法律对于大多数人来说是合适的公民规范所需要的标志，而不仅仅是奖惩措施，那么这必将提高法律获得公民接受和支持的概率。因此，国家应努力构建这样一个法律体制：它享有公共的合法性，并能够获得那些具有公共关怀的公民的服从。①

第二，努力实现公民政治认同。政治认同所要解决的是个体的政治归属问题，即个人从心理、情感和价值上应归属到哪一个政治群体或国家中。这也是确定个人的群体身份和国家身份问题。虽然社会可以运用制度性的强制办法确定个体的社会身份和政治角色地位，却无法保证个体从内心完全接受这样的身份定位。因而，如果个人不认可其所属的群体和国家，那么就会产生认同危机。随之而来的就是个人对团体和政府的合法性产生怀疑，即合法性危机。这就是说，政治认同是一个心理的和文化的过程，涉及个人对政治系统的认知、情感和价值判断。在这方面，任何政治强制办法都很难在其中发挥建设性作用。比如，苏联、南斯拉夫、捷克斯洛伐克用政治强力将不同民族纳入一个整体社会，但最终都土崩瓦解，因为它们都没能为所辖民族建立起一个统一的国家认同。北爱尔兰人仍在反抗英国的统治，科西嘉人也不认为自己是法国人。即便是瑞士人，除了出国旅行外，也把自己看作是各州的人。因此，团体和国家确保其成员对它

---

① ［澳］佩迪特：《共和主义：一种关于自由与政府的理论》，刘训练译，江苏人民出版社2006年版，第328－330页。

们的忠诚与支持并承担相应的义务，即向成员寻求政治认同和合法性，就变得非常重要。[①]

第三，国家通过培育“无形之手”来培养理想的行为模式。国家应致力于培养出一种公民的自发规制方式，即当公民的行为表现与国家要求相一致时将得到他人的好评，当公民的行为表现背离国家要求时将得到他人的差评。当然，这种公民美德的形成机制依赖一个前提预设：人们在乎别人对他的评价，而且人们偏好于尊重而非鄙视。这种形成机制的最大特点就是充分遵循公民美德的自然生长性，因为公民美德只有在一种自发的基础上，而不是出于对其他目的的一种策略性欲求才能实现。国家不能对这一自发性行为进行干涉，因为那样会破坏公民美德生长的原动力。[②]

第四，通过内化与同化的方式来供给公民美德。所谓内化就是指我们可以将公民美德视为一个价值内化的过程（a matter of internalizing values），它使得人们不再仅仅关注狭隘的、自私的个人欲求。然而公民美德不仅仅涉及价值的内化，同时还涉及对那些其利益与这些价值联系在一起的群体的认同。因而，如果一个人失去了公民美德，那么他同时也就失去了富有吸引力的甚至令人尊敬的认同维度。[③] 对此，佩迪特指出：“尽管我们每个人在这种意义上——在拥有某种个人继承物的意义上——都是一种个人的自我，但对我们每个人来说同样真实的是，我们经常让这个自我从其他认同中吸取力量。我们会发现我们自己的回应方式拥有的不是一种个人的自我，而是一种与他人共享的自我。”[④] 实际上，这就是同化的作用。在佩迪特看来，如果同化违反了个人自我的目的和价值，或者同化对行动者的评价性承诺提出了质疑，那么行动者可能重新考虑或修正甚至采取措施阻止该过程。尽管如此，同化不是一种有意的动议，而是对人们来说像呼吸一样自然，它可以无动机的、未经选择地自然引导我们的生活。公民美德的内化与同化之间具有紧密的联系，可以说，公民美德既是一个内化的过程又是一个同化的过程，因为当我将公民规范内化时，我也可以

① 马敏：《政治象征》，中央编译出版社 2012 年版，第 232—233 页。

② ［澳］佩迪特：《共和主义：一种关于自由与政府的理论》，刘训练译，江苏人民出版社 2006 年版，第 331—332 页。

③ 同上书，第 335 页。

④ 同上书，第 336 页。

被说成是在认同这些规范所属之群体。由此可见，公民美德不仅是一个否定个人自我的过程，也是一个接纳其他认同进入自我人格的过程；它常常超越个人的关怀，执着于政治生活共同体的公共关怀，饱含着对国家的热爱。当我们看到公民美德既要求内化也要求同化时，我们就得承认，公民美德必将意味着对被视为整体之社会或政治体的欣然认同；而这种认同正是我们所说的爱国主义。①

① ［澳］佩迪特：《共和主义：一种关于自由与政府的理论》，刘训练译，江苏人民出版社2006年版，第336—339页。

第六章　不服从与服从:公民服从的限度

公民的服从是绝对的吗?公民有没有挑战政治和法律权威的权利?如果公民不服从会怎样?这些问题一直困扰着人们,并引发无数争论。其实,我们的社会生活模式不光是服从与模仿,也包括反抗与革新,而"政治不外乎是服从的道理与反抗的缘由构成的集合体"。[①] 当然,我们反抗的不是社会本身,而只是某一特定社会;我们不服从也不是因为不愿服从任何人或任何事物,而仅仅是不服从那些不合理的任务指派或不得民心的领袖权威。[②] 也就是说,公民的服从不是绝对的,而是有限度的。公民也只有从被动服从的樊篱中解脱出来,才能成为真正意义上的"守法人"。

第一节　公民不服从的提出及条件

人类每前进一步都包含反叛,我们常常需要被说服,甚至是被强迫,才会去扮演社会指派给我们的角色。事实上,服从并不是公民的唯一选择,在特定的情况下,不服从同样是公民的合理选择。

---

① [西] 费尔南多·萨瓦特尔:《政治学的邀请》,魏然译,北京大学出版社2009年版,第15页。

② 同上书,第14页。

一 公民不服从的提出

公民不服从[①]问题最早可追溯到古希腊著名悲剧作家索福克勒斯的名剧《安提戈涅》。这部作品主要讲述的是：安提戈涅的哥哥波吕涅刻斯借岳父的兵力和哥哥厄式俄克勒斯争夺王位，结果两兄弟自相残杀而死。克瑞翁以舅父资格继承了王位，宣布波吕涅刻斯为叛徒，不许人埋葬他的尸首。克瑞翁代表城邦，维持社会秩序，他的禁葬令即是国法，任何人不得违反。而波吕涅刻斯的妹妹安提戈涅遵守神律，尽了亲人必尽的义务，埋葬了哥哥，她所遵从的是个人良心和宗教信仰。[②]

剧中的冲突发生在暴君的法令与人性法则的冲突以及隐含在这一冲突背后的国家与个人良心的对立。古希腊人很重视埋葬的礼仪，这是死者的亲人必尽的义务。他们相信：一个人死后，如果没有被埋葬，他的阴魂便不能进入冥土；露尸不葬，还会冒犯神明，殃及城邦。埋葬死去的亲属成为城邦居民一项不可推卸的家族义务，这项义务来自神的命令，具有至高无上的权威性。因此，从古希腊人传统的宗教观点来看，克瑞翁的禁葬令完全抹杀了人的基本伦理道德要求，对死者尸体的羞辱伤害了死者亲人的感情，是对人性法则的冒犯，这样的法令是统治者根据一己好恶制定出来的"恶法"。这一点克瑞翁未加考虑，他不是从传统的宗教观点和伦理道德来看问题；相反，他认为波吕涅刻斯是城邦的叛徒，把他露尸野外以警戒后来的效法者是维护社会秩序所应采取的手段。[③] 克瑞翁的法律虽然违反了神法所赋予的伦理义务，却具有现实的强制力，这种法律以共同体的

---

① "公民不服从"，即 Civil Disobedience，在国内主要有三种译法：非暴力反抗、善良违法和公民不服从。"非暴力反抗"，即"Nonviolent Resistance"和"Civil Disobedience"在手段的"非暴力"方面有相同之处，但是后者更强调行为的非法性、方式的公开性和接受惩罚的自愿性。"善良违法"仅强调行为的道德依据和行为的非法性质，虽然比较符合中国的文化传统和语言习惯，但总体上对"Civil Disobedience"的含义表达并不完整。另外还有文明的不服从、文明的抵抗、非暴力抵抗和平民违抗等翻译方法。目前学界一般接受公民不服从作为讨论的共用词语，且大部分以罗尔斯的定义为标准。参见何怀宏编《西方公民不服从的传统》，吉林人民出版社 2001 年版，第 250—263 页。

② ［古希腊］埃斯库罗斯、［古希腊］索福克勒斯：《埃斯库罗斯悲剧三种、索福克勒斯悲剧四种》，罗念生译，载于《罗念生全集》第二卷，上海人民出版社 2007 年版，第 283 页。

③ 同上书，第 285 页。

暴力作为保障，违反者要受到统治者的惩处。在古希腊人看来，神律是不能违反的，当人世的法律和神律抵触时，法律应当被撤销。克瑞翁的禁葬令既然触犯神律，也必将殃及城邦，所以这条口头法令根本不能算作国法。因此，安提戈涅说："我不认为一个凡人下一道命令就能废除天神制定的永恒不变的不成文律条，它的存在不限于今日和昨日，而是永久的，也没有人知道它是什么时候出现的。"[①] 最终安提戈涅誓死捍卫神圣的天条，反对克瑞翁的专横措施，赢得了人民的称赞。[②]

《安提戈涅》所传达的是希腊人真实的情感和判断倾向，它提倡民主精神，反对一切僭主的残暴行为，折射出的是天条律令在希腊社会生活中的绝对意义。统治者如果违反这些天条律令，为所欲为，社会成员是不会听之任之，顺从接受的，因为在人们的心中，只有遵循天条而制定的良法才具有法的权威。《安提戈涅》的故事成为西方文化传统中公民不服从的典范，它促使人们对政治权威和公民服从之间的冲突矛盾进行不断思考。

事实上，公民不服从的社会事实在西方历史上存在已久，即使在中世纪或专制王权时期，制约王权的公民不服从运动也时有发生。就学术考察而言，人们一般认为公民不服从是从美国政治评论家亨利·大卫·梭罗（Henry David Thoreau）开始的。[③] 梭罗坚持认为对于那些违背良心的法律和命令，公民个人有不服从的权利，因为人的良心高于政府和法律。以此为据，针对美国对墨西哥的侵略战争、美国南方各州的蓄奴制度和印第安人所遭受的悲惨待遇，梭罗公开拒绝向美国政府纳税，导致强烈的社会反响。响应梭罗的主张，印度圣雄甘地积极呼吁并领导印度人民通过非暴力的和平抵抗运动反抗英国的殖民统治。公民不服从发展为声势浩大的群众运动，主要是20世纪50年代中期美国黑人领袖马丁·路德·金领导的黑人民权运动以及美国人民反越战的社会运动，也正是从那时起，学术界对公民不

---

① ［古希腊］埃斯库罗斯、［古希腊］索福克勒斯：《埃斯库罗斯悲剧三种、索福克勒斯悲剧四种》，罗念生译，载于《罗念生全集》第二卷，上海人民出版社2007年版，第307—308页。

② 黑格尔断言，《安提戈涅》所提出的问题，在当时的古希腊社会无法寻求到解决方法。作为一名悲剧作家，索福克勒斯对于这样一种法律义务与伦理义务的冲突以文学的形式进行了浓缩和提炼，但是对于这样一个法哲学难题，显然无法给出解决办法。

③ 在梭罗去世后四年，即1866年，其著作《对国民政府的反抗》更名为《公民不服从》（市民不服从）再版。事实上，这一概念未曾出现在其文章中。参见许宗力《法与国家权力》，台湾元照出版社1999年版，第75页。

服从的系统研究也正式开始。[①] 此后，学者们分别从不同角度对公民不服从进行深入研究，形成了各具特色的研究理论，其中影响较大的有罗尔斯、德沃金等。

在现代语境中，公民不服从主要指一个民主政治社会中公民个人或群体基于宗教道德或良心的判断，以直接或间接的非暴力方式，故意公开违反某些法律或政策，并自愿接受由此而产生的国家制裁。公民不服从可以表现为积极行为，也可以表现为消极行为；它可以是做被禁止的事，也可以是不做要求做的事；它不是简单的不顺从，而是一种公开坚持的行为。例如，假设在某国投票是一种法律义务，但是如果仅仅不去投票并不能构成公民不服从，行动者还需公开表明自己不欲遵从此法律，而且还可能公开号召别人也不去遵从。[②] 公民不服从的抵抗方式体现的是一种强者姿态，因为它并不致力于打败或羞辱对方，而是力求赢得对手的尊重和理解；它反抗的不是某个人而只是邪恶本身。公民不服从者愿意接受痛苦而不报复，他们深信未来，以一种冷静、理解、善意、寻求保存和创造共同体的爱与对方相处，并相信世界是站在正义一边的。[③]

二 公民不服从的条件

不是所有的不服从都能归为公民不服从，也不是所有的公民不服从行为都能获得宽容和谅解。真正意义上的公民不服从是有严格条件限制的，这些条件和限制主要体现在如下几个方面。

1. 合乎道德的动机

首先，公民不服从要遵循公民的基本道德和义务，秉持一种负责任的态度并充分考虑行动的后果。它源自抗议者的良知，并试图诉诸多数或社

---

① 在20世纪60年代末70年代初，西方对“公民不服从”的研究最为热烈。当时雨果·亚当·比多曾选编了一本关于该主题的文选。他在“导言”中回顾到：亨利·大卫·梭罗使“公民不服从”的思想脱离宗教；列夫·托尔斯泰和甘地使这一思想国际化；马丁·路德·金领导的、反对种族歧视的1955年蒙哥马利城公共汽车抗议事件才使之公开化。1961年，美国哲学协会组织了“政治义务与公民不服从”讨论会，第一次全面地讨论此问题。参见何怀宏编《西方公民不服从的传统》，吉林人民出版社2001年版，引言，第1页。

② 何怀宏主编：《西方公民不服从的传统》，吉林人民出版社2011年版，第204页。

③ 同上书，引言，第31页。

会良知，“不允许有任何卑劣、欺诈和恶意，它必然提高自卫者的道德水准”。[①] 它所追求的是，让公众知晓政府当局所批准的某些法律或政策正在破坏社会的重要道德原则或伦理要求，它努力公开捍卫社会良知的正当性。公民不服从行为应该使公共秩序的代表，能感觉出一种影响其对普遍问题的想法及感觉的企图。若某种不服从行为意在唤起怜悯，或者乞灵于什么特殊的体谅，包括那些企图阴谋破坏或规避法律的行为，都不能算是公民不服从。[②]

其次，公民不服从一般不是为经济利益而争，而是涉及基本的权利和公民待遇。公民不服从的目的不在于私利或商业利益，而应在某种程度上关系到正义概念与公共善。[③] 公民不服从者认为自己必须起而抗争是出于一种强烈的正义感，是为自己而又不仅仅是为自己，因而，他们并不要消灭对手，甚至不要打败对手，他们“罪其行而不罪其人”，他们要做的是试图唤起对方包括旁观者的良知，他们要刺激社会成员的正义感，唤起一种普遍的道德敏感，所以他们愿意自己首先做出牺牲，愿意首先以自己的道德行为来最终引导出对方的道德行为。他们深信自己站在正义一方，但并不认为自己在道德上特别优越，只是力图去做正当的事。这样的道德心态显然是要把暴力手段、阴谋手段排除在外的。[④]

最后，公民所不服从的法律本身必须是实质性的、明显的不正义。法律的公正性如何判断呢？简单来说，不公正的法就是贬低人格、多数并不受其约束、少数没有充分加入其制定的法，或者是以保护不正当利益为目的的法。[⑤] 具体而言：第一，任何公正的法都力求提高人格，因此那些歪曲灵魂和损害人格的种族隔离法规都是不正义的，因为它们给了隔离主义者错误的优越感，给了被隔离者错误的低劣感；第二，公正的法是多数迫使少数遵循，而其自身也愿遵循的法，如果法律制定者本身不受其约束的

---

① 何怀宏主编：《西方公民不服从的传统》，吉林人民出版社 2011 年版，第 49 页。

② 同上书，第 205 页。

③ 同上书，第 206 页。

④ 正如甘地所说，这样一种同时考虑到目的与手段的纯洁的抗议运动，即使判断有误，目标错了，伤害到的也主要是自己；即使失败了也不会造成道德的堕落，它绝不会以道德和精神的堕落换取表面的胜利。

⑤ 何怀宏主编：《西方公民不服从的传统》，吉林人民出版社 2011 年版，引言，第 30 页。

法则是不公正的；第三，如果少数人的表决权受到了限制，无法参与法的制定过程，由此而形成的法也是不公正的；第四，表面公正的法律如果应用不当也会成为不公正，如一条要求游行需先经批准的法律是被用来保护种族隔离时，它就变成不公正了。①

2. 民主法治的社会

并不是所有社会都适合采取公民不服从行为。罗尔斯认为，“我们不得不承认，只有在某种相当高的程度上由正义感控制的社会中，正当的非暴力反抗通常才是一种合理有效的抗议形式”。②“在一个分裂的社会和一个由集团个人主义推动的社会里，非暴力反抗的条件是不存在的。”③ 作为一种诉诸多数的正义感的呼吁形式，公民不服从的力量有赖于把社会看作一种自由平等的人们之间自愿合作的体系的民主观念，比如在君权神授的社会里，臣民只有恳求的权利，他们只能申诉自己的理由，如果君主拒绝他们的请求，他们只能服从，因为不服从将是对最终的、合法的道德权威的反叛。这并不意味着君主不会犯错误，只是因为这种境况不是臣民能纠正错误的境况。但只要我们把社会解释为一个平等人之间的合作体系，那些遭受严重不正义的受害者就无须服从。④ 因为在一个民主法治社会中，社会成员具有正当而平等的权利，法治为维护这些权利提供了强有力的保障，公民基于这些权利可以根据自己的意愿从事政治活动，法治提供的保障通常表现为法律规定的允许进行抵抗的合法正当手段。

对民主社会中发生的公民不服从进行有效辩护可通过以下分析获得。如果公民所反对的决定并不是多数人意见的真实表达，或者尽管某个决定代表了多数人意见的真实表达，但由于这个多数意见本身存在严重的错误，以至于仍然有理由反对这个多数人决定。在这种情况下，可以把非法手段的使用看作是为了确保真正的民主决定而采用合法手段的延伸。这种延伸也许是必要的，因为寻求变革的通常途径运作得不够恰当。比如，在一些议题上议员们受到技艺熟练、酬金很高的特殊利益集团代表的过度影响；在另一些议题上，公众并不知道事实的真相。也许权力的滥用需要改

---

① 何怀宏主编：《西方公民不服从的传统》，吉林人民出版社 2011 年版，引言第 29 页。

② ［美］罗尔斯：《正义论》，何怀宏等译，中国社会科学出版社 1988 年版，第 387 页。

③ 同上书，第 389 页。

④ 何怀宏主编：《西方公民不服从的传统》，吉林人民出版社 2011 年版，引言第 10 页。

革行政机构，而不是立法机构，而公共服务的官僚们却以不方便为由拒绝变革；也许带着偏见的官员忽略了少数群体的正当利益。在所有这些情况之下，采取像消极抵抗、示威游行、静坐等如今典型的公民不服从方式都是恰当的。①

在这些情形之下，不服从法律并不是试图强迫多数人接受自己的立场。相反，不服从常常出于以下考虑中的一种或几种：一是尝试着将情况告诉多数人；二是向议员们展示有大量的选民对此议题感觉不公正；三是唤起全国公众对此前留给官僚们处理的议题的注意；四是请求重新考虑匆忙做出的一项决定。当合法手段不能奏效时，公民不服从是实现这些目标的恰当手段，因为尽管采用的手段是非法的，但并没有威胁多数人或试图强迫他们就范。由于不反抗法律的强制力，坚持采用非暴力手段并愿意因为自己的行为而接受法律制裁，这样的公民不服从显然表达了反抗者抗议行动的真诚和他们对法治和民主根本原则的尊重。②

3. 非暴力的方式

公民不服从是在忠诚法律的范围内对法律的不服从。一般而言，公民不服从必须被证明是为达到目的所必需的。也就是说，它是在那些诸如陈情、示威、起诉等民主制度所提供的合法救济手段，被认真地使用过并被证明无效时才会采取的行动方式。当然，这些合法手段在一次失败后还可以多次尝试，但如果经验能够证明或预测重复这些合法的抗议手段根本无济于事，政府或多数既不会废除，也不会改变那些不正义的法律或社会政策，此时公民不服从的行为也是合法的。总之，它秉持一种严肃的政治信念，是正常合法途径被证明无效后的正式请愿方式。

公民不服从必须采取非暴力的方式。通常公民不服从所针对的是个别不正义的法规或政策，而不是整体制度，因此非暴力的方式对于维护稳定和真诚地表达抗议行动十分必要。首先，正义的动机应当避免引起一个非正义的后果。公民不服从对不公正法律或政策的抵抗不是为了暴力攻击，抵抗对象是某种制度或政策而非某个或某些人，不服从的目的是寄希望于在社会范围内造成道德反响和唤醒良知。因此，纠正非正义的呼吁必

① ［美］彼得·辛格：《实践伦理学》，刘莘译，东方出版社2005年版，第303页。

② 同上书，第303—304页。

须以不伤及他人和公共利益为前提，野蛮的暴力是非道德的，如果企图通过非道德的手段实现道德的目的，最终都将成为非正当的，不仅暴力结果的正当性无法证明，就连非道德手段实现的目的也同样存在被其他非道德手段替代的风险，正如甘地印证的那样，“由剑得到的亦将因剑失去”。[①] 第二，暴力手段的使用会破坏持异议者和包括当权者的其他公民友好合作的前景。社会实质正义与形式正义的完美共存是公民不服从所追求的目标，虽然要真正实现很难，但这一社会图景带给人们的是诸多关于善的想象和期待。然而一切暴力和侮辱性言语的使用都有可能危及这一美好的社会愿景，无论是物质上的还是伦理上的，都将背离行动的初衷，造成无数的悲剧，只有通过非暴力的方式才能在社会成员心中留下更多对社会理想的积极回应。第三，非暴力方式也是自然责任理论的要求。社会中每一个人都有维护公共利益、彼此相互尊重、互助友善、和平相处的自然责任，远离暴力，理性文明地表达不满，更是寻求正义之自然责任的一个基本要求。[②] 非暴力是带着尊敬面对敌人，它的目标不是要把对方压垮，而是要使他们醒悟，并为与他们展开对话开辟道路。

4. 自愿接受惩罚

首先，即使在一个民主法治社会里，公民不服从仍然有一定的危险性。是否发动或参加公民不服从，公民都有自决权，但他们应当总是要对自己的行为负责，每个人都不能放弃自己的责任，或把受谴责的负担转嫁给他人。[③]

其次，公民不服从的实施者是怀着对民主法治极大的敬意而采取行动的。实施公民不服从的人对自身行为的性质、后果及其违法性都有清醒的认识，但是基于内心崇高的社会责任感和正义感，他们甘愿受罚也

---

① 何怀宏主编：《西方公民不服从的传统》，吉林人民出版社 2011 年版，第 48 页。

② 对非暴力能否在任何情况下成为公民不服从的一个必要条件这一问题，学者们也有不同的意见。一些学者认为，非暴力的方式尽管重要，但并不是公民不服从的绝对特征。拉兹（Joseph Raz）、辛格（Peter Singer）、沃尔夫（Robert Paul Wolff）等人认为：在某些极端条件下，为了更快地结束一个更大的暴力，以迅速制止此恶所造成的伤害，人们不能绝对地排除在适当的方式上使用暴力。“如果不加鉴别地谴责一切属于‘暴力’这个一般标题下的东西，那就会遮蔽住人们应当做出的某些区别。拒绝使用暴力的和平主义者要为他们不去阻止更大的暴力承担责任。”［美］彼得·辛格：《实践伦理学》，刘莘译，东方出版社 2005 年版，第 308—313 页。

③ 何怀宏主编：《西方公民不服从的传统》，吉林人民出版社 2011 年版，引言第 11 页。

不愿放弃自己的行动计划。这样的行动态度既表明他们急于纠正个别社会不正义的迫切心理，也表明他们对整个社会制度总体的信任和忠诚。比如，梭罗、甘地、马丁·路德·金等都曾因其公民不服从行为被关入监狱，正是因为怀有对民主法治的极大敬意，他们才会有那样的行动勇气和决心。

最后，只有在公民不服从的参加者自愿接受惩罚的前提下，才能赋予公民不服从以正当性。在现实社会生活中，公民不服从者行动伊始未必能得到广大社会成员的认同，也容易引起非议，这些对实施者极为不利，甚至会给他们自身带来伤害，因为法治社会的严肃性表明，无论行为者出于何种动机，任何违反法律规则的人都必须承担相应的行为后果。由于不反抗法律的强制力，坚持采用非暴力手段并愿意因为自己的行为而接受法律制裁，这样的公民不服从显然表达了反抗者抗议行动的真诚和他们对法治和民主根本原则的尊重。[①] 因而有人认为，只有在公民不服从的参加者自愿接受惩罚的前提下，才能赋予公民不服从以正当性。如美国参议员菲利普·A. 哈特（Philip A. Hart）曾说过："我对于不服从者的任何容忍，都要看他是否自愿接受法律加之于他的一切惩罚。"[②]

以上是从纯粹学理的角度分析公民不服从的限制和条件，但是如果深入分析公民不服从的社会现实，特别是从 20 世纪的社会实践看，公民不服从还是一种背后有深厚的精神力量或宗教信仰支持的运动。公民不服从对社会环境和实施者个人素质要求都很高，尤其对不服从者的社会责任感要求很高。试想，如果在受到不公正对待的时候仍然坚持公正，在自身受到伤害的情况下既顽强反抗，又能坚守某种道德底线，这些需要何等崇高的大爱精神。这种不以武力、强力解决问题，敢作敢为，不以世俗成败论英雄的社会品质折射出公民不服从者身上深沉的精神力量。甘地所领导的印度人民向英国统治者争取独立和权利的斗争，以及美国马丁·路德·金所领导的黑人民权运动，这些行为背后都有一种强大宗教精神的动力支持

---

① ［美］彼得·辛格：《实践伦理学》，刘莘译，东方出版社 2005 年版，第 304 页。

② 参见汉娜·阿伦特《论公民不服从》。我国学者何怀宏也认为，甘愿接受惩罚是公民不服从的条件。"现代立宪政体是以法律为至上的，'公民不服从'虽然是违法行为，但还是通过公开、和平以及甘受惩罚表达了对法律的忠诚，它诉诸的是民主制度的基本原则和多数人的正义感。"参见何怀宏主编《西方公民不服从的传统》，吉林人民出版社 2011 年版，引言，第 11 页。

和自我把控。由于心里有一种超越的存在，深信一种永恒的正义必将取得胜利，他们就将有强大的动力去促成正义，同时又不介意一时的得失和世俗的成败。对于这一点我们也不应忽视。

第二节 公民不服从的正当性

公民不服从的正当性备受争议，它对法律和权威的背叛使它背负着难以摆脱的否定色彩。然而，支持者们还是从权利、义务、法律不完善性等方面肯定其正当性，尽管说法不一，公民不服从却真实地存在于西方民主政治社会中，西方国家关于自然法高于实在法、个人自由高于国家权威等信条深入人心，罗尔斯、德沃金等思想家更是从道德权利视角为公民不服从的正当性进行辩护，这些都已成为公民不服从正当性的理论基础。

一 利剑高悬的自然法

无论在西方哲学史、政治学史，还是法理学史上，自然法都占据十分重要的地位，两千多年来一直是哲学家、法学家研究的重要课题。它历经古希腊罗马时期自然主义的自然法、中世纪的神学自然法、近代的理性主义自然法及现代社会的自由主义自然法几个阶段，其思想富有深刻的解释学意义，与终极目的、意义和价值、德性和义务之间紧密相连。梅因说："如果自然法没有成为古代世界中一种普遍的信念，这就很难说思想的历史、因此也就是人类的历史，究竟会朝哪一个方向发展了。"[①] 尽管不同的时期，人们分别用"正义"、"道德"、"神意"、"理性"等描述自然法，但它们在价值追求上存在着广泛的道德共识。它们都承认法是自然的东西，至善至美的自然法是衡量一切人定法是非善恶的标准。自然法思想对西方社会发展的贡献功不可没，也为公民不服从不正义的国家法律提供了历史正当性和思想基础。

古希腊自然法的萌芽时期可追溯到荷马时代。由于当时科学不发达，人们习惯从朴素的直观出发看待自然现象，认为城邦及其立法、道德、风俗及奴隶制度都和江河湖海、山川草木一样自然生成。古希腊的思想家认

---

① ［英］梅因：《古代法》，沈景一译，商务印书馆 1959 年版，第 43 页。

为，万事万物都具有规则秩序，“没有偶然这样一种东西，自然的过程是严格地为自然律所决定的”。[①] 整个宇宙直到最微小的细节，都被设计成要以自然的手段来达到某种目的。万物都有一个与人类相关联的目的，唯有当个体意志的方向朝向属于整个“自然”的目的之内的那些目的时，人的生命才是与“自然”相调和的。德行就是与“自然”相一致的意志。在一个人的生命里，只有德行才是唯一的善。[②] 实际上对古典的哲学家来说，正义的结果早已镌刻在事物及其相互关系的自然中以及互为因果的宇宙秩序中，只待法官的认可和宣告。宇宙中一切事物包括城邦，都是和谐世界的组成部分，各种组成部分处在一种平衡的关系中。[③]

古罗马法学家西塞罗是希腊文化的传承人，他将斯多葛学派的自然法思想发扬光大，其目的主要是为当时的罗马共和制服务，但这种思想经过他以及受其影响的罗马法学家的发展，客观上为他身后出现的罗马帝国奠定了政治法律基础。他认为，真正的法律是与人性相结合的正确的理性，自然法这一称谓本身所蕴含的客观性与古希腊人所赋予正义的属性相吻合，自然法是普遍适用永恒不变的，一切人类社会的立法都必须服从自然法。他认为，“罗马和雅典将不会有不同的法律，也不会有现在与将来不同的法律，而只有一种永恒、不变并将对一切民族和一切时代有效的法律；对我们一切人来说，将只有一位主人或统治者，这就是上帝，因为他是这种法律的创造者、宣告者和执行法官”。[④] 古希腊罗马时期自然主义自然法思想对现代自由思想的形成发挥了奠基性的作用。

神学主义自然法经历了两个发展阶段：第一阶段的代表人物是圣·奥古斯丁。他将斯多葛派、西塞罗的自然法理论加以神学主义的发挥。他认为，神法是最高的理性、永恒的真理，神的理性、神的意志就是一种秩序。自然法是神法在人意识中的表现，人法是神法的派生物，服从神法是

---

① ［英］罗素：《西方哲学史》（上），何兆武、李约瑟译，商务印书馆1963年版，第321页。

② 同上书，第322页。

③ ［英］科斯塔斯·杜兹纳：《人权的终结》，郭春发译，江苏人民出版社2002年版，第38—39页。

④ ［古罗马］西塞罗：《国家篇、法律篇》，沈叔平、苏力译，商务印书馆1999年版，第104页。

人的义务。第二阶段的代表人物是托马斯·阿奎那。他的自然法学说融合了奥古斯丁的神学主义法律思想和亚里士多德的自然主义自然法思想，是神学自然法学说的集大成者。他将法律分为永恒法、自然法、人法和神法。作为永恒法的一部分，自然法是上帝用来统治人类的法律，也是一切人定法的基础。凡是与自然法要求不一致的人定法都是非正义的，因为“一切由人所制定的法律只要来自自然法，就都和理性相一致。如果一种人法在任何一点与自然法相矛盾，它就不再是合法的，而宁可说是法律的一种污损了”。[①] 总之，在漫长而黑暗的中世纪，古代自然法思想在神学的外衣下得以保存下来，奥古斯丁和阿奎那的自然法学说成为制约世俗国家和法律的一股强大精神力量。

中世纪后期，伴随着文艺复兴、宗教改革运动，出现了与中世纪神学世界观相对立的近代理性主义自然法。它一般通过自然状态、天赋人权、自然法、契约论的观点来说明人类社会的原始状况。其基本观点是：在国家产生之前，人类处于无政府的自然状态。在自然状态中存在一种“自然法”，它是从自然中产生出来的规范的总和，是自然的命令。在自然状态中，为了保障财产和安全，人们相互之间或人民同统治者之间就相互订立一种契约，以人定的关系代替自然的关系，成立了国家，国家因此是自然状态下的人们按照理性原则达成的社会契约。国家的权威来源于人们让渡的自然权利，因此主权在民，国家必须遵照社会契约管理社会，任何时候都不得违背自然法。近代理性主义的自然法学说以“理性”为基点，排除了朴素直观的自然主义及蒙昧的神学主义，完全从人的理性出发来构建政治理论体系，强调自然权利和国家法律对个人权利的保护，成为资产阶级自然法学说的重要组成部分，也为公民不服从提供了更加坚实的道德基础。

现代新自然法出现于 19 世纪末 20 世纪初。1945 年国际法庭对纳粹战犯的审判中，很多纳粹战犯坚持认为自己对犹太人的屠杀都是依据德国议会通过的法律和军政当局的命令所为，他们只是执行命令和法律而已，不应该受到法律惩罚。但国际法庭认为，纳粹党所制定的法是有违自然正

---

① ［意］托马斯·阿奎那：《阿奎那政治著作选》，马清槐译，商务印书馆 1963 年版，第 117 页。

义的，只有展示人类共同理性和以维护人权为特征的法才是有效的法，因此他们必须承担责任。纽伦堡审判标志着自然法的真正复兴，与传统自然法不同，此时发展起来的新自然法不再致力于制定永恒的自然法典，而是变得更为形式化和程序化了。比如，德国法哲学家施塔姆勒认为，没有任何法律内容是永远正义的，如果它今天是正义的，情势一变，它注定会变成非正义的。早期自然法学派的错谬之处就在于，他们寻求的是一种绝对正义并因而永远正义的法律体系。①

因而，现代新自然法实际上包括两种：一是绝对意义上的自然法；二是解释性的自然法。前者坚持将自然法视为任何政治社会法律本质的最终检验标准，包括宪法在内的任何人定法，在与这一根本道德原则相冲突时都无效。后者“并不认为非道德的法律是无效的，而是主张抽象的、含糊的或非确定的法，包括美国宪法的抽象条款，应该在语言表述允许的范围内被解释，从而使它们与自然法的规范所假设的人们应该具有的客观道德权利相一致”。②

自然法从古到今的变迁展现了一部不间断的思想史，也是一部维护人的自由尊严的斗争史。它通过建立权力、制度和法律关系来防止人们堕落、声名狼藉以及遭受羞辱。虽然历代思想家们对自然法的定义以及各自的立场因在目的、神、秩序论、理性论、人性论和个人利益论上各有所不同而呈现出差异，但合乎自然性和正义性的自然法永远是高悬在人们头顶的一把利剑，威严、冷静地审视着人世间的一切，成为公民不服从实施者强大的精神支撑和行为指南，也成为世人和权威部门的重要评判标准。

二　价值优先的个人自由和权利

一直以来，自由是人们从统治和被统治中解放出来的指导原则，是革命者与异议人士的政治纲领，也是无家可归者和一无所有者重整旗鼓的呐喊。以自由为核心的权利观念是西方人普遍的价值理念，基于权利观念反抗国家权力突破原始契约所划定的界限是西方历史上有力延续着的传统。

---

① ［德］施塔姆勒：《正义法的理论》，夏彦才译，商务印书馆2012年版，第15页。

② ［美］罗纳德·德沃金：《自由的法：对美国宪法的道德解读》，刘丽君译，上海人民出版社2001年版，第447页。

今天谁都不能轻易否定自由的意义，个人自由已构成我们哲学视野、政治背景、想象灵感中的一道景观，并已成功获得现代社会意识形态战场的胜利。政治理论家伯纳德·克里克说：“自由的概念如此重要，以至于我们不愿对其作出准确的定义，因为我们想要将它应用到我们珍爱的一切事物之中。”① 自由主义关于个人自由和权利的阐述成为公民不服从正当性的又一理论基础。

古希腊、罗马时期以来，法律之下的自由概念一直是西方政治生活最为明显的特点。“在古希腊人中占主导地位的自由观念并不是指一种有保障的个人独立空间。对古希腊人，可能还有古罗马人而言，自由观念天然地适用于共同体——这里自由意味着自治或不受外来的控制——如它天然地适用于个人。甚至就在它适用于个人时，自由也很少意味着个人免于共同体的控制，而仅仅是指一种参与其决策的权利。”② 因此，古代的自由观具有强烈的政治意义，这与当代自由观形成了鲜明对照，当代自由强调个体不受政治控制和干预。对古希腊人而言，自由与城邦对个体的权威并非水火不容，只要行使这种权力是根据法律，而不是独裁者的意志。同样，自由的定义源于它对社会的意义，而不是它对个体的意义。③

现代意义上的自由主义开始于近代。到了16—17世纪，自由的观念才被看成是所有公民普遍共享的权利。这种扩展的自由概念与现代国家的兴起同时产生，从一定意义上也是对中央集权的反映。自由也与政治话语中流行的对权利的解释联系起来了。④ 自由主义的首要原则是个人自由和权利。这种至高无上的个体的观念把人从传统的锁链中解放出来，人的自由意志成为社会组织的原则，人对社会的义务让位于人在社会中拥有的权利。自由和权利成为个人抵制国家权威不合理干预的强有

① ［英］彼得·斯特克、［英］大卫·韦戈尔：《政治思想导读》，舒小昀、李霞、赵勇译，江苏人民出版社2005年版，第164页。

② ［英］约翰·格雷：《自由主义》，曹海军、刘训练译，吉林人民出版社2005年版，第3页。

③ ［英］彼得·斯特克、［英］大卫·韦戈尔：《政治思想导读》，舒小昀、李霞、赵勇译，江苏人民出版社2005年版，第164—165页。

④ 同上书，第166页。

力的武器。

霍布斯从自然权利出发，即从某种绝对无可非议的主观诉求出发[①]，认为“一个人服从另一个人的目的就是保全生命，每一个人对于掌握生杀之权的人都必须允诺服从”。[②] 自我保全的权利是绝对和无条件的，道德的本义是为保护人的权利，即个体的生命和尊严。霍布斯把自我保全视为人基本的自然权利，并第一次以道德命令的形式表达了权利的内容。

洛克对个人自由和权利的阐述更为深刻。他认为，人类最初处于自然状态，受自然法支配，自由、平等和财产都是人的自然权利。可是由于自然状态缺乏公共的裁判者，存在诸多不完善之处，于是理性的人们自愿订立契约建立国家，其职能是保护人的自然权利。洛克认为政府在契约之下，政府权力范围只以契约规定为限。统治者不得超出契约规定的范围，侵犯人民所保留的自由和财产权利。[③] 洛克认为，“社会始终保留着一种最高权力，以保卫自己不受任何团体、即使是他们的立法者的攻击和谋算：有时候他们由于愚蠢或恶意是会对人民的权利和财产有所企图和进行这些企图的。因为任何人或他们的社会并无权力把对自己的保护或与此相应的保护手段交给另一个人，听凭他的绝对意志和专断统辖权的支配。当任何人想要使他们处于这种奴役状况时，他们总是有权来保护他们没有权力放弃的东西，并驱除那些侵犯这个根本的、神圣的和不可变更的自卫法的人们，而他们是为了自卫才加入社会的”。[④]

尊重个人自由，保护个人权利不受国家意志的侵犯是自由主义理论家的共同主张。密尔在《论自由》中也提出，所谓自由就是保护人民不受统治者政治暴政的威胁，爱国者的目标就是对统治者在共同体中行使权力设定限制，他们认为对这种权力的限制就是自由。限制以两种方式进行：

---

① “这种主观诉求完全不依赖于任何先在的法律、秩序或义务，相反，它本身就是全部的法律、秩序或义务的起源。霍布斯的政治哲学（包括他的道德哲学），就是通过这个作为道德原则和政治原则的‘权利’观念，而最明确无误地显示它的首创性的。”［美］施特劳斯：《霍布斯的政治哲学》，申彤译，译林出版社 2001 年版，前言，第 2 页。

② 霍布斯：《利维坦》，黎思复、黎廷弼译，商务印书馆 1985 年版，第 155 页。

③ 洛克持有一种早期的个人主义者所没有看到的明晰洞见，即个人的独立必须以私人财产权在法治之下得到安全地保护为前提条件。［英］约翰·格雷：《自由主义》，曹海军、刘训练译，吉林人民出版社 2005 年版，第 20 页。

④ ［英］洛克：《政府论》，叶启芳、瞿菊农译，商务印书馆 1964 年版，第 92 页。

首先，确认某些不容侵犯的权利，称为政治自由或政治权利。当统治者确实侵犯这些权利时，某些特定群体的反抗或整体的反叛就会被认为是正当的；其次，建立宪法上的某种制衡。通过制衡，共同体的一致意见或代表其利益的机构的意见就成为统治者实施某些重要行动时的必要条件。① 诺齐克认为，“个人拥有权利。有些事情是任何他人或团体都不能对他们做的，做了就要侵犯到他们的权利”。② 潘恩也认为，主权既不属于君主也不属于那些拥有特权的贵族，而是属于人民，国家的统治应该只能建立在全体人民同意的基础上。③ 这些理论都以个人权利为政府行为设定了边界。

对个人自由和权利的维护从理论不断走向实践。法国大革命使许多有关人民主权、自然权利、同意和契约论的观念演化为备受关注的尖锐的政治热点。《美国独立宣言》是美国大陆会议通过的基本宪政文件，美国在宣布独立后，不再援引英国的政府传统。宣言中要求的自由是以自然法则为基础，以理性而不是传统习俗为衡量标准。可以说，在每一个人类法则之上存在一个更为高级的法则。《美国独立宣言》和《美国宪法》以人民的自然权利为基础，坚持认为人民有权更改或推翻他们认为已经不合时宜的政府或制度形式。④ “我们认为这些真理是不言而喻的：人人生而平等；他们被造物主赋予某些不可让渡的权利，其中包括生命、自由和追求幸福的权利。为了保障这些权利，他们建立了政府，而政府的正当权力则来自于被统治者的同意。当任何一种形式的政府变得损害这些目的时，人民就有权利来改变它或废除它，以建立新的政府。”⑤ 1948 年 12 月召开的联合国大会上颁布了《世界人权宣言》，其中第 29 条这样写道：“人人在行使

---

① ［英］彼得·斯特克、［英］大卫·韦戈尔：《政治思想导读》，舒小昀、李霞、赵勇译，江苏人民出版社 2005 年版，第 184 页。

② ［美］诺齐克：《无政府、国家与乌托邦》，何怀宏等译，中国社会科学出版社 1991 年版，第 1 页。

③ ［澳大利亚］安德鲁·文森特：《现代政治意识形态》，袁久红等译，江苏人民出版社 2005 年版，第 45 页。

④ ［英］彼得·斯特克、［英］大卫·韦戈尔：《政治思想导读》，舒小昀、李霞、赵勇译，江苏人民出版社 2005 年版，第 177 页。

⑤ 《美国独立宣言》，引自［英］彼得·斯特克、［英］大卫·韦戈尔《政治思想导读》，舒小昀、李霞、赵勇译，江苏人民出版社 2005 年版，第 177—178 页。

他的权利和自由时，只受法律所确定的限制，确定此种限制的唯一目的在于保证对他人的权利和自由给予应有的承认和尊重，并在一个民主的社会中适应道德、公共秩序和普遍福利的正当需要。”①

对个人自由和权利的尊重不仅是自由主义的核心理念，也是现代民主社会的基本要求，也曾是新兴资产阶级反封建的重要精神武器。资产阶级革命胜利后，自由主义价值观中个体至上的观念日渐成为西方社会的主流意识形态，并逐步融入人们的日常道德观念。在全球政治民主化的过程中，个人自由和权利的价值理念也在世界范围内传播，深刻影响着人们价值观的形成和现代世界及各国民主政治秩序的建构，成为公民不服从的重要理论基础。

三　作为道德权利的公民不服从

理论价值上的正当性和现实违法性是公民不服从难以摆脱的两难问题。如何解决这个难题，一个可行的出路是：承认公民享有某些法律以外的权利，即道德权利，而公民不服从就是这样一种法律之外的道德权利。

人们评判政治法律制度正义与否的重要依据是看这一制度是否具有合乎理性的道德基础。简单而言，道德是指以善恶为标准，通过社会舆论、内心信念和传统习惯等来评价人的行为，调整人与人之间以及个人与社会之间相互关系的行动规范总和。就其本质而言，“道德”一词具有先于社会、超越国家和地区之界限的形而上意义。道德权利是先于或独立于任何法规或规章而存在的权利，它“诉诸于某种道德直觉或道德理想，诸如基于对人的本性的理解而形成的对人之为人的道德条件的判断，基于某种道德理想而形成的道义要求等等”。② 比如洛克所论证的生命、自由和财产权，康德所强调的人之尊严，以及德沃金的平等尊重和关怀等，它们都是在应然的意义上对人作为主体性存在的内在价值的确证，具有道德上的优先性。因此在现实社会生活中，人作为主体，能够在自己的意识中把握自己的存在，他们评判政治法律制度合理性的一个重要标准是看其是否与

---

① ［美］约翰·菲尼斯：《自然法与自然权利》，董娇娇等译，中国政法大学出版社2005年版，第170页。

② 余涌：《道德权利研究》，中央编译出版社2001年版，第24页。

社会的道德观念相符合。罗尔斯、德沃金等思想家们分别从他们的理论视角对作为道德权利的公民不服从给予了充分论证。

罗尔斯认为，公民不服从作为一项道德权利的合法性早在原初状态（original position）中就被各方以假设契约的方式确立了下来。原初状态相当于社会契约论中的自然状态，但它并不是被设定为历史上的存在，而只是在思维中的存在。罗尔斯通过原初状态的设定就是要把对可接受的正义原则的有意义约束联为一体，从而排列出一些主要传统社会观念的次序，并选择那看来最合理、优点最多的正义观作为社会基本结构的正义原则，以此来决定各方所要达成的社会联合的基本合作条件。契约理论由于合理有效保障了理性各方协商后所达成的道德共识，从而成为公民不服从的一种强有力的道义基础。在原初状态中，各方都不知道所处社会的经济或政治状况，他们对个人自然天赋、社会出身、个人价值观念和气质性格等方面的信息都一无所知，这种“无知之幕”的设计屏蔽了社会成员的所有差别，使他们完全自由平等地进行选择。整个过程没有任何外力胁迫或暗示，当事人完全出于个人自愿进行自主选择，个人同意既是契约合法性和有效性的保障，也显示了契约所具有的强大社会心理力量和独特感召力。同意的自主自愿特征也使得各方通过契约行为而创设的权利义务关系具有了正当性基础。

罗尔斯通过原初状态的假设，为公民服从其所提出的正义原则进行了论证，这是一种理想的、虚拟的正义理论。然而，公民不服从的问题属于非理想的部分服从理论，罗尔斯从理想下降到现实讨论“公民不服从”问题的用意何在呢？其实这是他对正义原则的反面论证，最终还是服务于他的正义理论的。

为了更进一步探讨那些在原初状态中受到人们青睐的个人义务与职责的原则，对宪法体系下的现实政治义务和职责理论会产生何种影响，以及在一个接近正义的民主制度中选择这些原则的必要性，罗尔斯将关注点转移到了“公民不服从”。在关于政治义务和职责的讨论中，他提出对现存制度的服从义务并不总是成立的，在特定情况下不服从也具有正当性。当然这种不服从正当性的论证与既有社会的制度和法律的非正义程度紧密关联。这种“非正义”可区分出两种情况：一是这些法律、制度或政策可能只是或多或少偏离了大家公认的正义标准；二是这个社会的基本结构和制度设计具有明显的非正义性。在罗尔斯看来，第二种情况下公民不服从的做法显得过于温和，更可取的做法是采取更激烈的反抗方式，第一种情况更符合公民不服从的前提社会条件。也就是说，公认的正义标准存在于这个社会，法律对正义标准的偏离也是有限的，此时公民不服从可以通过诉诸社会的正义感来尝试改变这些偏离正义的法律。这是罗尔斯试图通过一般原则来说明和指引特殊规范的尝试，也是其正义理论中最直接地触及现实的部分，这种尝试使人们可以透过其正义理论的抽象性获得一份强烈的现实感。①

公民不服从，实际上因为某些理由——当然不是出于自利的理由，而是出自某种良知和正义信念的理由——逾越了某些总体上是保护平等的基本自由的制度法规，它还在实际运用中有可能侵犯到别人的同等自由。但它的目标又常常是为了争取平等的基本自由，取得的效果也常是如此。因此，这种公民不服从乃是一种政治行动，它诉求的是大多数人的正义感，是支撑社会政治秩序并被公民达成重叠共识的共同的正义观。不服从在表面上违背的是应该服从法律的政治义务，在根本上捍卫的却是宪政民主的基本精神。在罗尔斯看来，它不仅是公民的一项道德权利，某些情况下还具有行动上的迫切性。

美国法哲学家德沃金在批判绝对守法观的基础上，通过其权利命题，系统阐述了“善良违法”的基本立场，有效扩展了现代守法观，成为公民不服从正当性的又一有力论证。

德沃金认为，权利指每个公民享有的受到平等关怀与尊重的道德权利，具有最高社会价值的平等是权利的核心。德沃金意义上的作为“王牌”的权利是一种“强”意义上的权利，它既关系到政府的正当性，又关系到法律的正当性。“在所有承认理性的政治道德的社会里，权利是使法律成为法律的东西。”② 德沃金的权利理论预设了三个重要原则：“（1）一个符合规则的社会具有政治道德的某些观念，也就是说，它承认对政府行为的道德限制；（2）该社会对于政治道德的特定观点——以及源于这种

---

① 何怀宏：《公平的正义——解读罗尔斯〈正义论〉》，山东人民出版社 2002 年版，第 97—98 页。

② ［美］罗纳德·德沃金：《认真对待权利》，信春鹰、吴玉章译，上海三联书店 2008 年版，中文版序言，第 22 页。

观点的法律判断——是‘理性’的，即对于相同的情况给予相同的处理，而且不允许矛盾的判断；（3）该社会相信它的所有成员生而平等，他们有权利受到平等关心和尊重。”① 这种权利为政府设定了一种保护其治下的公民得到平等关怀与平等尊重的道德义务和道德责任。

那么，是否只要一个人承认了一条法律的有效性，他就因此而负有遵守这条法律的义务呢？保守派和自由派给予了不同回答。前者似乎不赞成任何不服从法律的行为。当违法行为遭到起诉时，他们就表现出满意的样子；当定罪被推翻时，他们就感到失望。后者至少对某些违法行为表示了更多的同情，他们有时不赞成起诉，当宣告无罪释放时，他们为之庆祝。② 德沃金认为，尽管双方的评判结果不同，但在如下问题上双方却达成了共识：“在民主的制度之下，或者至少在原则上尊重个人权利的民主制度之下，每一个公民都负有必须遵守全部法律的基本的道德义务。即使他宁愿某些法律得到修改。他的这一义务是对他的同胞们负有的，因为他们为了他的利益而服从他们所不喜欢的法律。但是，这种一般的责任不可能是绝对的，因为，即使一个社会在原则上是公正的，也还可能产生不公正的法律和政策，而一个人，除了他对国家的责任之外还负有其他的责任。一个人必须履行他对他所信仰的上帝的责任和对自己的良心的责任。如果他的这些责任和他对国家的责任相冲突，那么最后，他有权做他自己认为正当的事情。但是，如果他决定他必须违反法律，那么，在承认他对于他的同胞们的责任虽然很大，但是不能泯灭他的宗教和道德上的责任的情况下，他必须接受国家所做的判决和给予的惩罚。”③

事实上，公民享有的这种最基本的反对政府的个人权利不是现存法和普通法之下的一般法律权利，而是一种道德权利，这是一种源于康德所区分的、作为一个人应当享有的、先于实证法创设的基本权利。根据德沃金的理解，公民享有的这种抽象平等权利神圣不可侵犯，权利优先于善，即便是牺牲这种权利有利于增加社会的总体福利，这种权利也是不能受到限制或被废止的。“我们尊重道德的要求，不是因为什么人告诉我们这样

---

① ［美］罗纳德·德沃金：《认真对待权利》，信春鹰、吴玉章译，上海三联书店2008年版，中文版序言，第16页。

② 同上书，中文版序言，第249页。

③ 同上书，中文版序言，第250页。

做，而是因为我们自己相信它们是‘真理’。这种对于真理的感觉使我们给予道德原则很高的权威，它们使我们确信，在必要时，我们应该为了这些道德原则而牺牲我们自己的利益。”①

然而，传统守法观却认为，服从法律是每个公民的义务，尽管当服从法律的要求和道德责任的要求相冲突时，公民有遵从自己良知的道德权利，但这种道德上的正当性绝不能成为他们免于政府起诉的理由。对法律的维护和遵守是绝对的，法律面前人人平等，任何公民都不能因为从个人违法行为中获利而剥夺他人对法律公正的社会期待，因此对善良违法者的定罪是完全正当的。

对此，德沃金认为，公民出于良知拒绝法律是宪法赋予他的道德权利。权利是法律的道德权威所在，是人们对法律有信心的理由。权利可以防止政府和政府官员将制定、实施和运用法律用于自私或者不正当的目的。或者在这样的情况不幸出现时，能够阻止法律对权利侵害的仍然是权利。② 在美国，公民被认为享有某些反对他们政府的基本权利，某些被美国宪法规定为法律权利的道德权利。因此，“公民享有言论自由的权利的主张，必须具有以下含义：即使政府认为公民要说的话所带来的害处大于好处，政府阻止他们发表言论也是错误的。在因拒绝参战而被投入监狱的类似问题上，这个主张不仅仅意味着公民们表达自己思想是没有错误的，尽管政府保留阻止他们这样做的权利”。③

那么，善良违法这种公民不服从是否会动摇法律至上的传统，削弱对法律的尊重呢？

德沃金认为不必有这样的担心。首先，公民不服从的权利是建立在道德基础上的，而道德也是法律的基础。“法律和政治道德之间的这种关系的确立和保持的手段是：通过法律来实施基本的和宪法的‘权利’。这些权利使法律本身更为道德，因为它可以防止政府和政府官员将制定、实施和运用法律用于自私或不正当的目的。权利给予我们法律‘正当’的信心，这样说的含义是，法律会‘正当的’公平对待他人，或使得人们遵

① ［美］罗纳德·德沃金：《认真对待权利》，信春鹰、吴玉章译，上海三联书店 2008 年版，中文版序言，第 23 页。

② 同上书，重译序，第 31 页。

③ 同上书，第 255 页。

守承诺。”① 法律原则允许人们将法律思想和道德思想联系起来，“通过揭示法律化道德之间的互相联系，权利理论能够解释我们给予法律的特别尊敬。我们遵守法律，不仅仅因为我们被迫遵守法律，而且因为我们感到遵守法律是正确的。甚至在我们知道遵守法律并不有利于我们个人的直接利益时，在我们知道我们可以不遵守法律而不会因此受到处罚时，依然感到有责任遵守法律。我们这样做，因为法律原则通过自身的协调反映了我们的道德情感，使法律获得了道德特征，获得了道德权威。这些是以强制力为后盾的规则的集合体所不能享有的。正是法律的这种由法律原则所给予的道德特征，给予了法律特别的权威，也给予了我们对法律的特别尊敬”。②

其次，善良违法是公民对法律忠诚的又一种表达方式。德沃金认为，善良违法是一种体现公民道德理想的行动，善良违法者必须是出自对法律的忠诚，同时，他还必须冒着如果建议不被采纳就将接受政府惩罚的危险。因此，公民的善良违法实际上是出于对法律背后权利精神的忠实和爱护，他们理性而自觉，满怀对法律的敬畏之情，审视自身处境，不因盲从而忽略对法律的思考，也不因不服从而亵渎对法律的忠诚，在善良违法的过程中，常驻他们心头的依旧是对法律神圣性、至上性和权威性的认可，以及对法律的自觉认同。

再次，尽管德沃金非常强调对个人权利的尊重和维护，但是他所支持的个人权利是有限度的。他认为，“并不是所有的法律权利，或者宪法权利，都代表了反对政府的道德权利”。③ “权利理论只要求一个社会中的所有人都必须得到同等的关心和对待，所有人都必须成为政治社会的真正平等的成员。权利理论确认了某些基本的公民和政治权利，只是因为认为到了这样的事实，即这一平等的某些方面在政府滥用权力的情况下是特别脆弱的。但是，这些基本的个人自由绝不可能为个人提供任何高于社会的统治权。权利理论并不要求给予个人绝对的自由，或者要求允许他们为了实

---

① ［美］罗纳德·德沃金：《认真对待权利》，信春鹰、吴玉章译，上海三联书店 2008 年版，中文版序言，第 4 页。

② 同上书，中文版序言，第 21 页。

③ 同上书，第 255 页。

现他们的个人需要而牺牲他们所属于的社会。”① 由此可见，德沃金权利观念下的公民不服从是极其严格的。

德沃金的权利观包含了对公民不服从的宽容。法律本身的非完善性以及人类理性的有限性使我们必须正视“善良违法”这种公民不服从的存在。其实，善良违法是调节权利与法律之间矛盾的缓冲器。如果我们过于追求法律形式上的完美和逻辑自足，而忽视公民权利意识的培养，那么公民对法律的遵守将主要源于法律背后的强制力，而不是出于对法律的认同，这样就很难在公民与法律之间形成真正的良性互动。这样的服从在道德上又能具有多少正当性呢？因此，培育公民独立的法律人格，尊重公民不服从的道德权利，合理地赋予公民善良违法的权利始终是人们对正义社会的期待。

总之，作为道德权利的公民不服从对现代民主社会具有非常重要的积极意义。现实生活中，人们常常神化执政者和政府，献给他们崇敬与特权，但是如果他们令人们失望，人们必然会报之以独一无二的愤怒。公民不服从虽不能在短期内撼动既有条文，却可以引起社会的广泛思考和重视；它不仅可以避免个别公民的声音被国家机器所湮没，也可以敦促国家对公共权力的施用更为谨慎；它不仅是政策制定和制度改革中不可或缺的一环，也是自由、民主、正义、健康公民文化建设的重要内容。适当的公民不服从行为可以有效地对民主政治国家中公共权力的滥用加以制约，并尽量缓冲公民与国家之间的矛盾。

第三节　公民服从与公民不服从

公民不服从的正当性论证只是对公民不服从行为合理性的理论解释，并不是对公民不服从行为不可替代性的逻辑说明。同样的情形，有人选择不服从，有人选择服从。那么，到底何时应该服从，何时可以不服从呢？这应由公民根据具体情况进行理性选择。

---

① ［美］罗纳德·德沃金：《认真对待权利》，信春鹰、吴玉章译，上海三联书店 2008 年版，中文版序言，第 16 页。

一 公民不服从的审慎性

公民不服从具有非常严格的条件，对实施者个人的素质要求也是极高的。即使符合条件，公民不服从仍具有审慎性。

这种审慎性的首要原因在于公开违法的公民不服从行为或多或少会给社会带来负面影响。公民不服从是一种公开的违法行为[①]，它的违法总体上说有两种方式。一是直接针对它要反对的法律，如拒交某种抗议者认为是不公平的税项，或者无视政府的某些禁令，或者是反对某场战争拒服兵役；二是间接的违法，比如当直接反对某一法律的代价太高，或对社会造成的损失太大时，公民会以一种间接的形式表达对社会广泛不公正的不满。这种情况下，他们有可能会选择围堵交通，而其本意并非要破坏交通秩序；可能会拒绝对政府某些重要政策的配合，其本意也并非针对这一政策，而只是想以一种不合作的态度来表达不满；也可能会静坐围堵某政府部门办公大楼，其本意也并非针对这一部门，而只是想以此吸引公众的关注和政府的重视。[②] 不管是哪种方式，都会或多或少地扰乱正常的社会秩序，引起社会的广泛注意乃至政治动荡，进而会对他人造成一些负面影响，而公民对其他社会成员是负有道义责任的。因此西蒙斯认为，“甚至在我们不把‘责任’或者‘义务’当回事的地方，我们的不服从行为对他人所造成的影响，也可能会成为服从的理由。这样，法律秩序的存在，让人们对他人将如何行事有了某种预期。只要不服从会使人们的这种预期落空，那么就有理由服从，即使我们没有责任避免给他人带来不便。尽管

---

① “公开的违法”是指公民的违法行为必须能立刻被当局及社会公众发觉。趁警察不注意时闯红灯属于企图规避法律追究的秘密违法行为；而当着警察的面故意闯红灯就是公开挑衅性的违法行为了。公民不服从正是要在众目睽睽之下实施违法行为，且丝毫也不回避由此而导致的无法预料的法律后果。

② 当然，由于国情不同，在某一国被视为正常合法的抗议行为在另一国就有可能被视为非法。所以，是否为法律所禁止，依其行为发生地的法律规定而有所不同。比如，游行示威活动在大多数民主国家都属于合法抗议的范围。而在非民主国家里，游行示威或者被法律明令禁止，或者虽在法律上予以承认，而在实践中却以行政手段予以制止使其无法落实。在这种情况下，置当局禁令于不顾，公然举行的游行示威活动就可被视为公民不服从。所以抗议行为是否属于“违法”，乃依各国的法律制度而定。

这些理由未必是决定性的，但理由终归是理由”。[①] 也就是说，我们总是有理由，或者甚至有责任，按照法律要求去做，其依据完全不在于法律的命令。[②]

其次，公民不服从对实施者个人的素质要求很高。在现实社会生活中，公民不服从的正当性并不能成为鼓励公民不服从的充分理由，公民必须反复考量、谨慎运用此项权利。公民不服从者并非出于无知而违法，而是经过深思熟虑后故意触犯法律的人，不服从者是根据他们的良知判断自己或者社会上的一部分人受到了严重的不公正对待，其目的在于维护正当权益。实施前公民必须审慎地考虑到自己的行为会不会破坏对法律和宪法的尊重，会不会导致对第三方即无辜者可能的伤害，会不会招致多数的严厉报复。公民不服从者还必须进行周密的先期策划和准备，努力使自己的行为在短时间内广为人知，以期获得最好的效果。对于不能引起社会关注的公民不服从行为，宁可不做，也不应鲁莽行事。由于公民不服从本身意味着它要遵循公民的基本道德和义务，要出自一种负责任的态度，因此，要充分考虑自己行动的后果，在不服从行为的实施过程中，行为者的良知判断始终在发挥作用。是否有这样的审慎，不仅关系到行动的成败，也是对公民不服从发起者自身道德的一种测试。

最后，在确信即将阻止的事情是非正义的情况下，仍需就其他道德问题进行自我反思。当公民确信自己试图阻止的事情真的是在道德上严重错误的时候，仍须均衡考虑以下两方面问题：一是试图阻止对象恶的程度，二是不服从行动会在多大程度上急剧降低人们对法律和民主的尊重。同时，还必须通盘考虑或认真权衡，若不服从行动无法达到预定目标，将会降低通过其他手段获取成功的机会。比如，对压迫人民的政权实施恐怖主义，这样的极端不服从行为就为政府监禁比较温和的政治反对派提供了绝好的借口；又如，对动物实验者实施暴力攻击，这就会使得科研的当权集团把所有动物实验的批评者贴上恐怖主义的标签。[③]

---

① ［美］A. 约翰·西蒙斯：《道德原则与政治义务》，郭为桂、李艳丽译，江苏人民出版社2009年版，第173页。

② 同上。

③ ［美］彼得·辛格：《实践伦理学》，刘莘译，东方出版社2005年版，第306页。

二 公民服从与公民不服从的理性选择

公民不服从的审慎性使得人们对公民不服从的态度中增添了几分犹豫和困惑。当公民面临服从或不服从的双重选择时，该如何判断呢？公民服从与公民不服从之间有无明确的界限以帮助人们在两难处境中快速作出正确决断？这些问题不仅困扰着实践中的公民，同样使理论研究者们莫衷一是、难下定论。

其中值得注意的一点是，公民不服从成长于西方社会，受制于具体的国情。西方社会有着深厚的公民不服从传统和丰富的思想资源，现代以来公民不服从更是不断从理论走向实践，成为西方社会发展过程中的普遍运动，并且在不少国家已获得社会认同，并被纳入宪政体制，成为社会和政府纠错机制的有效组成部分。然而，任何社会行为的合法存在都需要特定社会环境做依托，适用于西方的这种特殊手段未必适用于所有国家。比如，针对某个具体问题的公民不服从，在英国或美国也许是合理的，但对于正在建设民主政府的柬埔寨却可能是得不到庇护的。[①] 又如，在一个高度封闭的传统社会，法治的思想、权利的意识未能深入人心，面对公共权力对个人基本权益的侵犯，社会成员要么选择安于现状、逆来顺受，要么选择揭竿而起、革命造反，“公民不服从”的概念和行动对身处该社会情境下的人们来说完全是不可经验的。

那么，在当前中国语境中如何看待公民不服从问题呢？公民不服从有其特定的内涵和严格的条件限制，同时它还需要相应的社会体制和公民素质为前提，它所宣扬的公民理想和公民权利，以及对公民依据自己理性判断和良知行事观念的引导和肯定等，对当前的中国社会来说更需谨慎。因为尽管在现代西方政治生活中，理论和实践上对公民不服从意义上的违法与一般犯罪违法之间进行区别已经相当普遍，而且人们已经开始触及诸如国家应如何负责地对待公民不服从者、国家的法律或政策会不会使有良知者面临险境等议题的讨论。可是，对于我们这样的民主法治还处于起步和加强阶段的国家而言，当全社会还在为“违法必究、执法必严”摇旗呐喊时，“恶法非恶”的意识和主张距离人们的视线就稍显遥远了些。因此

---

① ［美］彼得·辛格：《实践伦理学》，刘莘译，东方出版社2005年版，第307页。

在当前中国社会条件下，提倡或鼓励公民不服从应当加倍谨慎。

不过，不管是民主制还是非民主制国家，现实生活中公民不服从的实施者大多为社会弱势群体，这一点应引起各国政府高度关注。这些社会成员常常对自己的现实处境极度不满，在正常途径无法解决问题或效率低下时，他们铤而走险，不惜以身试法，采取公民不服从的行动。如果没有很高的道德约束与精神引导，他们的行为极有可能突破界限，造成灾难性的社会后果，比如国际国内一些个人乃至组织的恐怖行为，其开端往往从对正常和平的解决方式感到绝望开始。因此，处于社会强势的一方，应经常设身处地地考虑公民不服从实施者的现实社会处境，挖掘其对不满社会的心理根源，及时消解其强烈的“愤怒”和“绝望”情绪。中国传统的统治并非采取法治的形式，但有鉴于此，也一向颇注意纾解那些如“孤独鳏寡”等“穷民而无告者”的困苦处境和悲情，所以，在努力维护公民权利和义务的同时，无论政府、社会还是个人，都应积极关心弱势群体，给他们以切实的帮助和希望，以帮助他们缓解绝望和建立基本的信心。其实，根本的办法还是法治的建设、公民道德的培养和精神文化的提升。

当然，服从并不意味着屈服和顺从，不服从也并不意味着背叛和颠覆。到底何时应该服从，何时应该不服从，在我们这个复杂的社会里，要制定出一个标准来是颇为困难的。具体确定是否应该服从的标准，必得依赖于每一状况的性质，依赖于经由对服从与否结果的谨慎考量与反思而得出的预测，同时也依赖于每个道德异议分子的人格及信仰，特别是他对于邪恶与善行何者优先的信仰。① 正如影响公民在服从与不服从之间进行选择的制约因素是多方面的一样，影响人们对公民服从与不服从的选择进行评价的制约因素也是多方面的，包括本国社会政治制度和民主法治文化、当政者的政治宽容度、社会公共舆论以及公民个人社会道德感和行为方式等等。

中国与西方社会在基本政治制度上存在根本差异，但是出于人性对最基本权利的争取和维护、对最基本正义价值的追求是可以超越制度的差异而普遍存在的。因此，无论针对理论讨论，还是社会现实中各种异化了的公民不服从，我们都不应该简单地一概否定，而应当对其持理性宽容的态

---

① 何怀宏主编：《西方公民不服从的传统》，吉林人民出版社 2011 年版，第 224—225 页。

度。毕竟，法律可能出现不正义的情况是难以避免的，公民不服从的目标是对民主法治社会中个别不正义法律或政策进行纠错，它是忠诚和服务于法治的，未必一定具有颠覆性或破坏性。当然，直接将西方公民不服从的模式照搬照抄到中国社会来也不可行。因为中西方在具体社会体制环境和思维方式上存在巨大差异，同时，我国还处于民主法治的建设阶段，无论是社会精英，还是普通民众，在公民权利意识方面都相当欠缺。但是通过对公民不服从的思考和研究，可以促使我们从新的角度审视民主法治社会的发展可能会面临的种种问题，也可以为更好地应对社会矛盾而不断完善健全法制，努力构建出强有效的社会自救系统。

结　语

关于公民服从的讨论远非如此简单，本书浅尝辄止的论述也仅只触及这一问题的冰山一角。这是一个思想史上历久弥新的理论问题，也是一个政治生活中可以感同身受的现实问题。它的意义不在于使当前的理论论争一决雌雄，而在于通过讨论形成一些基本共识。

政治统治是不可避免的，统治与服从的关系也是任何社会无法回避的。在中国传统观念中，“服从”一词带有被支配的非民主化色彩，在现代文化中似乎也夹杂着官僚气息。“我们习惯于把权力想象为一种来自外部的压迫主体的东西，是使主体屈从（subordinates）、下置并降级为一种较低等的东西。”[①] 或者说，至少在表面上拥有权力是高尚的和光荣的；没有权力并且从属于其他人的权力，多少是有失身份的。这是一种在道德上不能令人满意的状态，因为服从常常意味着放弃自我，选择和责任的中心从自我转移到那些统治者。那么，一个人为什么会接受服从的地位？什么能使权力合法化，或者，什么能使权力从赤裸裸的强制力转变为权威？如果这些问题得不到答案，那么整个政治秩序，包括所有职能、法律以及尊严就都站不住脚了。在整个历史长河中，人类一直对严酷的权力、对要求没有任何道德权利支撑的顺从感到不满。并非只是一小部分激进派或特别认真的人才询问为什么人们必须服从政府，几乎所有人的自尊都依赖于他们服从的政府保证有道德权利使人服从。[②]

权力令那些从属于它的人承担了巨大的道德负担。在古代宗教时代，

---

① ［美］朱迪斯·巴特勒：《权力的精神生活：服从的理论》，张生译，江苏人民出版社2009年版，第2页。

② ［美］格伦·廷德：《政治思考：一些永久性的问题》，王宁坤译，世界图书出版社2010年版，第134页。

人们通过想象权力是得到神的认可的来减轻这种负担，近几个世纪中，世俗性和宗教怀疑主义使神权的信条完全令人难以置信。在有关服从的问题上，个人自由的理想将提供证据的责任转移到了政府的身上，同时，民众中出现的自信和政治觉悟已经使抗拒行为具有创造历史的潜力。因此，“为什么服从”这个问题被提得越来越多，并且带有不祥的坚决性。[①]

然而，毋庸置疑的是，任何一国的良性政治运转都离不开公民的服从。公民服从不仅是一个理论上的基本问题，更是一个现实政治问题。它不仅是巩固暴力革命成果的有效方式，也是维护稳定政治秩序的必要保障。其实，只要人们普遍认为政治权威是一个不可改变的事实，无论是自然的还是神圣的，那么我们是否真的负有政治义务这个问题似乎就可以忽略。退一步说，即使政治义务难以得到直接的证明，我们也不能无视下述事实，即的确存在着关于服从良好国家的普遍信念甚或道德直觉。

那么，什么样的服从才能消解公民内心的种种顾虑，使他们既不失身份，又乐于接受呢？什么样的服从才不会在服从者与被服从者之间形成权力等级的心理落差从而招致排斥或抵制？在今天政治民主化和文明化的进程中，理想的公民服从应坚持何种价值追求呢？

首先，理想的公民服从建立在政治统治合法性的基础上。

在现代政治领域中，合理的社会秩序既不能靠直接的暴力强制来维持，也不能根据弱肉强食的丛林法则实现，而必须建立在政治统治的合法性基础上。统治者凭借什么样的权威施行统治？这个问题的逻辑是权利的逻辑，而不是事实的逻辑，因为政府的权威并不取决于它所能支配的力量。政府的力量是它强迫人们服从其命令的能力，现实生活中这一力量常常很强大并呈现势不可当之势。但政府强迫服从的力量跟它被服从的权利不是一回事。“强力并不构成权利，而人们只是对合法的权力才有服从的义务。”[②] 也就是说，力量可以获得服从，但它不能确立被服从的权利。反之，没有强迫服从的力量，并不等于没有被服从的权利。换句话说，任何政府都不能由于它做了什么事情而拥有权威，没做什么事情而不拥有权

① ［美］格伦·廷德：《政治思考：一些永久性的问题》，王宁坤译，世界图书出版社 2010 年版，第 135 页。

② ［法］卢梭：《社会契约论》，何兆武译，商务印书馆 2003 年版，第 10 页。

威。一个统治者如果没有被服从的权利，但他为了强迫国民服从而运用强制力量，这样的统治者是一个可能有力量但没有统治权利的人，也就是所谓的“暴君”或“篡位者”。对于“篡位者”而言，他可能通过取悦国民而获得国民的服从，但不管他做什么，也许他不是一个令人讨厌的统治者，但始终是一个没有统治权利的统治者。① 政治统治的合法性并不取决于政府的力量或它的活动，而与政府的构成相关。“暴君”或“篡位者”尽管占据着统治者的职位，但未必具有统治的权利，其原因在于他获得这一职位的方式可能不符合人们关于统治者赖以获得权威的方式所抱持的所有已知信念，也可能因为他获得这一职位的方式曾经被认为是合法的，但如今不再是这样。比如，罗马人在赶走伊特鲁里亚人国王之后，给他们打上了“暴君”的烙印，弥尔顿把查理一世称作“暴君”，美洲殖民者说英国政府在跟他们的关系上是“暴政”。②

合法性是政治权威得以实施统治的重要基础，唯有基于合法性信仰基础上的服从才能持久和稳定。在现代政治生活中，政治统治合法性的获得越来越取决于公民的政治认同。当政治统治具有合法性时，公民就会形成基于合法性认同基础上的服从行为，而一旦合法性危机形成，公民服从也就难以实现。当然，政治统治合法性的获得是一个动态发展的过程，任何政权都不能一劳永逸地获得公民对其合法性的认同，而必须能够不断经受现实的考验。比如，暴力革命所建立的政治秩序，需要执政者在革命后的和平环境中严格履行自己革命时的承诺，而不能卸磨杀驴般的出尔反尔。如果执政者无视被统治者在政权建立过程中所做的贡献，唯我独尊地追求个人私利，忽视被统治者的正当社会要求，那么对于被统治者来说，革命的结局无非是变换了压迫自己的对象，这无疑是一场新的悲剧。因此，执政者必须时刻关注公民的利益诉求和心理期待，既不能固守成规、因循守旧，也不能好高骛远、不切实际，而应在充分掌握民情的基础上与时俱进，不断适应形势需要适时调整具体的社会政策，摆正公民在有序政治生活中的合理地位，因地制宜地开展各项工作，以获取公民的信任和认同，

---

① ［英］迈克尔·奥克肖特等：《政治思想史》，秦传安译，上海财经大学出版社2012年版，第337页。

② 同上书，第361页。

这是当前社会形势下公民对政治统治合法性认同的基础性因素。

其次，理想的公民服从应该是自主的。

我们经常被教导要服从国家，在许多地方，这是一种实实在在的要求，甚至构成了一股强制性的力量。但是公民服从不同于臣民、子民、顺民的服从，它没有卑躬屈膝和委曲求全，也没有暴力威胁和利益诱逼，是公民出于自主判断而采取的理性、自主和自觉的行为。没有哪个理智的人会认为不分青红皂白地服从国家所下达的一切命令是可取的。然而，现实生活中一些执政者为了挽救岌岌可危的政权，或者为了在最短的时间内树立自己至高的政治权威，往往不择手段进而产生压迫性的公民服从。更令人深思的是，随着现代性意识的渗透，统治者和政治精英开始在他们的政治统治中置入独特的心理控制和操纵方式，通过一系列的人为建构使公民服从越来越多地带上了驯服色彩。统治者还主导政治事件和政治行为的意义阐释权，垄断社会事实和历史事件的解释权，这种经由统治者对被统治者在物质和道德上的优势所形成的支配性话语，构成了政治社会中的各种主义话语霸权。为了增强话语表达效果，统治者还借助各种政治修辞手法，在语言活动中利用多种话语技巧对言语加以修辞，鼓舞或强迫公民理所当然地采取行动，以最大限度地实现公民服从。这样的服从是被动的，而不是自主的。因为公民不是随意愚弄的无知者，不是恣意妄为的接受者，不是任人摆布的木偶，更不是驯服操纵的客体，公民是具有独立人格的主体性存在。统治者和政府应该更为关注公民的实际内在心理需要，而不能依赖于外在的权力支配和技术化操作。

任何一国的执政者都追求本国政治统治的有序化，那么，怎样的秩序安排才能使公民自主服从呢？显然政治平等是重要的前提，统治者与被统治者只有保持平等的人格才能取得彼此的相互信任。如果公民在建立新政权的革命过程中舍生取义、前仆后继，最终换来的却是大多数人仍处于被压迫状态，那么这样的革命带来的只能是无休止的“革命”，又何来服从、何来信任呢？因此，在现实政治生活中，统治者必须始终与被统治者保持平等的地位，防止权力的单向至上性，理解尊重公民，取消一切不平等的政策法规，杜绝任何制度性的剥削，真正做到平等对话、平等协商，共同完成治国大业。

公民服从与当下中国要求实现政治稳定具有共通性。政治稳定是一国社会发展的安全阀，也是任何执政党执政的重要目标之一，所谓的“维稳”很大程度上就是保持公民服从状态。对那些人口成分复杂、利益关系错综的国家与地区，公民服从的有序社会发展状态意义更明显。当然，社会稳定的表现方式是多样的，既有各方社会力量和谐共处下的积极社会稳定，也有强制压迫下的消极社会稳定。当公民的合理诉求得不到满足，甚至直接被压制时，由于自身力量暂时薄弱而只能无奈“服从”，这时社会在相当长时期内可以维持一种稳定状态。这不是真正的公民服从，这种表面的稳定并不是没有矛盾，而只是将矛盾暂时“存储”起来了，一旦时机成熟存储的矛盾终将如火山般喷发，那时带给社会的将是灾难性后果。因此，那种不计后果地追求压迫式公民服从的做法看似权宜之计，实则是只顾眼前的“短见”，如此的维稳实则是一种危险的“休克式”做法。因此，无论何时，政治权威都应充分尊重公民的自主选择，不应凭借各种外力管制或隐性社会权力压制和规训公民，一意孤行的强迫带来的可能是忍无可忍的反抗。

再次，理想的公民服从应坚持权利和义务的统一。

权利与义务的统一是自人类开始政治共同体生活以来逐渐形成的一种常识性认识。没有无权利的义务，也没有无义务的权利。在民主的权利系统中，一项权利总是意味着或者伴随着他人承担的密切相关的义务，若无相应的义务作保障，任何权利都无法存在；不仅如此，义务还对每个人享受的公民权利起约束作用，这样，权利系统才能奏效。① 当然，义务与权利的关系并不是简单地一一对应，它们往往是在一个更大的权利义务体系中相联系。因此，公民不能每天盘算权利与义务的平衡账，更不能像核对支票簿那样算计，而应相信权利与义务会有一个总体的平衡。② 也就是说，公民在履行某项义务时，不应期待立即享受某种相应的权利，而应着眼于长远的权利回报，并始终相信整个社会的权利和义务相统一，公民个

① ［美］托马斯·雅诺斯基：《公民与文明社会——自由主义政体、传统政体和社会民主政体下的权利与义务框架》，柯雄译，辽宁教育出版社 2000 年版，第 67 页。

② 比方说，一个人不应盘算今天我在这里尽了义务，在那里享受了权利，收支平衡，因此，我就不需要再帮助那个瞎眼的老太太过马路了。［美］托马斯·雅诺斯基：《公民与文明社会——自由主义政体、传统政体和社会民主政体下的权利与义务框架》，柯雄译，辽宁教育出版社 2000 年版，第 77—78 页。

人的权利和义务也是统一的。

然而，在许多人眼里，“公民服从”只是统治者或政治精英维护自身统治的一种政治修辞，常常被过度诠释并带有人为建构的成分，因而这一政治话语本身是抽象空洞的。尽管现实生活中公民服从义务话语确实存在大量的政治修辞，并辅之以广泛的社会动员，但我们并不能因此而将公民服从贬斥为修辞本身，进而否定服从义务的存在，这种做法稍显武断且有失客观性。事实上，真正的公民服从不是一种政治修辞，也不是一种想象，它始终是权利和义务的统一。

近代以来，在现代性精神启蒙之下，一种原子主义的世界观逐渐形成并对公民个人产生重要影响。公民的独立自主意识和权利观念不断增强，他们积极寻求一种自主自足的生活，对一切外在束缚，尤其是来自政治共同体的约束产生排斥心理。在此背景下政治权利话语迅速崛起，并与政治义务话语之间展开了抢夺政治话语市场主导权的博弈之战。在争夺话语控制权的过程中政治义务遭到了政治权利的强势排斥，日渐被边缘化，甚至“在许多人看来，义务总是唤起强制和极权主义的幽灵”。[①] 权利的要求吵吵嚷嚷提得很多，相比之下，对实现这些权利所需要的义务和责任却相对沉默得多。于是政治权利成了一种支配性的政治话语，比如德沃金意义上的作为“王牌”的权利便是一种“强”意义上的权利。因此一定程度上可以说，这是一个政治义务日益失去话语权的时代。随着公民对个人权利的追求和张扬，政治义务问题似乎被人们有意回避或淡忘，从而使得政治权利的话语势头呈现不断上升趋势，人们甚至像发行通货似地提出各种名目的权利，使得权利几乎成为使用膨胀了的概念。

就此，威廉·A. 盖尔斯顿说：“权利拥有巨大的道德力量，但是，它们不可能像纸牌中的王牌那样起作用。也就是说，权利虽具有无与伦比的价值，但它们不是我们这个道德世界的唯一价值。”[②] 对任何一个政治共同体的生存来说，权利和义务都同等重要，它们也是公民行为所具有的双重价值向度。权利作为公民行为的一种价值向度，它是公民在政治生活中

---

① ［美］托马斯·雅诺斯基：《公民与文明社会——自由主义政体、传统政体和社会民主政体下的权利与义务框架》柯雄译，辽宁教育出版社 2000 年版，第 66 页。

② ［美］威廉·A. 盖尔斯顿：《自由多元主义：政治理论与实践中的价值多元主义》，佟德志、庞金友译，江苏人民出版社 2005 年版，第 101 页。

所应当拥有的要求社会或者他人作为或不作为的资格，是公民对社会和他人所提出的要求，是由道德、风俗习惯、法律所确认的个人有权享有的正当利益。义务是公民行为所固有的另一种价值向度，它包含在政治道德理念之中，是政治生活中不可缺少的一种重要价值。如果公民将权利视为唯一的价值追求，国家或政府在对待公民权利方面也没有正确的态度，那就会给政治生活造成意想不到的伤害。① 如果每个公民只享受权利而不尽义务，那么政治共同体将难以维持，因此对义务采取沉默或回避的态度是不负责任的。权利和义务的统一是公民服从必须坚持的原则。如果一味强调其权利性，那么公民可能不屑对其加以承担，公民不服从行为的审慎性就会降低；如果一味强调其义务性，那么公民可能无力对其加以承担，从而成为公民的负担，或演变为对公民的“威逼”，甚至有可能唤起强制和极权主义的幽灵。因此，在公民服从权利和义务的实施过程中必须注意薄厚度的把握，坚持权利和义务的平衡统一。

最后，理想的公民服从应努力唤起“好公民”。

政治的目的是使人们变得更理智、道德、亲密和幸福，政治问题首先是一个道德问题。“如果政治脱离道德，就意味着贬低了政治，甚至还会使政治堕落为一种冒险事业。”② 我们尊重道德要求的原因不是外力强迫，而是因为我们相信它们是“真理”，这种对于真理的感觉赋予道德原则很高的权威性，它使我们确信，必要时我们应该为了这些道德原则而牺牲我们自己的利益。③ 从道德属性来解析，公民其实就是指符合公民身份角色的个人应有的行为态度和品质。从成为一国公民进入社会生活的第一天开始，我们便自然置身于一个由各种法律法规织就的社会公共网络之中，这些法律法规是社会公共生活正常运转的必要保障，对这些法律法规的认可和遵守也成为公民进入公共生活的必要前提。现代政治发展需要的不是宗法社会和等级社会中的臣民，也不是近代商业社会或西方早期市民社会意义上的纯粹经济人，而是融政治人、法律人、道德人为一体的现代“好公民”。

---

① 彭定光：《政治伦理的现代建构》，山东人民出版社2007年版，第266—267页。

② ［法］路易·博洛尔：《政治的罪恶》，蒋庆等译，译林出版社2004年版，第2页。

③ ［美］罗纳德·德沃金：《认真对待权利》，信春鹰、吴玉章译，上海三联书店2008年版，中文版序言，第23页。

何谓“好公民”呢？亚里士多德将一个好公民定义为与政治体制和谐相处的人，西塞罗认为公民美德包含着公共的义务，马基雅维利认为美德差不多可以翻译为“勇气”，罗伯斯庇尔将它称为廉洁，格林则赋予这一概念以基督教的内涵，当代保守主义者强调服从和守秩序，自由主义者则强调权利和变革。就现代公民美德的基本构成因素来说，忠诚、责任、对政治与社会秩序价值的尊重无疑非常重要。这些美德的任何一种都包含着一系列复杂的个人品质、积极的态度和善良的行为。这些美德表现于好公民与其国家以及他的同胞公民的关系之中。①

在现代政治生活中，公民对国家的政治忠诚弥足珍贵。忠诚是人们对一种制度、一片土地、一个群体或者一个人的眷恋之情，或者是对忠诚对象所代表的价值的信仰，这种眷恋感或信仰接近于认同感，它们通过博爱而联系起来。忠诚是一种自利感情的升华，并以多种方式表现出来，包括对其所支持价值的理性认同，对有情感关联同胞的热爱、崇拜和对其成就的强烈自豪感。最古老的忠诚者就是维吉尔笔下“虔诚的埃涅阿斯”，他忠诚于神、祖国、朋友以及家庭。将国家作为首要的忠诚对象，这不仅是现代社会好公民个人的自觉情感，也是现代国家对其公民的内在要求和迫切期待。黑格尔曾断言国家的权利就是要统摄所有其他的忠诚。②

当然，好公民不只是忠诚，他还具有强烈的社会责任感。社会责任感意味着公民对共同体的归属感，意味着处处为公共利益着想，并主动降低公民自己的直接利益要求以及小集团的利益要求。一个有社会责任感的好公民能够尊重他人的个性、宽容对待他人，能够敏感地领会并欣然接受他的法定义务和道德责任。他对交税、服兵役等法定义务的履行，不是由于害怕因逃避责任而产生的不利后果，而是害怕对其国家造成不良后果。他能认识到好公民对道德责任的担当也会使自己从中受益。国家提供了保护与服务，他的同胞公民也通过他们良善的社会行为与公共行为对此有所增益。好公民，不管是纵向对待他的国家，还是横向对待他的同胞，所取与

① ［英］德里克·希特：《公民身份——世界史、政治学与教育学中的公民理想》，郭台辉、余慧元译，吉林出版集团有限责任公司2010年版，第274—275页。

② 同上书，第275—276页。

所与至少是大体相当。[①] 好公民也是法律秩序的热心支持者，在公共场合，他能遵守并维护法律，表现出文雅和遵守秩序的举止，他不只是运用自身的影响力追求共通的政治方案，也能够运用一种共通的节制以克制自己过分指手画脚的倾向。[②]

事实上，理想的好公民必须成为具有多种美德的模范，他能够根据不同情况表现出不同的杰出品质，其中一些公民美德成分根本无法用语言表达。要成为国家或者这个世界忠诚、负责任、有道德的好公民也不是一件容易的事情。也许真正的好公民只能作为一种完美的典范存在于柏拉图的天堂中，我们大多数人都只是不太令人满意地接近它。[③]

尽管如此，每个人的内心深处都有一个关于好公民的刻画。对公民来讲，一旦他在内心希望成为一国的“好公民”，这种义务感就不仅产生了遵守法律的行为，其他诸如纳税、服兵役等义务也都水到渠成了。总的来说，一个好公民对国家的义务就是：将国家的安全和稳定作为最大牵挂；为了保护国家安全，情愿献出自己的生命和财富；奉献出自己所有的智慧和勤劳为国家增添荣耀，促进其繁荣。[④] 真正的公民服从是内外一致的，它很大程度上依赖于公民义务感和责任感的生成与唤起。义务感不仅伴随着公民对政治系统的认可、对政府公正程度的评价而产生的心理感受，更重要的是，它是自愿甚至主动承担社会合作成本的意愿，是一种出自内心的、积极的合作态度。它甚至可以在祖国处于危难之时激起热忱与勇气，鼓励人们以勇气面对枪口，将古典的公民美德转化成现代的爱国主义形式。因此，理想的公民服从依赖于对每个社会成员内心深处“好公民”的唤起。

---

① ［英］德里克·希特：《公民身份——世界史、政治学与教育学中的公民理想》，郭台辉、余慧元译，吉林出版集团有限责任公司 2010 年版，第 281 页。

② 同上书，第 286—288 页。

③ 同上书，第 275 页。

④ ［德］普芬道夫：《人和公民的自然法义务》，鞠成伟译，商务印书馆 2009 年版，第 188 页。

参考文献

一　国外著作

1. 中译本

《马克思恩格斯选集》，人民出版社 1995 年版。

《列宁选集》，人民出版社 1972 年版。

［古希腊］柏拉图：《柏拉图全集》，王晓朝译，人民出版社 2003 年版。

［古希腊］柏拉图：《理想国》，郭斌和、张竹明译，商务印书馆 1986 年版。

［古希腊］柏拉图：《理想国》，王扬译注，华夏出版社 2012 年版。

［古希腊］亚里士多德：《政治学》，吴寿彭译，商务印书馆 1965 年版。

［古罗马］西塞罗：《国家篇、法律篇》，沈叔平、苏力译，商务印书馆 1999 年版。

［法］卢梭：《社会契约论》，何兆武译，商务印书馆 2003 年版。

［法］卢梭：《论人类不平等的起源和基础》，高煜译，商务印书馆 1962 年版。

［英］休谟：《人性论》（上下册），关文运译，商务印书馆 1996 年版。

［英］休谟：《休谟政治论文选》，张若衡译，商务印书馆 2010 年版。

［英］洛克：《政府论》（下篇），叶启芳、翟菊农译，商务印书馆 1964 年版。

［英］霍布斯：《论公民》，应星、冯克利译，贵州人民出版社 2003 年版。

［英］霍布斯：《利维坦》，黎思复、黎廷弼译，商务印书馆 1985

年版。

［意］托马斯·阿奎那：《阿奎那政治著作选》，马清槐译，商务印书馆 1963 年版。

［德］黑格尔：《精神现象学》上卷，贺麟、王玖兴译，商务印书馆 1979 年版。

［德］康德：《历史理性批判文集》，何兆武译，商务印书馆 1990 年版。

［英］梅因：《古代法》，沈景一译，商务印书馆 1959 年版。

［美］哈罗德·D. 拉斯韦尔：《政治学：谁得到什么？何时和如何得到?》，杨昌裕译，商务印书馆 1992 年版。

［美］罗伯特·诺齐克：《无政府、国家与乌托邦》，何怀宏等译，中国社会科学出版社 1991 年版。

［美］罗尔斯：《正义论》，何怀宏等译，中国社会科学出版社 1988 年版。

［美］萨拜因：《政治学说史》（下），邓正来译，上海人民出版社 2010 年版。

［英］罗素：《西方哲学史》（上），何兆武、李约瑟译，商务印书馆 1963 年版。

［美］列奥·施特劳斯、约瑟夫·克罗波西主编：《政治哲学史》，李天然等译，河北人民出版社 1993 年版。

［英］迈克尔·奥克肖特等：《政治思想史》，秦传安译，上海财经大学出版社 2012 年版。

［英］昆廷·斯金纳：《近代政治思想的基础》，奚瑞森、亚方译，商务印书馆 2002 年版。

［英］戴维·米勒、韦农·波格丹诺主编：《布莱克维尔政治学百科全书》，邓正来主译，中国政法大学出版社 2002 年版。

［英］泰勒主编：《从开端到柏拉图》，韩东晖、聂敏里等译，中国人民大学出版社 2003 年版。

［英］昆廷·斯金纳：《霍布斯哲学思想中的理性和修辞》，王加丰、郑崧译，华东师范大学出版社 2005 年版。

［美］巴林顿·摩尔：《民主和专制的社会起源》，拓夫、张东东译，

华夏出版社 1987 年版。

［英］彼得·斯特克、［英］大卫·韦戈尔：《政治思想导读》，舒小昀、李霞、赵勇译，江苏人民出版社 2005 年版。

［美］巴特勒：《权力的精神生活：服从的理论》，张生译，江苏人民出版社 2009 年版。

［美］乔治·克洛斯科：《公平原则与政治义务》，毛兴贵译，江苏人民出版社 2009 年版。

［美］A. 约翰·西蒙斯：《道德原则与政治义务》，郭为桂、李艳丽译，江苏人民出版社 2009 年版。

［美］罗伯特·L. 西蒙主编：《社会政治哲学》，陈喜贵译，中国人民大学出版社 2009 年版。

［美］托马斯·斯坎伦：《我们彼此负有什么义务》，陈代东、杨伟清、杨选等译，人民出版社 2008 年版。

［美］E. A. 罗斯：《社会控制》，秦志勇、毛永政译，华夏出版社 1989 年版。

［英］萨特·科克利：《权力与服从：女性主义神哲学论集》，戴远方、宫睿译，中国人民大学出版社 2006 年版。

［美］汉娜·阿伦特等：《〈耶路撒冷的艾希曼〉：伦理的现代困境》，孙传钊编，吉林人民出版社 2011 年版。

［美］汉娜·阿伦特：《人的条件》，竺乾威等译，上海人民出版社 1999 年版。

［美］西奥多·W. 阿道诺等：《权力主义人格》，李维译，浙江教育出版社 2002 年版。

［美］托马斯·布拉斯：《电醒人生》，赵萍萍译，中国人民大学出版社 2010 年版。

［美］威廉·夏伊勒：《第三帝国的兴亡：纳粹德国史》，董乐山等译，世界知识出版社 1980 年版。

［美］罗伯特·希尔福斯、芭芭拉·爱泼斯坦编：《一个战时的审美主义者》，高宏、乐晓飞译，中央编译出版社 2000 年版。

［法］罗伯斯比尔：《革命法制和审判》，赵涵舆译，商务印书馆 2009 年版。

［德］阿克塞尔·霍耐特：《为承认而斗争》，胡继华译，上海人民出版社 2005 年版。

［美］南茜·弗雷泽、［德］阿克塞尔·霍耐特：《再分配，还是承认——一个政治哲学对话》，周穗明译，上海人民出版社 2009 年版。

［法］科耶夫：《黑格尔导读》，姜志辉译，译林出版社 2005 年版。

［法］科耶夫等：《驯服欲望——施特劳斯笔下的色诺芬撰述》，贺志刚、程志敏等译，华夏出版社 2002 年版。

［法］科耶夫：《法权现象学纲要》，邱立波译，华东师范大学出版社 2011 年版。

［法］科耶夫：《权威的概念》，姜志辉译，译林出版社 2011 年版。

［美］理查德·罗蒂：《真理与进步》，杨玉成译，华夏出版社 2003 年版。

［英］哈耶克：《法律、立法与自由》（第二、三卷），邓正来等译，中国大百科全书出版社 2000 年版。

［美］凯文·奥尔森编：《伤害 + 侮辱——争论中的再分配、承认和代表权》，高静宇译，上海人民出版社 2009 年版。

［美］托马斯·斯坎伦：《宽容之难》，杨伟清、陈代东等译，人民出版社 2008 年版。

［美］詹姆斯·C. 斯科特：《弱者的武器》，译林出版社 2007 年版。

［美］查尔斯·蒂利：《信任与统治》，胡位均译，上海人民出版社 2010 年版。

［美］查尔斯·蒂利：《集体暴力的政治》，谢岳译，上海人民出版社 2006 年版。

［美］道格·麦克亚当、西德尼·塔罗、查尔斯·蒂利：《斗争的动力》，李义中、屈平译，译林出版社 2006 年版。

［法］于丽娅·克里斯特娃：《反抗的未来》，黄晞耘译，广西师范大学出版社 2007 年版。

［以］S. N. 艾森斯塔德：《现代化：抗拒与变迁》，张旅平等译，中国人民大学出版社 1988 年版。

［英］齐格蒙特·鲍曼：《流动的现代性》，欧阳景根译，上海三联书店 2002 年版。

［英］齐格蒙特·鲍曼：《后现代性及其缺憾》，郇建立、李静韬译，学林出版社 2002 年版。

［英］齐格蒙特·鲍曼：《现代性与大屠杀》，杨渝东、史建华译，译林出版社 2002 年版。

［美］詹姆斯·汤森、布兰特利·沃马克：《中国政治》，江苏人民出版社 1994 年版。

［法］让—克里斯蒂安·珀蒂菲斯：《十九世纪乌托邦共同体的生活》，梁志斐、周铁山译，上海人民出版社 2007 年版。

［美］埃里希·弗罗姆：《逃避自由》，刘林海译，国际文化出版公司 2002 年版。

［美］埃里希·弗罗姆：《健全的社会》，蒋重跃译，国际文化出版公司 2003 年版。

［美］阿里夫·德里克：《后革命氛围》，王宁等译，中国社会科学出版社 1999 年版。

［美］乔治·H. 米德：《心灵、自我与社会》，赵月瑟译，上海译文出版社 2005 年版。

［德］哈贝马斯：《现代性的哲学话语》，曹卫东等译，译林出版社 2004 年版。

［德］哈贝马斯：《后民族结构》，曹卫东译，上海人民出版社 2002 年版。

［德］哈贝马斯：《后形而上学思想》，曹卫东、付德根译，译林出版社 2001 年版。

［德］哈贝马斯：《现代性的哲学话语》，曹卫东等译，译林出版社 2004 年版。

［德］哈贝马斯：《对话伦理学与真理的问题》，沈清楷译，中国人民大学出版社 2005 年版。

［美］罗蒂：《真理与进步》，杨玉成译，华夏出版社 2003 年版。

［法］皮埃尔·布迪厄、［美］华康德：《实践与反思——反思社会学导引》，李猛、李康译，中央编译出版社 1998 年版。

［德］奥特费利德·赫费：《经济公民、国家公民和世界公民——全球化时代中的政治伦理学》，沈国琴、尤岚岚、励洁舟译，上海译文出版

社 2010 年版。

［美］基思·福克斯：《公民身份》，郭忠华译，吉林出版集团有限责任公司 2009 年版。

［英］巴特·范·斯廷博根编：《公民身份的条件》，郭台辉译，吉林出版集团有限责任公司 2007 年版。

［英］布赖恩·特纳编：《公民身份与社会理论》，郭忠华、蒋红军译，吉林出版集团有限责任公司 2007 年版。

［英］尼克·史蒂文森编：《文化与公民身份》，陈志杰译，吉林出版集团有限责任公司 2007 年版。

［加拿大］威尔·金利卡：《多元文化的公民身份：一种自由主义的少数群体权利理论》，马莉、张昌耀译，中央民族大学出版社 2009 年版。

［美］菲利克斯·格罗斯：《公民与国家——民族、部族和族属身份》，王建娥、魏强译，新华出版社 2003 年版。

［英］昆廷·斯金纳、博·斯特拉思主编：《国家与公民：历史·理论·展望》，彭利平译，华东师范大学出版社 2005 年版。

［英］德里克·希特：《公民身份——世界史、政治学与教育学中的公民理想》，郭台辉、余慧元译，吉林出版集团有限责任公司 2010 年版。

［德］普芬道夫：《人和公民的自然法义务》，鞠成伟译，商务印书馆 2009 年版。

［法］阿尔弗雷德·格罗塞：《身份认同的困境》，王鲲译，社会科学文献出版社 2010 年版。

［法］菲利普·奥德莱尔、弗朗索瓦兹·韦热斯：《从奴隶到公民》，陈伟丰译，译林出版社 2006 年版。

［美］托马斯·雅诺斯基：《公民与文明社会：自由主义政体、传统政体和社会民主政体下的权利与义务框架》，柯雄译，辽宁教育出版社 2000 年版。

［德］托马斯·海贝勒、君特·舒耕德：《从群众到公民：中国的政治参与》，张文红译，中央编译出版社 2009 年版。

［美］吉尔伯特·罗兹曼主编：《中国的现代化》，陶骅等译，上海人民出版社 1989 年版。

［美］利昂·P. 巴拉达特：《意识形态起源和影响》，张慧芝、张露

露译，世界图书出版公司 2010 年版。

［美］格伦·廷德：《政治思考：一些永久性的问题》，王宁坤译，世界图书出版公司 2010 年版。

［英］约翰·邓恩：《让人民自由：民主的历史》，尹钛译，新星出版社 2010 年版。

［美］乔恩·埃尔斯特：《政治心理学》，陈秀峰、胡勇译，吉林出版集团有限责任公司 2010 年版。

［美］罗纳德·德沃金：《法律帝国》，李常青等译，中国大百科全书出版社 1996 年版。

［美］罗纳德·德沃金：《认真对待权利》，信春鹰、吴玉章译，上海三联书店 2008 年版。

［美］罗纳德·德沃金：《自由的法：对美国宪法的道德解读》，刘丽君译，上海人民出版社 2001 年版。

［西］费尔南多·萨瓦特尔：《政治学的邀请》，魏然译，北京大学出版社 2009 年版。

［德］马克斯·韦伯：《经济与社会》，林荣远译，商务印书馆 1997 年版。

［德］马克斯·韦伯：《韦伯作品集Ⅱ：经济与历史支配的类型》，康乐等译，广西师范大学出版社 2004 年版。

［德］马克斯·韦伯：《新教伦理与资本主义精神》，彭强、黄晓京译，陕西师范大学出版社 2002 年版。

［美］莱因哈特·本迪克斯：《马克斯·韦伯的思想肖像》，刘北成等译，上海人民出版社 2002 年版。

［美］加布里埃尔·A. 阿尔蒙德、小 G. 宾厄姆·鲍威尔：《比较政治学——体系、过程和政策》，曹沛霖等译，上海译文出版社 1987 年版。

［英］伯特兰·罗素：《权力论——新社会分析》，吴友兰译，商务印书馆 1991 年版。

［美］弗洛姆：《恶的本性》，薛冬译，中国妇女出版社 1989 年版。

［法］保罗·利科：《历史与真理》，姜志辉译，上海译文出版社 2004 年版。

［英］安东尼·吉登斯：《民族——国家与暴力》，胡宗泽、赵刀涛

译，生活·读书·新知三联书店 1998 年版。

［德］卡尔·雅斯贝斯：《时代的精神状况》，王德峰译，上海译文出版社 2013 年版。

［美］E. 希尔斯：《论传统》，傅铿、吕乐译，上海人民出版社 1991 年版。

［法］古斯塔夫·勒庞：《乌合之众——大众心理研究》，戴光年译，新世界出版社 2011 年版。

［英］杰弗里·托马斯：《政治哲学导论》，顾肃、刘雪梅译，中国人民大学出版社 2006 年版。

［英］安德鲁·甘布尔：《政治和命运》，胡晓进、罗珊珍等译，江苏人民出版社 2007 年版。

［英］爱德华·汤普森：《共有的习惯》，沈汉、王加丰译，上海人民出版社 2002 年版。

［美］G. 瑞泽尔：《古典社会学理论》（影印版），北京大学出版社 2004 年版。

［美］弗里德曼：《选择的共和国：法律、权威与文化》，高鸿钧等译，清华大学出版社 2005 年版。

［美］恩格尔哈特：《生命伦理学基础》（第二版），范瑞平译，北京大学出版社 2006 年版。

［法］米歇尔·福柯：《规训与惩罚——监狱的诞生》，刘北成、杨远婴译，生活·读书·新知三联书店 2003 年版。

［法］米歇尔·福柯：《必须保卫社会》，钱翰译，上海人民出版社 1999 年版。

［澳］丹纳赫等：《理解福柯》，刘瑾译，百花文艺出版社 2002 年版。

［美］华勒斯坦等：《学科·权力·知识》，刘健芝等编译，生活·读书·新知三联书店 1999 年版。

［法］吉尔·德勒兹：《哲学与权力的谈判》，刘汉全译，商务印书馆 2000 年版。

［法］皮埃尔·布尔迪厄：《帕斯卡尔式的沉思》，刘晖译，生活·读书·新知三联书店 2009 年版。

［英］霍布斯鲍姆：《传统的发明》，顾杭、庞冠群译，译林出版社

2004 年版。

［法］让－皮埃尔·韦尔南：《希腊思想的起源》，秦海鹰译，生活·读书·新知三联书店 1996 年版。

［英］诺曼·费尔克拉夫：《话语与社会变迁》，殷晓蓉译，华夏出版社 2003 年版。

［英］大卫·麦克里兰：《意识形态》，孔兆政、蒋龙翔译，吉林人民出版社 2005 年版。

［英］约翰·汤普森：《意识形态与现代文化》，高铦等译，译林出版社 2005 年版。

［德］卡尔·曼海姆：《意识形态和乌托邦》，艾彦译，华夏出版社 2001 年版。

［美］雷迅马：《作为意识形态的现代化：社会科学与美国对第三世界政策》，牛可译，中央编译出版社 2003 年版。

［英］M. I. 芬利：《古代世界政治》，晏绍祥、黄洋译，商务印书馆 2013 年版。

［澳］安德鲁·文森特：《现代政治意识形态》，袁久红等译，江苏人民出版社 2005 年版。

［英］丹尼·卡瓦拉罗：《文化理论关键词》，张卫东等译，江苏人民出版社 2005 年版。

［美］克利福德·格尔茨：《文化的解释》，韩莉译，译林出版社 1999 年版。

［法］吉尔·利波维茨基：《空虚时代——论当代个人主义》，方仁杰、倪复生译，中国人民大学出版社 2007 年版。

［英］斯图尔特·霍尔编：《表征——文化表象与意指实践》，徐亮、陆兴华译，商务印书馆 2003 年版。

［德］伊丽莎白·诺尔—诺依曼：《沉默的螺旋》，董璐译，北京大学出版社 2013 年版。

［俄］谢·卡拉－穆尔扎：《论意识操纵》，徐昌翰等译，社会科学出版社 2004 年版。

［美］詹姆斯·C. 斯科特：《弱者的武器》，郑广怀等译，译林出版社 2007 年版。

[德] 哈拉尔德·韦尔策编:《社会记忆: 历史、回忆、传承》, 季斌等译, 北京大学出版社 2007 年版。

[美] 迈克尔·罗斯金等: 《政治科学》, 林震等译, 华夏出版社 2001 年版。

[美] 罗伯特·艾萨克编著:《美国政治思想经典文献选读》, 北京大学出版社 2004 年版。

[美] 罗伯特·达尔:《现代政治分析》, 王沪宁、陈峰译, 上海译文出版社 1987 年版。

[法] 莫里斯·迪韦尔热:《政治社会学——政治学要素》, 杨祖功、王大东译, 华夏出版社 1987 年版。

[爱尔兰] 菲利普·佩迪特:《语词的创造: 霍布斯论语言、心智与政治》, 北京大学出版社 2010 年版。

[美] 罗伯特·L. 西蒙主编:《社会政治哲学》, 陈喜贵译, 中国人民大学出版社 2009 年版。

[英] 莱斯利·格林:《国家权威》, 毛兴贵译, 中国政法大学出版社 2013 年版。

[英] 戴维·罗斯:《正当与善》, 林南译, 上海译文出版社 2008 年版。

[美] 杰里米·里夫金、特德·霍华德:《熵: 一种新的世界观》, 吕明、袁舟译, 上海译文出版社 1987 年版。

[澳] 佩迪特:《共和主义: 一种关于自由与政府的理论》, 刘训练译, 江苏人民出版社 2006 年版。

[美] 彼得·辛格:《实践伦理学》, 刘莘译, 东方出版社 2005 年版。

[英] 科斯塔斯·杜兹纳:《人权的终结》, 郭春发译, 江苏人民出版社 2002 年版。

[美] 弗里德里希:《超验正义——宪政的宗教之维》, 周勇、王丽芝译, 生活·读书·新知三联书店 1997 年版。

[德] 施塔姆勒:《正义法的理论》, 夏彦才译, 商务印书馆 2012 年。

[美] 威廉·A. 盖尔斯顿:《自由多元主义: 政治理论与实践中的价值多元主义》, 佟德志、庞金友译, 江苏人民出版社 2005 年版。

[英] 马克·尼古拉斯:《法西斯主义》, 袁柏顺译, 吉林人民出版社

2007 年版。

2. 英文著作

Gilbert, Margaret, *A Theory of Political Obligation*, Oxford University Press, 2006.

Nozick, Robert, *Ararchy*, *State and Utopia*, New York: Basic Books, 1974.

Rawls, John, *A Theory of Justice*, Cambridge: Harvard University Press, 1971.

Simmoms, A. J. , *Moral Principles and Political Obligation*, Princeton University Press, 1979.

Wellman, Christopher Heath, A. John Simmons. *Is There a Duty to Obey the Law*?. Cambridge University Press, 2005.

Hart, H. L. A. , "Legal and Moral Obligation," in Essays in *Moral Phirosophy*, ed. A. I. Melden, Seattle: University of Washington Press, 1958.

二 国内著作

何怀宏编:《西方公民不服从的传统》, 吉林人民出版社 2001 年版。

何怀宏:《作为公平的正义——罗尔斯〈正义论〉解读》, 山东人民出版社 2002 年版。

毛兴贵编:《政治义务: 证成与反驳》, 江苏人民出版社 2007 年版。

汪晖:《去政治化的政治》, 生活 · 读书 · 新知三联出版社 2008 年版。

汪晖、陈燕谷主编:《文化与公共性》, 生活 · 读书 · 新知三联书店 2005 年版。

高喜全:《论相互承认的法权:〈精神现象学〉研究两篇》, 北京大学出版社 2004 年版。

曹卫东:《权力的他者》,, 上海教育出版社 2004 年版。

张凤阳等:《政治哲学关键词》, 江苏人民出版社 2006 年版。

胡传胜:《公民的技艺: 西塞罗修辞学思想的政治解读》, 上海三联书店 2012 年版。

赵汀阳主编:《论证 3》, 广西师范大学出版社 2003 年版。

李培林等：《社会冲突与阶级意识——当代中国社会矛盾问题研究》，社会科学文献出版社2005年版。

谢岳：《社会抗争与民主转型：20世纪70年代以来的威权主义政治》，上海人民出版社2008年版。

李文等：《东亚社会运动》，社会科学文献出版社2009年版。

于建嵘：《抗争性政治：中国政治社会学基本问题》，人民出版社2010年版。

王凤才：《蔑视与反抗》，重庆出版社2008年版。

王凤才：《批判与重建：法兰克福学派文明论》，社会科学文献出版社2004年版。

赵鼎新：《社会与政治运动讲义》，社会科学文献出版社2006年版。

李汉林：《中国单位社会：议论、思考与研究》，上海人民出版社2004年版。

王邦佐等：《执政党与社会整合》，上海人民出版社2007年版。

刘建军：《单位中国：社会调控体系重构中的个人、组织与国家》，天津人民出版2000年版。

罗峰：《嵌入、整合与政党权威的重塑：对中国执政党、国家与社会关系的考察》，上海人民出版社2009年版。

曹锦清、陈中亚：《走出“理想”城堡：中国“单位”现象研究》，海天出版社1997年版。

郭道晖：《社会权力与公民社会》，译林出版社2009年版。

应奇、刘训练编：《公民共和主义》，东方出版社2006年版。

廖申白：《交往生活的公共性转变》，北京师范大学出版社2007年版。

张乃和主编：《现代公民社会的起源》，黑龙江人民出版社2007年版。

王绍光：《祛魅与超越：反思民主·自由·平等·公民社会》，中信出版社2010年版。

郭忠华、刘训练编：《公民身份与社会阶级》，江苏人民出版社2007年版。

郭台辉、余慧元编译：《历史中的公民概念》，天津人民出版社2013

年版。

周国文：《公民伦理观的历史源流》，中央编译出版社 2008 年版。

孙哲：《权威政治——国际独裁现象研究》，复旦大学出版社 2005 年版。

苏国勋：《理性化及其限制——韦伯思想引论》，上海人民出版社 1988 年版。

张荣明：《权力的谎言——中国传统的政治宗教》，浙江人民出版社 2000 年版。

欧运祥：《法律的信任：法理型权威的道德基础》，法律出版社 2010 年版。

刘北成编著：《福柯思想肖像》，上海人民出版社 2001 年版。

刘保、肖峰：《社会建构主义：一种新的哲学范式》，中国社会科学出版社 2011 年版。

胡颖峰：《规训权力与规训社会——福柯政治哲学思想研究》，中央编译出版社 2012 年版。

李志明：《空间、权力与反抗：城中村违法建设的空间政治解析》，东南大学出版社 2009 年版。

刘小枫：《现代性社会理论绪论——现代性与现代中国》，上海三联书店 1998 年版。

刘小枫：《这一代人的怕和爱》，华夏出版社 2007 年版。

袁久红：《正义与历史实践：当代西方自由主义正义理论批判》，东南大学出版社 2003 年版。

王海洲：《合法性的争夺》，江苏人民出版社 2008 年版。

陈文团：《意识形态教育的贫困》，台北师大书苑出版社 1999 年版。

陈越编：《哲学与政治：阿尔都塞读本》，吉林人民出版社 2003 年版。

刘文科：《权力运作中的政治修辞——美国“反恐战争”（2001—2008）》，人民出版社 2010 年版。

马敏：《政治象征》，中央编译出版社 2012 年版。

王利：《国家与正义：利维坦释义》，上海人民出版社 2008 年版。

左高山：《政治暴力批判》，中国人民大学出版社 2010 年版。

刘亚猛：《追求象征的力量：关于西方修辞思想的思考》，生活·读书·新知三联书店2004年版。

贺照田主编：《西方现代性的曲折与展开》，吉林人民出版社2002年版。

余涌：《道德权利研究》，中央编译出版社2001年版。

三 国内相关论文

杨博炜：《对“公民不服从”的法理学分析》，南京师范大学2008年硕士学位论文。

李俊：《公民不服从研究》，厦门大学2008年硕士学位论文。

戴业强：《个人与国家之间——霍布斯公民思想研究》，上海师范大学2008年硕士学位论文。

陈兰：《论公民的宪法义务》，广西师范大学2007年硕士学位论文。

张国平：《公民服从的伦理思考》，湖南师范大学2007年硕士学位论。

彭晶：《论公民对法律的服从》，湘潭大学2007年硕士学位论文。

关鑫：《制度是如何失败的——一个守法伦理的初步分析》，吉林大学2006年硕士学位论文。

穆丽珅：《法治视野中的公民不服从》，吉林大学2006年硕士学位论文。

刘小波：《论罗尔斯的公民不服从理论》，武汉大学2005年硕士学位论文。

薛平军：《当前我国公民政治不服从现象的理性思考》，华中师范大学2005年硕士学位论文。

李清春：《论公民的守法理由》，华东政法学院2003年硕士学位论文。

宋迎朝：《论“公民不服从”对现代法治国家的积极意义》，载于《长江大学学报》（社会科学版）2013年第10期。

李寿初：《公民不服从的正当性辨析》，载于《上海交通大学学报》（哲学社会科学版）2013年第2期。

李小雪：《中西方语境下的公民不服从理论研究综述——基于公民道

德权利视角》，载于《天水行政学院学报》2013 年第 3 期。

尹根青：《法律正义和公民服从的哲学思考》，载于《沈阳工程学院学报（社会科学版）》2012 年第 3 期。

温松：《服从的理由——当代三大政治义务理论的承接、困境与出路》，载于《理论与改革》2012 年第 1 期。

薛洁、张丹竹：《公民义务感：彰显文明的政治态度》，载于《江苏社会科学》2012 年第 5 期。

彭定光：《公民服从不正义法律的伦理考辨——兼析对不正义法律的道德矫正方式》，载于《社会科学家》2011 年第 2 期。

张国平：《公民服从的伦理特性》，载于《湖南城市学院学报》2011 年第 1 期。

关鑫：《论公民不服从——兼论群体性事件的解决思路》，载于《河北法学》2010 年第 4 期。

刘琪、黄剑波：《卡里斯玛理论的发展与反思》，载于《世界宗教文化》2010 年第 4 期。

余乃忠、陈志良：《统治与服从：走向政权系统的末梢——福柯权力谱系学的边缘性“关切”》，载于《南京社会科学》2009 年第 4 期。

李海平：《自由与服从——浅谈康德自由观》，载于《理论界》2009 年第 3 期。

陈喜贵：《论政治义务和政治权威的证立及其困境》，载于《同济大学学报》2009 年第 2 期。

王海洲：《政治共识的话语藩篱：从霸权独白到无责漫谈》，载于《江海学刊》2009 年第 3 期。

李令庆：《法的服从与服从的法——从苏格拉底之死看现代法治》，载于《法制与社会》2008 年第 12 期。

宋官东等：《服从行为的心理学研究》，载于《心理科学》2008 年第 31 期。

郑杭生：《论现代的成长和传统的被发明》，载于《天津社会科学》2008 年第 3 期。

宋剑：《意识形态与主体的生成》，载于《理论月刊》2008 年第 12 期。

刘雪梅：《公民的道德权利是否可能？——当代政治哲学有关公民不服从基本问题之争论》，载于《江苏社会科学》2007 年第 5 期。

李和佳、马晓艳：《现代性视域中的承认共同体》，载于《求实》2006 年第 7 期。

李敏：《公民政治服从行为浅析》，载于《前沿》2005 年第 11 期。

马翀炜、张帆：《传统的保护与发明》，载于《云南大学学报》2005 年第 2 期。

毛兴贵、谭杰：《论罗尔斯的政治义务理论》，载于《现代哲学》2005 年第 4 期。

丁以升、李清春：《公民为什么遵守法律？（下）——评析西方学者关于公民守法理由的理论》，载于《法学评论》2004 年第 1 期。

周慧之：《作为社会规训的儿童玩具》，载于《社会》2002 年第 10 期。

程炼：《公平游戏与政治义务》，载于《哲学门》第 1 卷第 1 册，湖北教育出版社 2000 年版。

焦文峰：《韦伯科层制理论分析》，载于《齐齐哈尔师范学院学报》（哲学社会科学版）1998 年第 2 期。

俞吾金：《从抽象认识论到意识形态批判》，载于《天津社会科学》1995 年第 5 期。

后　记

时光荏苒，转眼间博士毕业已经两年。此刻，我终于为这份以博士论文为基础的书稿画上句号，长长地舒了一口气，随即而来的是无限的感慨。

感慨中永不能忘记的是恩师张凤阳教授的知遇之恩和培养之情。初入张门，无比兴奋与忐忑，张老师深邃敏锐的学术思维和酣畅淋漓的语言表达时常令弟子们沉醉其中，由衷的敬畏之外是埋头苦读的决心。几年来，张老师课堂上旁征博引，课堂外平易近人；学术上严谨细致，生活中正直友善；道德学术的治学态度令人高山仰止；挥洒自如的讲演成为校园里永不消逝的记忆！博士论文的写作凝聚了张老师诸多心血，从选题确定、开题论证、谋篇布局，直到具体语句，无不在张老师的启发和指导下进行。他醍醐灌顶的点拨常常使困扰我许久的难题豁然开朗，宽容耐心的育人风格时常让学生自感愧疚。整个写作过程稍显漫长，几易修改也显露出我的匮乏和浅薄，但它见证着我的成长，也成为我继续努力的理由。

在张老师的耳濡目染之下，我深知学术研究欲说服他人，首先应做到自己内心的敞亮；欲打动别人，则应做到学术之美。内心敞亮的获得需要研究者能在论题内外游走自如，既不囿于论题自我设置的框架，也不是天马行空无责漫谈，而真正做到游刃有余，那是需要一番悟性和功力的。我自感生性平平，唯通过不辍的耕耘来努力缩小差距。学术之美是研究的更高境界。美存在“优美”与“崇高”之分，前者使人愉悦，后者使人敬畏，两者相辅相成，相得益彰。崇高如果没有优美来补充，就很难持久和深入人心，它会使人感到可敬而不可亲；优美如果不能升华为崇高，就有陷入低级趣味的危险。学术之美也兼具优美和崇高的特性，它的优美主要表现在文字、修辞、表达方式等语言形式上；它的崇高则体现在深邃的学术思想和深刻的社会关怀上。博士论文初稿收笔之时，恰逢张老师“两会日记”网上发布，于是学习“两会日记”成为那些天我最大的阅读期盼。领略其美，体会其真切与深刻，禁不住自问：何日我等才能修炼到如此境界？

在整个博士论文写作期间，服从的概念一直盘旋在我的脑海中。我努力在思想家们的作品中寻找它的历史踪迹和最新走向，尝试在现有研究成果中开辟属于自己的领地，并试图透过各种现实的生活情境去理解它，让这一命题从抽象思考回归生活世界。其实，生活中我们常常既是服从者，也是被服从者。有时我们会不得不去服从一些制度、法规或各种各样的规定，履行一个公民的职责或完成某一社会角色的扮演；有时我们又会不自觉地成为他人服从的对象，比如作为教育者、家长、活动的组织者或部门的负责人等等。与此同时，这种服从与被服从关系经常被嵌入在日常关系网络当中，这种日常关系网络不仅表示家人、亲属和邻里等非制度性的生活关系，而且也表示工作和行政上的制度关系。判定一个个体是权威者还是服从者，有时并非完全由这个人的角色来决定，而是由其所处网络中的相对优越位置及其个人关系脉络来决定。但无论是服从者，还是被服从者，我们都不应在这两种角色之间进行人为的等级划分，或权势区格，唯有真正的平等、尊重和相互承认，才能消除彼此的隔膜，这样，理想的公民服从将不会远在天涯，而是近在咫尺。这是论文写作留给我的生活思考。

虽然博士已经毕业，但我无比留恋在南京大学读书的经历，这也是我一生的荣幸。校园里古朴与现代交织的文化气息、厚重与前沿相辉映的学术氛围开阔了我的视野，滋养了我的心灵。漫步校园，我时常能感受到入兰芷之室的温馨和超越自我的冲动。政府管理学院的张永桃教授、闾小波教授、王云骏教授和王明生教授等诸位老师课堂上的悉心讲授和课堂外的热情指导，使我获益匪浅，他们的治学精神和育人理念让我感受到了名校的魅力。博士论文答辩、预答辩和开题时，江苏省社科院的王庆五教授、东南大学的袁久红教授、南京师范大学的赵晖教授、江苏省社科院的胡传胜教授，以及南京大学的闾小波教授、王云骏教授、肖唐镖教授、李里峰教授和陈肖生博士的指导和建议使论文结构与内容更趋合理，他们高屋建瓴的学术视野为我今后的研究提供了启示。在校学习期间，同门师兄弟姐妹间真诚的交流和帮助温暖人心，同窗手足之情让彼此在前行的道路上不再孤独。

十年寒窗，苦尽甘来，对于学术研究来说，这仍是起步。每每回首自己的求学之路，总不忘我的硕士导师扬州大学的焦文峰教授。焦老师君子之交淡如水的人格品性、细腻深刻的学术语言、心无旁骛的学术追求一直深深地感染着我。他既是我的学术启蒙者，也是激励我继续研究的精神力量。扬州大学诸位老师和同事这么多年对我关爱有加，意气风发的学生给了我许多支持，时常令我感动，并成为我生活中不可分割的重要组成部分。

多年来，家始终是我休养生息的心灵港湾和破浪前行的动力源泉。感谢父母公婆和先生在我读博期间给予的莫大精神支持和生活关照。十一岁的儿子天真可爱，他是孩子，也是朋友，有时甚至成为我写作时思考和研究的对象。他的陪伴放慢了我的写作节奏，他的期待又敦促我加快脚步，有他的日子，天更蓝，心更宽！在无数个挑灯夜战的日子里，家的温暖和幸福一次次驱散了写作疲劳，消解了生活中的遗憾，让我鼓足干劲，不畏风雨，一路前行。

本书的顺利出版离不开中国社会科学出版社凌金良编辑的大力支持和帮助。虽与凌老师未曾谋面，但在多次的书信往来和电话联系中，我已被其敬业精神所感动。他的宽容理解和鼓励指导，让我得以安心修改完善书稿并如期出版。

我时常想，自己是幸运的，成长的道路上总不乏恩师的指点、亲人的关爱、朋友的相助和幸运之神的陪伴。因此，我心怀感激，自当勤勉不怠，也愿结草衔环以报恩德！

唐慧玲于 2016 年 5 月